15 €

Aachen zur Zeit der Römer
Der Goldene Schnitt

Axel Hausmann

Aachen zur Zeit der Römer

Der Goldene Schnitt

Meyer & Meyer Verlag

Die Deutsche Bibliothek – CIP - Einheitsaufnahme

Hausmann, Axel:
Aachen zur Zeit der Römer: Der Goldene Schnitt / Axel Hausmann.
– Aachen : Meyer und Meyer, 1994
ISBN 3-89124-271-9

Vertriebspartner in Belgien: Grenz-Echo Verlag, Eupen
Einbandgestaltung: Walter Neumann, N&N Design, Aachen
Zeichnungen: Axel Hausmann
Lektorat: Heinz Heilkenbrinker, Aachen
Satz: Times
Druck: Druckerei Queck, Jüchen
Printed in Germany
ISBN 3-89124-271-9

Inhaltsverzeichnis

Architectura autem constat ex ordinatione et ex symmetria. Ordinatio est modica membrorum operis commoditas separatim universique proportionis ad symmetriam comparatio. Haec componitur ex quantitate. Quantitas autem est modulorum ex ipsius operis sumptio e singulisque membrorum partibus universi operis conveniens effectus.

Die Baukunst besteht aus Ordinatio und Symmetria.
Ordinatio ist die nach Maß berechnete angemessene Abmessung der Größenverhältnisse der Glieder eines Bauwerks im einzelnen und die Herausarbeitung der proportionalen Verhältnisse im ganzen zur Symmetrie. Diese wird aus der Quantitas hergestellt. Quantitas aber ist die Ableitung einer Maßeinheit aus dem Bauwerk selbst und die harmonische Ausführung des Gesamtbaues aus den einzelnen Teilen der Bauglieder.

Nach Vitruv, Buch I,2

Prolog

In den Jahren zwischen 58 und 51 v. Chr. eroberte der römische Politiker **Gaius Iulius Caesar** als Prokonsul mit seinen Legionen Gallien. Damit ist jenes Land gemeint, das sich zwischen den Pyrenäen im Südwesten, den westlichen Ausläufern der Alpen im Südosten, dem Rhein im Nordosten und der Küste des Atlantiks erstreckt. Als Folge dieser Eroberung wurde das so grob umrissene Territorium für ungefähr fünfhundert Jahre Bestandteil des **Römischen Imperiums** und gelangte dadurch zivilisatorisch und kulturell in den Einflußbereich der mittelmeerischen Welt.

Im Verlauf der Völkerwanderung löste sich Jahrhunderte später das Römische Reich unter dem Ansturm von germanischen Volksstämmen wieder auf. Sie drangen auf der Suche nach Siedlungsraum aus ihren angestammten Wohnsitzen in Nordosteuropa nach Westen vor. Dort gründeten sie germanische Königreiche auf dem Territorium der römischen Provinzen. Damit traten sie an die Stelle des Imperiums und füllten so das vorhandene Machtvakuum aus.

Unter dem Frankenkönig Karl, den spätere Generationen **Karl den Großen** nannten, wurde das ehemalige römische Imperium in seinem Westteil noch einmal für kurze Zeit als **Christlich-Lateinisches Kaiserreich** unter seiner Herrschaft erneuert. Karls Nachfolger waren jedoch unfähig, dem neuen Reich Dauer zu verleihen: Es zerbrach unter dem Druck der aus dem Norden herandrängenden Wikinger. Aus der Erbmasse des zerfallenden Karolingerreiches entstanden in der Folgezeit mit Franzosen, Deutschen und Italienern neue Völker, welche die Geschichte Zentraleuropas danach für viele Jahrhunderte bestimmten. Im weitesten Sinne war das *Imperium Romanum* an sein Ende gekommen.

Die Personen Caesar und Karl definieren einen Zeitraum von rund neunhundert Jahren europäischer Geschichte, in dem sich das römische Imperium mit den germanischen Völkern an seiner Nordgrenze auseinandersetzen mußte. Mit diesem Geschehen will sich mein Buch in Teilaspekten befassen.

Mit der Eroberung durch Iulius Caesar tritt auch das Gebiet der heutigen Stadt Aachen aus dem Dunkel der ungeschriebenen Geschichte in jene historische Dämmerung ein, in der es möglich ist, Abläufe zu rekonstruieren und Umrisse nachzuzeichnen.

Im Halbdunkel kann man Aachen zunächst als Winterlager einer caesarischen Legion erkennen, das im gerade erst eroberten Land der keltogermanischen Eburonen an den dort vorhandenen heißen Quellen erbaut wird.

Mit Karl als römisch-germanischem Kaiser hingegen wird Aachen für einige Jahrzehnte durch den Bau der Kaiserresidenz zum Mittelpunkt und zur Hauptstadt eines christlichen Nachfolgereiches im Westteil des ehemaligen römischen Imperiums. Der Sitz des Kaisers erstrahlt für kurze Zeit aus der Sicht der Zeitgenossen als **Zweites Rom** im Glanz des vergangenen Vorbildes.

Zwischen diesen beiden Zeitmarken betritt Aachen als Militärlager und Versorgungsbasis für drei römische Legionen das helle Licht der historischen Bühne. Die Legionen gehören zu den Truppen, die Octavian, der spätere Kaiser Augustus, nach dem Sieg über die Mörder Caesars und nach der Demobilisierung des Bürgerkriegsheeres zusammen mit zwei weiteren Legionen als Machtbasis behält. Mit ihnen wird er die Auseinandersetzungen um die Vorherrschaft im Imperium gegen seinen Widersacher Antonius gewinnen.

Mit der Vergöttlichung von Iulius Caesar im Jahre 42 v. Chr. schafft Octavian in Gestalt des **Kaiserkultes** die Anfänge einer neuen Staatsraison, die später die Verfassung der untergegangenen römischen Republik durch die Regierungsform des **Prinzipats** ersetzt. Als sichtbares äußeres Zeichen und als symbolischen Ausdruck für seinen alleinigen Anspruch auf das Erbe Caesars läßt Octavian durch seinen Heerführer Agrippa am Ort des ehemaligen Winterlagers ein Militärlager errichten. Diese Maßnahme steht am Beginn des Kampfes um die Führung im römischen Staat. Das Lager für die drei besten Legionen des Octavian soll der Vergöttlichung des gesamten iulischen Kaiserhauses Ausdruck verleihen und als Legitimation seiner Herrschaft dienen. Daher wird es als Symbolbauwerk nach dem **Goldenen Schnitt** geplant und ausgeführt.

Rund drei Jahrzehnte später sollen dieselben Legionen die Eroberung Germaniens vorbereiten. Das Militärterritorium von Aachen dient dabei als Versorgungsbasis. Doch das Vorhaben scheitert, und die Truppen werden in den Sümpfen und Wäldern jenseits des Rheins aufgerieben. Als Folge dieser Ereignisse werden die drei Legionen nicht wieder neu aufgestellt. Für die kommenden Jahrhunderte wird der Rhein zur dauerhaften Grenze des römischen Imperiums.

Damit verliert das Lager in Aachen seine militärische Bedeutung als vorgeschobener Aufmarschposten und als Symbol, da die Macht des Augustus inzwischen durch niemand mehr gefährdet ist. Als kleines Militärbad im Hinterland, abseits der wichtigen Handelsstraßen gelegen, wird es mehrfach zerstört und wieder auf- und umgebaut. Da Aachen Militärgebiet ist, kann sich hier keine Stadt von Bedeutung entwickeln. Das Lager bleibt deshalb bis zum endgültigen Abzug der römischen Legionen von der Rheingrenze zu Anfang des fünften Jahrhunderts im wesentlichen nur Versorgungsbasis und Heilbad der römischen Rheinarmee.

Die Militärdomäne von Aachen wird nach den Römern von den merowingischen Franken als Königsgut übernommen. Der Besitz liegt nun ungünstig am Ostrand des Frankenreiches. Erst durch die militärische Expansion unter der Familie von Karl dem Großen rückt er wieder mehr ins Zentrum des vergrößerten Reiches: Als Hofgut wird Aachen mit seinen Versorgungsmöglichkeiten erst zum Sitz der karolingischen Hofschule gewählt und steigt dann als Folge davon zum Zentrum des neuen Reiches von Karl dem Großen auf.

Der Untergang des Karolingerreiches steht somit am Ende jener Epoche, die man im weitesten Sinne als römische Antike in Westeuropa bezeichnen kann. Mit der Gründung von Aachen als Militärlager und mit dem Bau der karolingischen Kaiserresidenz wird daher in diesem Teil Europas der Anfang und zugleich das Ende eines Zeitraumes festgelegt, der von Italien her bestimmt wurde. In seiner Eigenschaft als späterer Krönungsort der deutschen Könige, die sich als Nachfolger Karls und der römischen Kaiser sehen, markiert Aachen zugleich den Beginn jenes christlichen Mittelalters in Europa, für welches das deutsche Kaisertum jahrhundertelang das einigende Band des Abendlandes war.

Für die Nachgeborenen ist Geschichte meist etwas Abgeschlossenes, das sich scheinbar ohne Vorgeschichte und ohne Bezug zur Zukunft ereignete. Spätere Generationen sind bei ihrer Kenntnis der Historie immer auf die überlieferten Quellen angewiesen. Stammen diese von den Siegern, so melden sie die Siege und verschweigen die Niederlagen. Berichten dagegen die Verlierer, so sind deren Niederlagen meist als Mythos verklärt. Beides hat nur bedingt mit dem tatsächlichen Ablauf der Ereignisse zu tun.

Ist die zeitliche Distanz zum Geschehen lang genug, so wird es möglich, die Vergangenheit neutraler zu beurteilen. Nun kann Geschichte zum Beispiel dafür werden, wie Menschen Macht anwenden und ausüben und wie Sieger mit Besiegten verfahren. Die Historie gewinnt mit einem Male Faszination durch ihren Bezug zur Gegenwart, die in gleicher Weise von Menschen gestaltet wird. Wahrscheinlich liegt das Interesse der Zeitgenossen an den lange zurückliegenden Ereignissen gerade hierin begründet.

Welche Stadt in Deutschland böte nun mehr Möglichkeiten, sich gerade mit der frühen Phase unserer römischen Vergangenheit zu beschäftigen, als Aachen?

Keine römische Siedlung in unserem Land ist älter, kein Ort war solange Symbol für die fortdauernde Macht des römischen Imperiums!

Verwunderlich ist da eher, daß dem römischen Aachen durch die Gelehrten nur eine unbedeutende Rolle als kleiner Badeort zugemessen wird. Stets ist Aachens römische Geschichte überstrahlt vom Glanz der großen Römerstädte Xanten, Köln, Mainz und Trier, obwohl doch alle diese Orte erst fast ein Jahrhundert nach Aachen Bedeutung erlangten.

Erstaunlicherweise fragt auch kaum jemand danach, wieso gerade in **Aachen** später die Kaiserresidenz erbaut wurde, die das **Zweite Rom** sein sollte, wo doch Köln und Trier bereits eine römische Tradition als Residenz von Sonderkönigen und Kaisern besaßen !

Ich bin selbst nicht in Aachen geboren und somit frei vom Vorwurf des Lokalpatriotismus. Daher sei es mir erlaubt, die frühe Geschichte dieser Stadt unter anderen Augen zu betrachten, als das gewöhnlich geschieht. Sollte es mir dadurch gelingen, das Interesse für ihre römische Vergangenheit zu wecken, so wäre der Sinn dieses Buches bereits erfüllt.

Der andersartige Blickwinkel, unter dem in den folgenden Kapiteln die römische Geschichte Aachens betrachtet werden soll, hat einen Grund: An diesem Ort wurde zweimal ein symbolisches Bauwerk errichtet, und jedesmal geschah das nach einem genau überlegten Plan. Beide Male gab es Bezugspunkte zwischen den Nachfolge- und den Vorgängerbauten, deren Existenz den Bauherren wohl bewußt war. Auf eindrucksvollere Weise läßt sich die Kontinuität geschichtlicher Abläufe kaum nachweisen!

Aus dem Widmungsspruch der Kaiserresidenz wissen wir von der Existenz eines einheitlichen **mathematischen Planes**, welcher der Pfalz als Bauwerk zugrunde gelegen hat. Wie der Autor zeigen konnte, handelt es sich dabei mit dem **Idealschnitt** um ein geometrisches Planungsverfahren. Auch die Ausführung der beiden Lagerbauten basierte mit dem **Goldenen Schnitt** auf einem weiteren antiken mathematischen Prinzip. Beide Verfahren sind bei Kenntnis ihrer Grundlagen geeignet, aus Überresten und Ruinen die wichtigsten Details der vergangenen Bauwerke und ihrer Grundrisse zu rekonstruieren. Auf diese Weise lassen sich wie bei einem

Puzzle kleine Stücke zu einem Bild zusammensetzen, das plötzlich klar macht, warum gerade in Aachen der Grundstein für weitreichende Entwicklungen gelegt wurde.

Ich möchte daher den Leser einladen, sich mit mir auf die Spurensuche nach einer längst vergangenen Epoche zu machen. Da gewisse mathematische Kenntnisse hilfreich sind, um die Ergebnisse und Schlußfolgerungen nachzuvollziehen, findet sich im Anhang des Buches eine kleine Zusammenstellung über die Grundlagen des Goldenen Schnittes. Wenn man Angst vor mathematischen Gedanken hat, kann man diesen Teil aber auslassen. Im Anhang sind auch Namen von jenen Straßen, Gütern und Orten aufgeführt, die noch an die römische Vergangenheit von Aachen erinnern, obgleich ihre Aussprache und ihre Schreibweise durch Lautverschiebung verändert wurden.

Teil I
Die Eroberung Galliens

Caesars Gallischer Krieg

Was mag vor gut zweitausend Jahren Gaius Iulius Caesar bewogen haben, jenes Land Gallien zu erobern, dessen Nordosten von Volksstämmen bewohnt war, die zivilisatorisch viele Generationen hinter der Entwicklung von Italien und den übrigen Mittelmeerländern zurücklagen?

Trieben nur Eroberungsdrang, Abenteuerlust und Gier nach Gold die Römer an, wie das bei den Spaniern der Fall war, die das von Indianern bewohnte Südamerika eroberten?

Sicher spielten auch diese Gründe eine Rolle, wenngleich zu jener Zeit in anderen Ländern leichter Reichtümer zu erwerben waren als gerade in jenen gallischen Gebieten.

Aus den Erzählungen von Händlern wußte Caesar nämlich ungefähr, was im nördlichen Gallien und in Germanien zu erwarten war. Der unermeßliche Hercynische Wald (*Silva Hercynia*) erstreckte sich nach diesen Berichten vom Rhein hin nach Osten. Er sollte sich so weit ausdehnen, daß kein Sterblicher es je geschafft hatte, an sein Ende zu kommen. Das Waldgebiet war noch viel gewaltiger als die Ardennen, von denen Caesar annahm, daß eine Legion zwanzig Tage benötige, um sie zu durchqueren. Große Teile des Landes waren mit Sümpfen bedeckt und unwirtlich. Merkwürdige, unbekannte Tiere sollten in den Waldgebieten hausen, die fast so schreckenerregend waren wie die wilden und kampfeslustigen Bewohner, die in kleinen Siedlungen und Ansammlungen von Gehöften lebten. Diese blondhaarigen, hochgewachsenen Menschen waren so ungastlich, daß sie sich meist sogar dem Zugang römischer Händler verweigerten.

Das war kein Land, das zu erobern römische Legionäre hätte verlocken können, und Caesar war kein Abenteurer!

Es müssen deshalb andere Gründe gewesen sein, weshalb er diesen Eroberungskrieg führte. Persönlicher Ehrgeiz und politisches Kalkül ließen ihn das Abenteuer der Eroberung Galliens beginnen: Caesar wollte sich mit Gallien eine ihm gehörende Machtbasis schaffen, von der aus er beabsichtigte, die Alleinherrschaft im römischen Imperium zu übernehmen.

Am 13. Juli 100 v. Chr. wurde Gaius Iulius Caesar geboren. Er verlebte seine Jugend in einer Zeit, in der die römische Republik gerade die tiefste und letzte Krise ihrer Existenz durchstehen mußte. Sie führte schließlich zum Ende der republikanischen Verfassung.

Im Verlaufe mehrerer Jahrhunderte war aus einem kleinen bäuerlichen Stammesverband durch Eroberungskriege eine Großmacht entstanden. Rom hatte das Erbe der hellenistischen Staaten in der Nachfolge des Alexanderreiches im Osten angetreten und als Seemacht die Rolle des Reiches von Karthago übernommen. Seit der Mitte des zweiten vorchristlichen Jahrhunderts beherrschte Rom die Küsten des Mittelmeeres, jedoch lagen die Gebiete im Hinterland noch außerhalb seines Herrschaftsbereiches.

Es gab im wesentlichen zwei große Gefahren, die den Bestand des neuen Römischen Reiches von außen her gefährdeten. Einmal drängte im Osten das Reich der Parther von Mesopotamien aus nach Westen, zum anderen begannen im Norden germanische Volksstämme, ihren angestammten Lebensraum auf der Suche nach Ackerland zu verlassen. Dadurch gerieten auch jene Völker in Bewegung, die unmittelbare Nachbarn der römischen Republik waren.

Im Jahre 113 erreichten unheimliche Gerüchte die Stadt Rom. Reisende Händler berichteten, oben im Norden jenseits der Alpenpässe sei ein Volk auf der Wanderschaft. Kein Sterblicher habe je etwas ähnliches gesehen, so gewaltig sei die Zahl seiner Menschen. Unermeßlich sei die Menge der hünenhaften Krieger, die blauäugig und mit weißblonden Haaren neben den mit Frauen und Kindern vollgepferchten Planwagen herzögen. Niemand könne sich ihnen entgegenstellen, so furchtlos und ohne Todesangst seien sie im Kampf. Dieses Volk selber bezeichne sich als **Cimbern** und gehöre dem Volk der Kelten an.

Für die Römer waren es schlicht bedrohliche Barbaren, die sich da auf ihrem Zug nach Süden bewegten, weil ihre Äcker ausgebeutet waren und die Menschen nicht länger ernährten. Diese „Barbaren“ wurden bei Noreia in der heutigen Steiermark in einen Hinterhalt gelockt und der Wagenzug überfallen. Die römischen Legionen erlitten dabei jedoch große Verluste und flüchteten versprengt in die Wälder.

Erstaunlicherweise wandten sich die siegreichen Cimbern nicht nach Süden in das schutzlos vor ihnen liegende Italien, sondern schwenkten nach Westen und wanderten zu den keltischen Helvetiern, die vom Main bis zu den Alpen siedelten. Dort ließen sie sich nieder und vereinigten sich mit den **Ambronen** und den **Teutonen**, die ebenfalls aus Jütland nach Süden aufgebrochen waren.

Wieder fand sich kein Ackerland, und erneut machte sich ein nun noch gewaltigerer Treck auf den Weg weiter nach Südwesten.

Ruhelos zogen die Germanen anschließend durch das südliche Frankreich, immer noch waren sie auf der Suche nach Siedlungsland. Das war aber auch dort im Süden nicht zu haben, weil alles Land schon besiedelt war. Vier Jahre dauerte dieses ziellose Umherwandern, bis sich Cimbern und Teutonen entschlossen, jetzt über die Alpen nach Italien zu ziehen.

Rom hatte jedoch die Zwischenzeit genutzt. Drei Heere standen an der Rhone bereit, den Einfall der Barbaren abzuwehren. Aber anstatt sich gegenseitig zu unterstützen, kämpfte jedes Heer für sich. Auf der Ebene vor Orange erlebten die römischen Legionen ein Waterloo, als nach den Berichten der Zeitgenossen fast hunderttausend Römer und Bundesgenossen im Kampf ihr Leben verloren.

In Rom brach Panik aus, denn die Stadt schien nicht mehr ewig und unbesiegbar zu sein. Doch ein Wunder rettete das Imperium!

Entgegen aller Erwartung zogen die Germanen nämlich nicht in das ungeschützte Italien, sondern teilten sich auf. Die Cimbern wanderten nach Spanien, die Teutonen nach Nordgallien. Rom konnte sich auf der Suche nach einem starken Heerführer etwas Zeit lassen.

Das war auch bitter nötig, denn der Staat war innenpolitisch gespalten. Die Vorrechte der Großgrundbesitzer hatten dazu geführt, daß die Pächter und Kleinbauern völlig verarmt waren. Die Versuche einer Landreform für die Besitzlosen waren durch den Adel niedergeschlagen worden, und nun stand Rom im Zeichen der Restauration.

Aus den Reihen des Senates drängte sich allerdings niemand nach dem zu vergebenden Amt als Feldherr im Kampf gegen die Barbaren. Schließlich akzeptierten die adeligen Senatoren Gaius Marius als neuen Oberbefehlshaber und Retter des Vaterlandes, obgleich er als Sohn eines Staatspächters nicht von Adel war. Er galt jedoch als unbestechlich und mutig und war dazu schon ein erfolgreicher Feldherr.

Sogleich ging Marius daran, eine neue Armee aufzustellen. Die Soldaten rekrutierte er jedoch nicht mehr aus der Gruppe der wenigen zum Waffendienst zugelassenen freien römischen Bürger. Stattdessen warb er Söldner an, die überwiegend aus der Unterklasse kamen. Selbst Sklaven und Freigelassene wurden Soldaten. Aus ihnen formte Marius in der Folgezeit eine schlagkräftige Truppe, mit der er die Germanen erwartete.

Diese hatten sich in der Zwischenzeit im Herzen Frankreichs wieder vereint und beschlossen, nun wirklich endgültig nach Italien zu ziehen. Unter dem Schutz von 6000 Kriegern ließen sie ihre angesammelte, reiche Beute im heutigen Belgien zurück und marschierten in zwei getrennten Heeren nach Süden. Die Teutonen wollten von Westen, die Cimbern von Osten her die Alpen umgehen.

Marius traf in der Provence zuerst auf die Teutonen. In einer gewaltigen Schlacht wurde fast der gesamte Volksstamm niedergemacht und ihr König gefangengenommen und nach Rom gebracht.

Anders ging es zunächst den Cimbern. Ihnen gelang es, in die Poebene vorzudringen. Dort ließen sie sich nieder. Am 30. Juli 101 jedoch kam es bei Vercellae zur Entscheidungsschlacht zwischen den kampferprobten Truppen des Marius und den Cimbern. Vor allem die römischen Reitertruppen erwiesen sich als den germanischen Reitern überlegen. Als sie die Front durchbrachen, kam es zur Panik unter den Germanen, die im Verlauf der Schlacht restlos niedergemetzelt wurden.

Rom konnte aufatmen. Der Ansturm der Barbaren war überstanden, das Imperium war gerettet!

Allerdings war ein Trauma zurückgeblieben: Die Furcht vor einer Wiederholung der Ereignisse steckte tief in den Knochen der Römer. Auch die seit langem schwelende innenpolitische Krise der Republik war nicht gelöst, sondern durch die siegreichen Schlachten nur in den Hintergrund gedrängt worden.

Der Staat der römischen Bürger war eine Klassengesellschaft. Das bebaubare Land war in den Händen des Adels, der Vorrechte besaß und die politischen und militärischen Führungspositionen innehatte. Daneben gab es als zweite Klasse den Stand der Ritter, der die untergeordnete Beamtenschaft stellte. Den Boden der Gesellschaft bildete das Volk von Rom, das aus den verarmten Bauern hervorgegangen war, die in die Städte gezogen waren. Das Volk war zwar wahlberechtigt, wurde jedoch durch den Adel gelenkt. Weiterhin bestand noch ein großer, aber rechtloser Teil der Bevölkerung aus unterworfenen Fremdvölkern und Sklaven ohne Wahlrecht. Aufgrund des Wachstums der Bevölkerung kam es immer öfter zu sich verstärkenden Spannungen zwischen Besitzenden und Besitzlosen. Die Versuche, eine Landreform durchzuführen, waren gescheitert und hatten in einem Bürgerkrieg zu einer Spaltung der Gesellschaft geführt.

Marius nutzte nun zunächst seine Stellung als Retter des Vaterlandes, um erneut eine Landreform durchzusetzen. Der Adel setzte sich zur Wehr, und es kam zu einem weiteren Bürgerkrieg, in dem Marius' Anhänger vernichtet wurden. Ein Aufstand der Sklaven wurde zwar noch erfolgreich niedergeschlagen, doch zeigte es sich, daß die römische Republik im Inneren nicht mehr handlungsfähig war.

Was hat das nun alles mit Caesars Krieg gegen Gallien zu tun? Die Antwort lautet: Alles politische Geschehen hat eine Vorgeschichte, oftmals sogar eine sehr persönliche.

Caesar stammte aus dem vornehmen, aber verarmten Adelsgeschlecht der Iulier. Daher hätte es für ihn nahegelegen, eine politische Laufbahn in der Adelspartei (*Optimates*) zu beginnen. Er schloß sich jedoch der konkurrierenden Volkspartei (*Populares*) an, die das Volk von Rom vertrat.

Das hatte familiäre Gründe. Die Schwester seines Vaters war die Frau von Marius, er selber war mit einer Tochter von Cinna verheiratet, dem Nachfolger von Marius. Daher stand er der Volkspartei nahe und galt als Gegner der Optimatenpartei. Als der Senat von ihm verlangte, sich von seiner Frau zu trennen, zog er die politische Verbannung vor.

Durch die enge Verbindung mit Marius war er in seinem Denken vorgeprägt: Caesar fühlte sich nicht der korrupten Klasse des Adels zugehörig. Er war Marianer, und der Schock des Barbarensturmes war ihm noch gegenwärtig. Caesar wollte die vom Adel beherrschte Republik verändern, und das ging nur **gegen** die Partei der Optimaten!

Die Vertretung des Adels war der Senat, der aus den Häuptern der vornehmen Geschlechter und aus ehemaligen hohen Beamten bestand. Seine Aufgabe war es, die Verwaltung (*magistratum*) der römischen Republik zu beraten und die Beschlüsse der Volksversammlung zu bestätigen.

Der Magistrat, eine Art von Regierung, bestand aus Beamten, die üblicherweise für ein Jahr gewählt wurden: Zwei **Konsuln** waren für die Kriegsführung, das Finanzwesen und die Gerichtsbarkeit zuständig. In Notzeiten wurde von einem Konsul ein **Diktator** mit unbeschränkter Herrschaft (*imperium*) ernannt, der ohne Rechenschaftspflicht und Kontrolle im Höchstfall sechs Monate lang regierte. **Prätoren** besorgten die Rechtsprechung und urteilten zwischen römischen Bürgern und Fremden. **Ädilen** besaßen die Polizeigewalt. In ihrer Hand lagen die Marktaufsicht, die Tempelfürsorge und die Organisation der Festspiele. **Quästoren** waren für die Verwaltung der Staatskasse zuständig.

Diktator, Konsuln und Prätoren besaßen uneingeschränkte Amtsgewalt, die nur durch die Unterordnung unter das Gesetz und den möglichen Widerspruch des zweiten Konsuls begrenzt war. Diese Ämter standen im Prinzip jedem freien römischen Bürger offen, doch wurden alle Positionen nur für jeweils begrenzte kurze Amtsperioden vergeben.

Um langjährige militärische Aufgaben durchführen zu können, wurde im Laufe der Entwicklung Roms vom Stadtstaat zur Großmacht die Amtszeit der Beamten verlängert. Das barg jedoch die Gefahr des Machtmißbrauches in sich, die der Senat argwöhnisch beobachtete.

In den eroberten Gebieten des wachsenden Imperiums wurden Provinzen eingerichtet. Dort gründete man Kolonien, die von freien römischen Bürgern besiedelt wurden. Die Verwaltung der Provinzen erfolgte durch Prätoren als Statthalter des römischen Volkes. So besaß der Senat die Möglichkeit, die ehemaligen politischen Führer weit ab vom eigentlichen Machtzentrum in Rom zu beschäftigen. Die Steuern und Zölle wurden an Steuerpächter (*publicani*) verpachtet, welche die Provinzen für Rom ausbeuteten.

In diesem politischen Umfeld begann Caesar seine Ämterlaufbahn im Jahre 68 mit der Quästur. Im Jahre 65 war er Ädil und erregte durch prunkvolle Gladiatorenspiele allgemeine Aufmerksamkeit. Gestützt auf den einflußreichen Konsul Crassus und die Stadtbevölkerung Roms erreichte er 63 seine Wahl zum obersten Priester (*Pontifex Maximus*). Im Jahre 62 bekleidete er die Prätur, bevor er im folgenden Jahre als Proprätor zur Verwaltung einer Provinz nach Spanien ging. Dort zeigte sich zum ersten Mal, über welche staatsmännischen und militärischen Begabungen dieser Mann verfügte: Caesar konnte in kurzer Zeit erfolgreich seine Schulden tilgen, die er als Ädil angehäuft hatte, und dazu noch ein Vermögen erwerben!

Derweil hatte sich in Rom die Konfrontation zwischen Senatspartei und Volkspartei weiter verschärft. Vordergründig ging es um die Verteilung von Land und um die Ansiedlung von Veteranen aus dem Heer des ehemaligen Konsuls Gnäus Pompeius Magnus. Dieser war im vorangegangenen Bürgerkrieg mit großen Vollmachten ausgestattet worden. Als Feldherr hatte er erfolgreich den Sklavenaufstand des Spartakus niedergeschlagen, das Unwesen der Seeräuber im Mittelmeer beendet und im Osten durch Unterwerfung des Königs Mithridates mit der Errichtung neuer Provinzen eine römische Ordnung geschaffen.

Nach der Rückkehr aus dem Orient entließ er sein Heer und feierte einen Triumphzug. Als er jedoch seine Soldaten durch Landvergabe entlohnen wollte, stimmte der Senat der Ansiedlung der Veteranen nicht zu. Selbst die Anordnungen des Pompeius im Osten wurden nicht bestätigt.

Diese Senatsentscheidungen waren für Pompeius der Anlaß, die Verfassung der Republik zu umgehen und gleichsam auszuhebeln. Er verbündete sich mit dem reichen Lucius Licinus Crassus, um ohne die Zustimmung des Senates zu regieren. Crassus war sein Mitkonsul im Jahre 70 gewesen. Beider Ziel war die wechselseitige Unterstützung zur Durchsetzung der eigenen politischen Interessen.

Die innenpolitische Lage in Rom ließ es aber geboten erscheinen, wenigstens einen Strohmann zum Konsul wählen zu lassen, da eine Wiederwahl des Pompeius zum Konsul nach dem Gesetz nicht zulässig war.

Dieser Verbündete fand sich in der Person des ehrgeizigen Gaius Iulius Caesar, der über seine Tochter Iulia mit Pompeius verschwägert war. Im Juli 60 kam das **Erste Triumvirat** als geheimes Bündnis der drei Männer zustande. Es setzte die republikanische Legitimität durch Ämterteilung und Aufteilung des Staates in Interessensphären zur Beherrschung des Imperiums außer Kraft. Caesar wurde als Juniorpartner für das Jahr 59 zum Konsul gewählt und verfügte umgehend die Durchführung der Anordnungen des Pompeius.

Im Sommer 59 ging es darum, die Amtsbereiche der gewesenen Konsuln für das nächste Jahr festzulegen. Die Caesar mißgünstig gesonnene Adelsfraktion des Senates schrieb ihm zwei ärmliche, unergiebige Landstriche in Süditalien zu. Der geschickte Taktiker Caesar mobilisierte daraufhin seine Anhänger „im Volke". Der Volkstribun Vitinius schlug vor, Caesar die Prokonsulargewalt für fünf Jahre in den Provinzen *Gallia Cisalpina* und *Illyricum* zu übertragen. Diese Gebiete umfaßten Oberitalien und Dalmatien. Verbunden damit sollte das Recht sein, für die dort stationierten drei Legionen die Befehlshaber selber zu ernennen und Kolonien zu gründen.

Pompeius und Crassus waren Caesar verpflichtet und sahen keinen Anlaß, dem „Wunsch des Volkes" zu widersprechen. Nun war es am Senat, zuzustimmen oder aber den Staatsnotstand auszurufen, damit Caesars Einfluß nicht zu groß werde. Er tat aber weder das eine noch das andere. Stattdessen verhandelte er die Vergabe der Provinzen erneut. Das Ergebnis war insofern erstaunlich, als der Senat Caesar jetzt auch noch zusätzlich die gesamte Provinz *Gallia Narbonensis* im heutigen Südfrankreich mit einer weiteren Legion zusprach. Vielleicht hofften die Senatoren, damit die Macht der beiden anderen Triumvirn ein wenig einzudämmen.

Mit diesem Beschluß hatte Caesar jedenfalls eine reale Machtbasis erhalten, von der aus sich Politik machen ließ. Sie lag zudem nahe beim italischen Mutterland. Caesar zögerte keinen Augenblick, diese Macht zu nutzen und zu erweitern. Als weitblickendem Politiker war ihm klar, daß es über kurz oder lang zu einem Machtkampf mit Pompeius um die Alleinherrschaft im Staat kommen mußte. Dafür wollte er gerüstet sein.

Aufgrund des Triumvirates verwaltete Pompeius die spanischen Provinzen, Crassus die Provinz Syrien. Beide verfügten über ein Heer und dazu über große Geldmengen. Um einen kommenden Machtkampf zu bestehen, mußte Caesar also die Zahl seiner Legionen erhöhen können, ohne gleichzeitig das Mißtrauen der Senatspartei zu erregen. Außerdem brauchte er Geld, viel Geld.

So klangen die Nachrichten verlockend, die aus verschiedenen Teilen des nicht römischen Galliens vermeldeten, die dortigen Volksstämme rumorten und es bestehe Gefahr für die Provinz Gallia Narbonensis. Das war das richtige Thema, um in Rom Aufmerksamkeit zu erlangen!

„Gefahr von den Galliern", diese Worte ließen die Alarmglocken schrill erklingen, erinnerten sie doch an Momente größter Gefahr: an die bittere Niederlage der Römer durch die Kelten in der Schlacht von Allia am 18. Juli 387, wie auch an die Niederlagen von Noreia und Arausio gegen Cimbern und Teutonen im Jahre 113 beim Ansturm der Barbaren. „Gefahren für die Nordgrenze", das bedeutete politischen Handlungsspielraum!

So entstand der Plan einer Intervention im Rhonetal, im Norden der Provinz Gallia Narbonensis. In diesem Gebiet schickten sich die keltischen Helvetier an, ihre Wohngebiete am Genfer See zu verlassen und nach Savoyen zu ziehen. Damit kamen zwangsläufig auch jene Volksstämme in Bedrängnis, die in einem freundschaftlichen Verhältnis zu Rom standen.

Das war für Caesar ein günstiger Anlaß zum Eingreifen. Es gab dafür zwar keinen Auftrag des Senates, aber schließlich auch keinen Widerspruch, denn jene Helvetier hatten ja 113 die Cimbern und Teutonen bei sich aufgenommen! Das reichte als Vorwand zur Intervention.

Allerdings war sich Caesar wohl von Beginn an klar darüber, daß er mit seinem Interesse an Gallien nicht alleine dastand. Es gab bereits einen Konkurrenten, der von Nordosten aus dabei war, Teile von Gallien in seine Gewalt zu bringen. Dabei handelte es sich um germanische Volksstämme, die über den Rhein gingen und die gallischen Stämme unterwarfen. Bei der Eroberung Galliens mußte dies berücksichtigt werden.

Caesar erhöhte also zuerst einmal die Zahl seiner Legionen auf sechs, schlug mit überlegenen Truppen die Helvetier im Juni 58 und schickte die Überlebenden in ihre alte Heimat zurück. Damit war eigentlich die Ordnung an der Nordgrenze zu Gallien wiederhergestellt, und Caesar hätte seine Legionen in die Lager zurückführen können. Doch war das ja nicht der Sinn des Eingreifens in Gallien! Es ist zu vermuten, daß Caesar von Beginn an danach strebte, die Germanen aus Gallien zu vertreiben und den Rhein als gleichsam natürliche Grenze „seiner Provinz" zu etablieren.

Dem Feldherrn Caesar bot sich die Gelegenheit, weiter in Gallien tätig zu werden, als Schlichter von innergallischen Streitigkeiten. Allzu gerne ergriff er die Chance! Noch ahnte er allerdings nicht, in welches Abenteuer er sich damit einließ.

Die Gallier waren der bedeutendste Zweig der Kelten, die um das Jahr 1000 v. Chr. begonnen hatten, langsam unter dem Druck nachrückender Volksstämme aus ihrem Ursprungsgebiet an Oberrhein und Oberdonau nach Frankreich, Spanien, auf die britischen Inseln und Mitte des Jahrtausends auch nach Oberitalien zu wandern. Im Gegensatz zu den eng mit ihnen verwandten Germanen wurden die Kelten schon bald seßhafte Ackerbauern mit hoch entwickelter Landwirtschaft. Sie besaßen wohlorganisierte, durch Mauern bewehrte Städte. Töpferei, Textil-, Schmiede- und Kunsthandwerk standen in hoher Blüte.

Die Gallier waren unter der Führung einer kriegerischen Aristokratie in Sippen organisiert. Der Adel besaß auch das ackerbare Land. Die Priesterschaft der Druiden stellte die zweite Herrschaftsklasse. Sie durfte allein in allen Rechtsfragen entscheiden und den Göttern opfern. Damit übte sie entscheidenden Einfluß aus. Der Rest des Volkes war rechtlos.

Dauerhafter Streit zwischen den keltischen Clans um Vorherrschaft und Tributpflichtigkeit anderer Stämme hatte dazu geführt, daß sich die unterlegenen Volksgruppen an die Germanen wandten, welche am östlichen Rheinufer siedelten. Sie warben diese durch Geldzahlungen und Versprechen auf Beute an und brachten sie dazu, über den Rhein zu gehen und ihnen zu Hilfe zu kommen.

Die germanischen Söldner dachten jedoch anschließend nicht mehr daran, in ihre Heimat zurückzukehren. Vielmehr sorgten sie für stetigen Zuzug weiterer Germanen samt ihren Familien in das Gebiet der Gallier.

Im Verlauf weniger Generationen war so ein linksrheinisches Gebiet von etwa 150 Kilometern Breite mit einer herrschenden germanischen Oberschicht in ehemals gallischem Land entstanden. Diese Zuwanderer vermischten sich schnell mit der einheimischen keltischen Bevölkerung und bildeten eine neue **keltogermanische** Volksgruppe.

Es bestand so ein Zivilisations- und Kulturgefälle von den Galliern im Süden über die Keltogermanen zu den rechtsrheinischen Germanen, die für ein stetiges Anwachsen der germanischen Bevölkerung in Gallien sorgten.

Die Zuwanderer brachten ihre Vorstellungen von freien germanischen Kriegern in die neu entstehende Gesellschaft der Keltogermanen ein. Schon bald kam es im gesamten Gallien zur Auseinandersetzung zwischen dem konservativen gallischen Adel, der seine Vorrechte wahren wollte, und den Anhängern einer neuen Machtverteilung, welche die Herrschaftsstrukturen verändern wollten.

Caesar wußte natürlich von diesen Auseinandersetzungen und nutzte sie zum Eingreifen. Er setzte mit Beginn seines Einmarsches in Gallien konsequent auf die Unterstützung des konservativen gallischen Adels. Mit dessen Hilfe hoffte er, ein System von romfreundlichen Vasallenstaaten in Gallien aufbauen zu können. Dadurch mußte er zwangsläufig mit den keltogermanischen Stämmen aneinandergeraten, die sich um ihren Einfluß gebracht sahen.

Die Unterstützung der konservativen Aristokratie war wohlüberlegt. Die beiden herrschenden Klassen des Adels und der Priesterschaft waren die natürlichen Gegner der nach Veränderung der Machtverteilung strebenden Neuerer. Die römische Diplomatie des „Teilens und Herrschens“ konnte also zunächst in der innergallischen Auseinandersetzung eine Gruppe gegen die andere ausspielen. Caesars Parteinahme erlaubte es ihm zudem, mit scheinbar guten Gründen im keltogermanischen Teil Galliens zu intervenieren. Noch konnte er nicht ahnen, daß er sich über Jahre hinweg immer tiefer in ein Unternehmen verstricken würde, in dem die Römer zwischen die innergallischen Fronten gerieten. Caesars brutales Vorgehen in Gallien bewirkte, daß sich Keltogermanen und Gallier im Kampf gegen die römische Unterdrückung zusammenfanden.

Es gibt kaum einen Krieg aus jener fernen Vergangenheit, über den wir so gut Bescheid wissen wie über die Eroberung Galliens. Caesar selber beschreibt den Feldzug in seinem Werk **Kommentare zum Gallischen Krieg** (*Commentarii de Bello Gallico*). Die Berichte sind nach Kriegsjahren geordnet und haben die Aufgabe, Caesars Erfolge in Rom zu verbreiten, damit seine Anhänger und die Gegner im Senat Entscheidungen in seinem Sinne treffen sollen. Damit ist klar, daß viele Aussagen Caesars mit gebotener Vorsicht zu betrachten sind, da er es meist geschickt versteht, die wahren Ziele und Absichten zu verbergen.

Das Jahr 58 bringt also zunächst im Juni den Sieg über die Helvetier. Dann wendet sich Caesar gegen den Germanenführer Ariovist. Das tut er angeblich auf Bitten und Betreiben der konservativen Führer des gallischen Häduerstammes hin. Ariovist herrscht im heutigen Elsaß über eine Reihe von gallischen Stämmen, die ihm tributpflichtig sind. Caesar besiegt die Germanen und zwingt sie, auf das östliche Rheinufer zurückzukehren. Ariovist kann im letzten Augenblick entkommen. Die römischen Truppen stehen damit erstmals am Rhein.

Anfang 57 wendet sich Caesar dann gegen die keltogermanischen Stämme im Norden, die Belgen. Er nennt sie *Germani cisrhenani*, also **Germanen diesseits des Rheins**. Nach den Erfahrungen mit der Vertreibung des Ariovist fürchten sie, wohl nicht zu Unrecht, wie schon ein Teil der Gallier unter die Herrschaft Roms zu kommen. Offenbar hatte sich bereits herumgesprochen, daß Caesars Ziel eine römische Rheingrenze war.

Damit verlagert sich der Ort des Geschehens, in dem es ja ursprünglich um den Schutz der Provence ging, weit nach Norden in das Gebiet, das für uns interessant ist.

Man kann Caesar guten Gewissens zwei Gründe für die Ausweitung des Krieges unterstellen:

Durch das Aufbauschen der „Gallischen Gefahr“ ließ sich rechtfertigen, daß Caesar die Anzahl seiner Legionen vergrößern mußte, um den Krieg erfolgreich durchführen zu können. Im Jahre 53 verfügt er so bereits über zehn Legionen, die ihm unbedingt ergeben sind. Der Senat konnte ihm also nicht unterstellen, er rüste ein Heer für persönliche Machtzwecke aus. Gleichzeitig wurde im Falle eines Sieges sein Verdienst um das Vaterland durch die Beseitigung dieser Gefahr und die Wiederherstellung der Ehre Roms um so größer. Damit verbesserte sich auch seine Ausgangsposition im kommenden Machtkampf.

Caesar war sich zum zweiten darüber klar, daß nur der Rhein eine sichere Grenze gegen die nach Gallien vorrückenden Germanen sein konnte. Eine stabile Grenze brauchte er aber, wenn er sich ohne Sorge um den Bestand seiner Provinz den Aufgaben in Italien zuwenden wollte. Weiterhin war Gallien tatsächlich ein reiches Land, in dem sich durch Sklaven und Tributzahlungen die Geldmittel beschaffen ließen, die Caesar für seine politischen Ziele benötigte. Die Schilderung der Feldzüge belegt, daß es ihm als geschicktem Politiker gelang, seine wahren Absichten gut zu verschleiern.

Es sind Gerüchte von einer angeblichen Verschwörung der Keltogermanen, die Caesar im Frühsommer 57 veranlassen, mit den vorsorglich neu aufgestellten Legionen XIII und XIV in schnellen Märschen in das Gebiet der keltogermanischen Belgen einzudringen. Mit den neuen Truppen verfügt er zu diesem Zeitpunkt über acht Legionen.

Er nimmt zu Beginn des Feldzuges die Unterwerfung der Remer entgegen, die zwischen der Marne und dem Oberlauf der Maas siedeln. Dieser Stamm zieht es vor, sich ohne Krieg auf die Seite des Stärkeren zu schlagen. Dann sucht er die Entscheidung gegen die übrigen Belgen. Angeblich haben diese 350 000 Krieger zusammengerufen. Es kommt aber nur zu einigen kleineren, unbedeutenden Scharmützeln, was Caesar dadurch erklärt, daß sich die undisziplinierten Belgen aus Angst vor den römischen Legionen einfach wieder zurück in ihre Stammesgebiete begeben. Schließlich gibt es bei Namur an der Sambre doch noch eine Schlacht mit dem Stamm der Nervier. Erst am Ende des Tages wendet sich das Schlachtenglück zugunsten der Römer. Die Nervier werden besiegt und unterwerfen sich.

An dieser Stelle stoßen wir zum ersten Mal auf den Volksstamm der **Atuatuker**, der den Nerviern angeblich zu Hilfe kommen wollte, sich aber aus Furcht vor den Römern in eine Fluchtburg zurückzieht. Es handelt sich bei ihnen um das Volk, das aus den in Belgien zurückgebliebenen Cimbern und Teutonen des Barbarensturmes vom Jahre 105 entstanden ist. Ihr Name bedeutet: **Die Leute, die an die Quellen** (Wasser) **gezogen sind.** Sie siedeln im Gebiet zwischen Lüttich, Tongeren, Maastricht und Aachen mitten im Land der keltischen Eburonen, die ihnen tributpflichtig sind.

An diesen Atuatukern statuiert Caesar ein Exempel für seine weiteren Absichten, indem er den Volksstamm weitgehend auslöscht. Es muß sich bei Caesars Vorgehen um eine Demonstration für den Senat in Rom handeln, da sich anders nicht erklären läßt, warum **dieser** Stamm vernichtet und versklavt wird.

Die Atuatuker haben die Römer nicht angegriffen, sie fliehen vielmehr vor ihnen in eine befestigte Fluchtburg und bieten Übergabeverhandlungen an. Den Ausbruchversuch einer kleinen Gruppe von Kriegern nimmt Caesar dann zum Anlaß, alle Atuatuker in die Sklaverei zu verkaufen. Diese Menschen stehen damit stellvertretend für **alle** Cimbern und Teutonen. Sie müssen dazu dienen, die Ehre Roms nach den Niederlagen des Barbarensturmes wiederherzustellen. Mit dieser Tat kann Caesar den Senat und das Volk in Rom auf seine Seite ziehen, und so lassen sich für die innenpolitische Auseinandersetzung mit Pompeius Punkte sammeln!

Caesar tritt hier übrigens zum zweiten Male als Rächer des römischen Volkes auf, nachdem er schon beim Krieg gegen die Helvetier offen ausspricht, daß er hierbei nicht nur staatliche, sondern auch private Unbill, nämlich den Tod des L. Piso räche. Dieser war der Urgroßvater seiner Frau und als Soldat während des Barbarensturmes gefallen.

Die Vernichtung der Atuatuker wird in Einzelheiten beschrieben:

Nach der Schlacht gegen die Nervier „...verließen die Atuatuker alle Städte und festen Plätze und schafften ihren Besitz in eine durch ihre Lage hervorragend geschützte Stadt. Der Ort hatte rundum sehr hohe Felswände und gutes Blickfeld nach unten; auf einer Seite blieb ein leicht ansteigender Zugang in einer Breite von höchstens zweihundert Fuß. Diese Stelle hatten sie mit einer sehr hohen Doppelmauer befestigt, dazu schwere Felsstücke und vorn zugespitzte Balken auf die Mauer geschafft."

All dies deutet auf Verteidigung, aber nicht auf einen Angriff hin. Dann schreibt Caesar weiter:

„Gleich beim Anrücken unseres Heeres unternahmen sie häufig Ausfälle und kämpften in kleinen Gefechten mit unseren Leuten; später, als sie mit einem Ringwall von fünfzehntausend Fuß und vielen Stützpunkten umschlossen waren, blieben sie in der Stadt."

Bald schickten die Atuatuker Friedensgesandte und erklärten ihre Bereitschaft, sich bedingungslos den Römern zu ergeben. Nach der Übergabe ihrer Waffen werden die Tore der Stadt geöffnet und diese von den Römern geplündert.

„Gegen Abend ließ Caesar die Tore schließen und die Soldaten aus der Stadt rufen, damit die Einwohner nicht nachts unter Übergriffen der Soldaten leiden mußten."

Offenkundig stellt Caesar den Atuatukern eine Falle, in die sie auch sogleich hineintappen. Im Morgengrauen versucht ein Teil der germanischen Krieger einen Ausbruch aus der Belagerung. Er schlägt fehl, da die römischen Truppen offenbar genau darauf gewartet haben. Die Atuatuker werden in die Stadt zurückgetrieben.

„Am nächsten Tag wurden die Tore aufgebrochen, wobei niemand mehr an Widerstand dachte; dann ließ Caesar unsere Soldaten in die Stadt eindringen und verkaufte die Beute aus dieser Stadt im ganzen. Von den Aufkäufern wurde ihm eine Kopfzahl von dreiundfünfzigtausend abgerechnet."

Mit so wenigen Worten kann man den Untergang eines Volkes beschreiben, und so lapidar läßt sich formulieren, wie man als Feldherr an ein Vermögen kommt!

Caesar ist nun jedenfalls der Meinung, damit sei ganz Gallien zur Ruhe gebracht. Er schickt die Legionen ins Winterlager und tritt seine Rückreise nach Italien an. Seine Erfolge machen dort großen Eindruck, denn sie geben Anlaß für ein Dankfest von fünfzehn Tagen, eine Ehrung, die bis dahin noch niemand erfahren hatte. Caesars Gegner mußten nun verstummen, hatte er doch die vergangenen Niederlagen gerächt und die Ehre Roms wiederhergestellt.

Für die weitere Entwicklung in Gallien allerdings war die Versklavung der Atuatuker eine Katastrophe, deren ganzes Ausmaß sich erst im Winter 54 erweisen sollte. In jenem Winter werden wir dem Namen Atuatuka wieder begegnen, und zu diesem Zeitpunkt werden die Rollen zwischen Römern und Keltogermanen umgekehrt verteilt sein.

Im Winter 57 auf 56 und im folgenden Sommer unterwerfen Caesars Legionen die restlichen gallischen Stämme. Seine Truppen ziehen in einem großen Bogen von den westlichen Alpen zu den Pyrenäen und dann entlang der ganzen Atlantikküste bis zur Rheinmündung.

Damit ist aber das Problem der Keltogermanen noch nicht gelöst. Ständig kommen neue Germanen unter dem Druck rivalisierender Nachbarstämme über den Rhein, immer auf der Suche nach ackerbarem Land. Caesar fürchtet ihren Einfluß auf die Gallier, da das eine erfolgreiche Unterwerfung unmöglich machen würde.

Im Jahre 55 verdeutlicht Caesar am Volk der Usipeten und Tenkterer, daß das linksrheinische Territorium nun endgültig für Germanen verschlossen ist. Nachdem sie vom Gebiet der Lippe her den Rhein überschritten haben und in das Gebiet der keltogermanischen Menapier im Mündungsgebiet des Rheines eingedrungen sind, werden sie unter Mißachtung der auch schon damals geltenden Regeln zwischen Völkern niedergemetzelt. Selbst in Rom macht sich daraufhin Empörung breit. Der Senator Cato fordert gar die Auslieferung Caesars an die Germanen.

Die Flucht einiger usipetischer Reiter über den Rhein dient dann Caesar als Vorwand, den Fluß zu überschreiten. Er läßt eine Brücke schlagen und demonstriert damit den Barbaren Überlegenheit und technische Leistungsfähigkeit der Römer. Den Germanen am Rhein wird auf diese Weise klargemacht, daß der Machtbereich Roms inzwischen bis zum Rhein reicht, daß aber römische Truppen auch jederzeit in der Lage und willens sind, den Fluß zu überschreiten und in Roms Sinn ebenfalls auf dem rechten Rheinufer ordnend einzugreifen.

Einen ähnlichen Hintergrund dürften auch die beiden Expeditionen der Jahre 55 und 54 über den Ärmelkanal nach Britannien gehabt haben. Den unterworfenen Galliern und Keltogermanen wurde so eindringlich vor Augen geführt, daß auch von jenseits des Meeres keine Hilfe mehr zu erwarten war.

Am Ende des Jahres 55 war Caesars Stellung in Rom gefestigt. In einem diesmal zwanzigtägigen Dankfest feierten die Römer die Erschließung zweier neuer Länder: Germaniens diesseits des Rheines und Britanniens.

Caesar war bis ans Ende der Welt vorgestoßen und hatte menschliches Leistungsvermögen bis zum Äußersten demonstriert. Jetzt stand er bereit, mit gefüllten Kassen in die italische Innenpolitik einzugreifen. Sicher wäre das allein kein Grund für die ausgiebigen Feierlichkeiten gewesen! Caesar wußte allerdings zu gut, welches Prestige und welche Sympathie ihm das Fest beim Volk in Rom einbrachte. Inzwischen besaß er auch die finanziellen Mittel für die entsprechende Durchführung der Feierlichkeiten.

Dieser Rückhalt beim Volk von Rom war auch notwendig. Zwar war im Sommer 56 in Lucca das Triumvirat erneuert worden – Caesar hatte Gallien für fünf weitere Jahre zugesprochen erhalten –, doch kühlte sich das Verhältnis zu Pompeius nach dem Tod von Caesars Tochter merklich ab. Die beiden Konkurrenten Crassus und Pompeius wandten sich dem Senat zu und beherrschten als Konsuln des Jahres 55 die Politik in Rom. Es wurde Zeit, daß sich Caesar mehr um die Macht im Staate kümmerte.

Doch da zeigte es sich, daß Gallien keineswegs erobert, geschweige denn befriedet war.

Atuatuka

Das Jahr 54 war ein Dürrejahr. Die Verwüstungen des Landes, der Tod vieler Männer und auch der Unterhalt von acht Legionen brachten zusätzliche Not über die Menschen. Caesar sah sich gezwungen, das Heer nicht wie in den Jahren bisher in nahe beieinander liegenden Winterlagern zu stationieren, sondern die Legionen auf mehrere Stämme zu verteilen.

Die Truppen wurden im Herbst eines Jahres gewöhnlich in die Gebiete ins Winterlager verlegt, in denen im Sommer Krieg geführt worden war. Das diente als Strafe, da es bedeutete, zusätzlich etwa sechstausend Menschen mit Getreide und Vieh versorgen zu müssen. Hungersnöte unter der einheimischen Bevölkerung waren die natürliche Folge dieses Vorgehens. Sie sollten den Unterworfenen deutlich machen, was mit jenen Besiegten geschah, die sich nicht freiwillig der Macht Roms unterstellten.

Die Winterlager des Jahres 54 wurden in das Gebiet der keltogermanischen Stämme gelegt, gegen welche die Legionen gekämpft hatten. Es waren Lager, die nicht weit entfernt waren von den Landungsplätzen der römischen Flotte, die im Herbst von ihrer zweiten Expedition aus Britannien zurückgekehrt war. Sie lagen in einem Umkreis von etwa 100 Meilen, dessen Mittelpunkt sich am Oberlauf der Sambre in Westbelgien befand. (Eine Meile mißt 1000 Schritte oder 1480 Meter.)

Das folgende Geschehen des Winters 54 auf 53 ereignet sich nun in einem Gebiet, das sich etwa von Paris im Westen bis nach Aachen im Osten erstreckt. Aachen spielt dabei eine entscheidende Rolle.

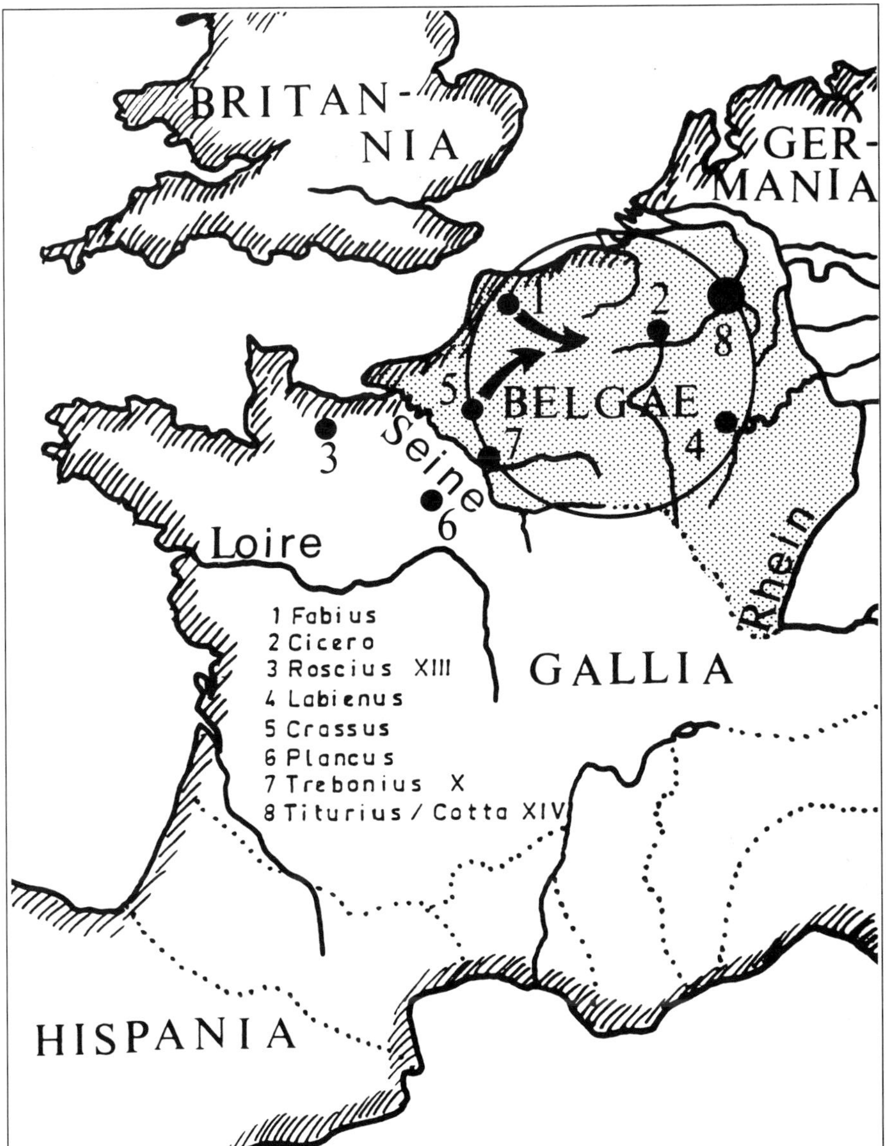

Figur 1
Im Herbst des Jahres 54 v. Chr. befanden sich die Winterlager der acht caesarischen Legionen im Siedlungsgebiet der Belgen zwischen Seine und Rhein. Am weitesten nach Osten vorgeschoben war das Lager Atuatuka (8) in Aachen.

Lassen wir Caesar selbst zu Wort kommen:

„Eine Legion unter dem Legaten Gaius Fabius (1) schickte er zu den Morinern (St. Omer), eine zweite unter Quintus Cicero (2) zu den Nerviern (Namur), eine dritte unter Lucius Roscius (3) zu den Essuviern (Seinemündung); eine vierte sollte mit Titus Labienus (4) im Grenzgebiet der Remer zu den Treverern (Trier) überwintern. Drei Legionen verlegte er zu den Belgen; den Oberbefehl über diese gab er dem Quästor Marcus Crassus (5) sowie den Legaten Lucius Munatius Plancus (6) und Gaius Trebonius (7). Eine Legion, die er erst vor kurzem **jenseits des Padus** (Po) ausgehoben hatte, und fünf Kohorten entsandte er zu den Eburonen, die größtenteils zwischen Maas und Rhein wohnen und von Ambiorix und Catuvolcus beherrscht wurden. Diese Einheit unterstellte er den Legaten Quintus Titurius Sabinus und Lucius Aurunculeius Cotta (8). Durch diese Verteilung meinte er, dem Getreidemangel am besten begegnen zu können. Er selbst beschloß, in Gallien zu bleiben, bis er sicher wußte, die Legionen seien untergebracht und die Standorte befestigt."

Wir erfahren an späterer Stelle, daß M. Crassus mit seiner Legion bei den Bellovakern (Beauvais) überwintert, während L. Plancus ins Land der Karnuten (Orleans) marschiert, weil es dort zu einem Aufstand gekommen ist. Die Legion des G. Trebonius liegt offenkundig nördlich von Paris. Als Caesar aus Italien zurückkehrt, stößt er zu ihr und marschiert von dort ins Gebiet der Nervier.

Wie man in der Figur 1 erkennt, liegen in diesem Winter 54 sechs Legionslager ungefähr auf dem Umfang eines Kreises von rund hundertfünfzig Kilometern. Sein Mittelpunkt befindet sich etwa auf der heutigen Grenze zwischen Belgien und Frankreich. Zwei Legionen liegen westlich der Seine weit ab vom Geschehen, die Legion im Land der Eburonen ist am weitesten östlich stationiert.

Die Angaben Caesars sind nicht sehr genau, doch schreibt er an späterer Stelle:

„Darauf teilte er seine Streitkräfte in drei Gruppen und schaffte die schwere Ausrüstung nach **Atuatuka**. So heißt ein fester Platz etwa in der **Mitte des Eburonenlandes**, wo Titurius und Aurunculeius ihr Winterlager gehabt hatten. Dieser Punkt schien ihm in jeder Beziehung geeignet, besonders weil die Befestigungen vom Vorjahr noch in gutem Zustand waren, so daß er den Soldaten die Arbeit erleichtern konnte."

Atuatuka liegt also demnach nun **im Land der Eburonen**, da die Atuatuker ja im Jahre 57 in die Sklaverei verkauft worden waren und der Stamm weitgehend vernichtet wurde. Die Ausrottung scheint aber nicht vollständig gewesen zu sein, denn Ambiorix zieht im Winter 54 nach der

Schlacht gegen die Römer „...sofort mit seinen Reitern zu **den Atuatukern, den nächsten Nachbarn seines Herrschaftsgebietes**."

Die Eburonen waren den Atuatukern vor Caesars Eingreifen tributpflichtig gewesen, durch die Versklavung des Stammes der Atuatuker aber wieder ein freies Volk geworden.

Caesar macht noch eine weitere Angabe über die Lage jenes Winterlagers, indem er schreibt:

„Etwa vierzehn Tage nach dem Einrücken in die Winterlager gaben Ambiorix und Catuvolcus das Signal zu plötzlichem Aufstand und Abfall. Sie hatten zwar **an der Grenze ihres Gebietes** (in Atuatuka) bei Sabinus und Cotta (den Legaten) ihre Aufwartung gemacht und Getreide im Winterlager abgeliefert, doch holten sie auf eine Botschaft der Treverer hin ihre Leute zusammen, überfielen plötzlich unsere Holzholer und erschienen mit einer großen Schar vor dem Lager, um es zu erstürmen."

Das erscheint alles zunächst sehr widersprüchlich zu sein. Was ist nun richtig? Liegt das Lager von Atuatuka in der Mitte des Eburonenlandes oder an dessen Grenze, ein Stück entfernt von den Atuatukern als nächsten Nachbarn?

Es gibt nur eine vernünftige Antwort auf diese Frage, und die lautet: Beides ist richtig! Dann nämlich, wenn das Gebiet der Atuatuker wie eine Zunge von Westen her bis ins Herz des Eburonenlandes hineinreicht.

Ich gehe deshalb an dieser Stelle so genau auf die Lage von Atuatuka ein, weil man bis heute eigentlich nicht weiß, wo sich das Winterlager der *Legio XIV* befunden hat.

Im folgenden Bericht will ich zeigen, daß es nur **an den heißen Quellen** von Aachen gelegen haben kann, wo es im Winter 54 auf 53 zu einer Katastrophe für anderthalb römische Legionen kam.

Das Stammesgebiet der Atuatuker läßt sich gut lokalisieren. Wie die Figur 2 zeigt, beginnt es östlich vom Land der Nervier etwa bei Lüttich (K). Nördlich reicht es bis Tongeren (B) – *Atuatuka Tungrorum* ist sein späterer Name – und erstreckt sich östlich von Aachen (großer Stern) bis Stolberg. Der Ortsteil Atsch leitet seinen Namen durch Lautverschiebung von Atuatuka ab. Im Norden und Süden war der germanische Volksstamm von keltischen Eburonen umgeben. Nach der Vernichtung des größten Teils der Atuatuker wurden die Eburonen wieder ein unabhängiger Volksstamm. Sie standen unter der Führung der Stammesführer Ambiorix und Catuvolcus.

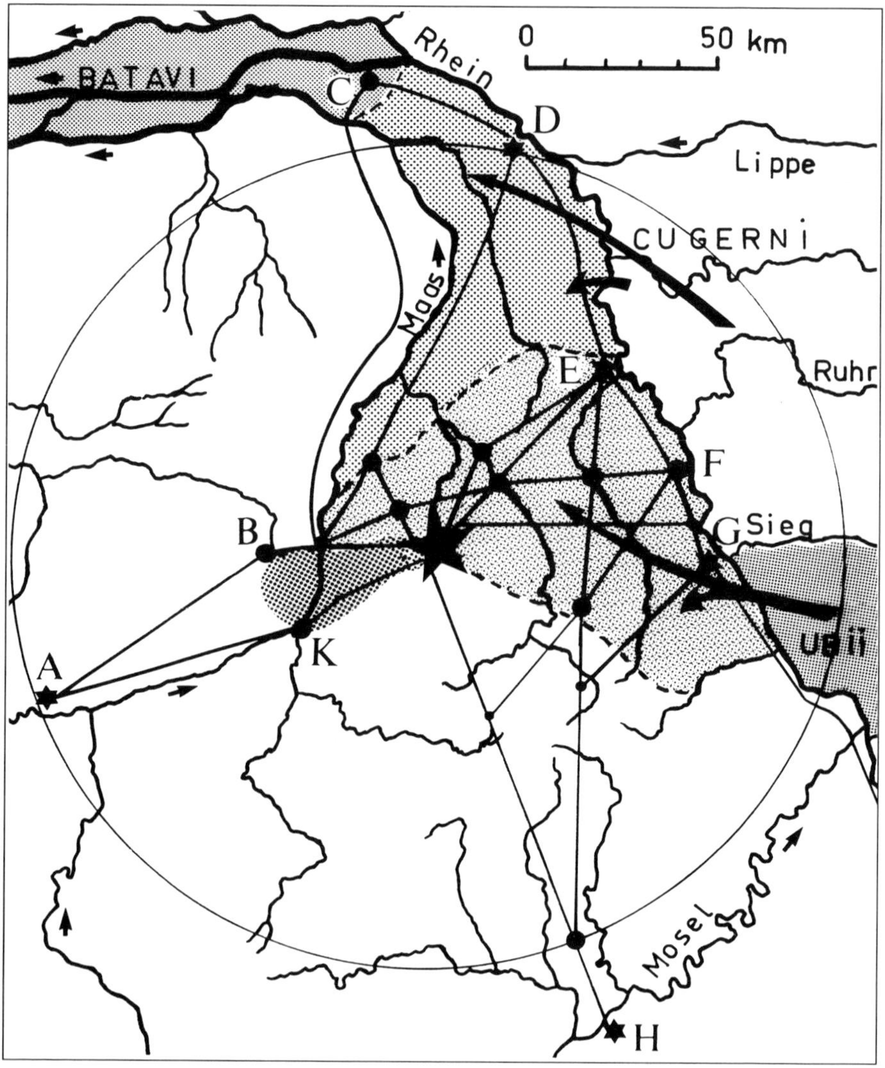

Figur 2
Niedergermanien mit dem Siedlungsgebiet der Ubier, Cugerner und Bataver zur Zeit von Kaiser Augustus. Das ehemalige Land der Atuatuker erstreckt sich wie eine Zunge von Lüttich (K) und Tongeren (B) bis nach Aachen (Stern). Die Militärlager bei Liberchies (A), Nijmegen (C), Vetera (D) und Trier (H) sind von dort etwa gleich weit entfernt. Köln (F) als Hauptort der Ubier war durch Sommerlager in Neuss (E) und Bonn (G) geschützt.

Caesar benutzt den Namen Atuatuka eindeutig für den Platz des Winterlagers. Der erste Wortteil *Atua* bedeutet Wasser und ist mit dem lateinischen Wort *aqua* verwandt. Das Wort wird überwiegend als Bezeichnung für Quellen benutzt und steht im Gegensatz zur Benennung von größeren Gewässern wie Seen oder Teichen. Man kann daher schließen, daß sich die Atuatuker im Jahre 105 v. Chr. an den heißen Quellen von Aachen niederließen und von dort zur Landnahme nach Westen bis an die Maas vordrangen. Sie vertrieben die hier siedelnden Eburonen und machten den ganzen Stamm tributpflichtig. Da sie an die **Quellen gezogen** waren, nannten sie sich **Atuatuker**.

Fährt man das ehemalige Land der Atuatuker ab, so gibt es dort nur einen Ort, auf den die Beschreibung Caesars von der Versklavung des Stammes zutrifft. Es muß sich um den Ort Limburg bei Verviers handeln, der im Mittelalter zum Stammsitz der mächtigen Herzöge von Limburg wurde.

Steigt man zu Fuß auf jenen Felsen, auf dem sich heute noch die mittelalterlichen Häuser um den langgestreckten Marktplatz reihen, so läßt sich Caesars Beschreibung nachvollziehen. Hohe Felswände fallen an drei Seiten steil ab, nur an einer Seite gibt es einen schmalen Zugang zu dem Felssporn. Weit kann man in das umliegende Land blicken. Selbst die Angabe der Länge des Erdwalles, den die römischen Soldaten bei der Belagerung aufschütteten, stimmt mit der topografischen Wirklichkeit überein. Dieser Felsen war also die Fluchtburg, in der sich fast sechzigtausend Menschen aus Furcht vor den Römern zusammendrängten, bevor sie niedergemacht oder als Sklaven zusammengetrieben wurden. Hier machten die Legionäre reiche Beute, als sie die Schätze der Cimbern und Teutonen plünderten.

Caesar beschreibt im Verlauf der Ereignisse des Winters 54 auf 53 sehr genau die Lage des Winterlagers, in dem die XIV. Legion und zusätzliche fünf Kohorten liegen. Es sind rund 50 Meilen bis zum Lager Ciceros, und etwas mehr mißt die Strecke bis zur Legion des Labienus. Dadurch ist festgelegt, daß man tatsächlich in der Gegend um Aachen nach Atuatuka suchen muß. Dies stimmt auch mit späteren Angaben überein, die aussagen, daß die Entfernung zum Rhein rund drei Stunden mit dem Pferd beträgt. Auf holperigen Wegen kann man in einer solchen Zeitspanne ungefähr sechzig bis höchstens siebzig Kilometer bei strammem Ritt zurücklegen.

Wenn alle Schilderungen nun dafür sprechen, daß wir das Lager um Aachen herum zu suchen haben, dann liegt es eigentlich auch nahe, **mitten in Aachen an den heißen Quellen** nach ihm zu forschen. Schließlich kamen die Legionäre aus dem warmen Oberitalien und mußten hier in einem unwirtlichen, feindlich gesonnenen Land überwintern. Die warmen Quellwasser boten da einen kleinen Trost für die Unbillen der Witterung.

Wenden wir uns aber zunächst den Geschehnissen zu, die sich um das Lager Atuatuka in jenem Winter abspielten. Caesar war Mitte September mit seinen Schiffen aus Britannien zurückgekehrt und hatte in Amiens eine Versammlung der gallischen Stammesführer einberufen. Sie machte die Notlage infolge der Kriegshandlungen und der Dürre deutlich. Caesar veranlaßte sie dazu, die Legionen auf verschiedene Stämme zu verteilen.

Ein sehr persönliches Verhältnis verband Caesar mit seinen Soldaten, das aus einer langen und engen Verbundenheit mit seiner Truppe resultierte. Er wußte genau, wie er seine Leute behandeln mußte, wann er die Zügel lockern durfte und wann er sie anziehen mußte. Man sah ihm den siegreichen General nicht unbedingt an. Bei Märschen zog er manchmal zu Pferd, öfter zu Fuß voran, barhaupt bei Sonnenschein oder Regen. Flußläufe durchquerte er schwimmend oder von aufgeblasenen Schläuchen getragen. Die Soldaten bewunderten seine strahlende Persönlichkeit und hatten Hochachtung vor seiner militärischen Tüchtigkeit.

Sie brauchten ihn außerdem, wenn es schließlich zur Demobilisierung kam. Caesar allein war der Mann, der ihren Lohn sichern konnte. Er wiederum brauchte sie, weil seine politischen Feinde ihm als Feldherrn nichts anhaben konnten.

So vertrauten auch die Legaten Sabinus und Cotta sicher der Klugheit ihres Generals, als Ende September die Trompeten zum Aufbruch der XIV. Legion bliesen, mit der zusammen fünf weitere Kohorten nach Osten ins ehemalige Stammesgebiet der Atuatuker mitten im Eburonenland marschieren sollten. Cotta kannte die Gegend bereits, denn er hatte schon im Vorjahr das Stammesgebiet der Menapier verwüstet, durch das die Truppen zunächst zogen. Zwar war er etwas kränklich, dafür aber ein umsichtiger und erfahrener Truppenführer. Sabinus dagegen verfügte noch nicht über allzu große Erfahrung und sah dem Winterlager im Feindesland eher mit Sorge entgegen.

Auf holperigen Wegen zieht die Truppe nach Osten, in den ersten Tagen begleitet von einer weiteren Legion unter Führung des Legaten Cicero. Reiter der spanischen Hilfstruppen und ihre Bogenschützen bilden die Vorhut und sichern Spitze und Flanke. Ungefähr zehntausend Menschen ziehen in loser Kolonne, die Legionsadler und die anderen Feldzeichen markieren die Kohorten und Manipel. In der Mitte des Zuges bewegt sich der Troß aus Tragtieren und Troßknechten. Wagen, Esel und Maultiere sind bepackt mit Zelten, Waffenvorräten, Handwerkszeug und Getreidevorräten. Zusätzlich schleppen sie die reiche Beute der Legionäre. Einige schwere Kriegsmaschinen erfordern immer wieder ein Anhalten, damit die Soldaten sie unter Aufbieten aller Kräfte durch das schlecht befahrbare Gelände rollen können.

Die Soldaten trotten wortlos dahin. Jeder schleppt wenigstens dreißig Kilo Gepäck: Topf und Getreidevorrat für zwei Wochen, Säge und Beil, dazu ein oder zwei Schanzpfähle. Hinzu kommt die Bewaffnung, die aus langem Schwert und zwei Wurfspeeren besteht.

Wenn der Heerzug an verbrannten Siedlungen vorbeikommt, können die Soldaten manchmal ausgemergelte Gestalten erkennen. Frauen und Kinder verschwinden eilig in den Wäldern.

Nach sechs Stunden Marsch muß ein Lager errichtet werden, für jede Nacht aufs neue. Die Legaten wollen vorwärtskommen, denn schnell soll das Winterlager eingerichtet werden, das ausreichend befestigt mehr Schutz bietet.

Am Ende eines jeden Marschtages spielt sich das gleiche ab: Ein vorausreitender Tribun und einige Centurionen suchen einen geeigneten Lagerplatz, meist auf einem leicht zu verteidigenden Hügel gelegen. Für eine Legion stecken die Feldmesser ein Quadrat von 144 mal 144 Schritt ab. Ihre Füße sind dafür mit einer Schnur verbunden, die genau einen halben Schritt lang ist. Beim Abschreiten muß die Schnur gespannt sein. So werden die abgesteckten Strecken immer gleich lang. Ein Schritt mißt fünf römische Fuß und ist in unseren Maßen 1,48 Meter lang.

Dann legen die Vermesser die beiden Hauptstraßen fest, die das Lager in vier gleich große Bereiche aufteilen. Mit Fahnen und Wimpeln wird im Zentrum des Lagers ein quadratischer Platz von 34 mal 34 Schritt für die Zelte des Legaten und der höheren Offiziere markiert. Auch das Lazarett, die Plätze für die Pferde, der Troß und die Vorräte haben vorgeschriebene Stellen. Rundum heben die Soldaten einen zwei Schritt breiten Graben aus und schütten den Aushub zu einem Wall auf. Eine Brustwehr aus Schanzpfählen wird anschließend auf dem Kamm des Walles errichtet. Jeder zehnte Soldat steht auf Wache, Reiter kontrollieren die Umgebung.

Schließlich sind auch die Zelte aufgebaut, die sich jeweils acht bis zehn Soldaten teilen müssen. Müde verkriechen sich die Legionäre, denn nach drei Stunden beginnt wieder der Wachdienst. Am nächsten Morgen ertönen die Trompeten zum Wecken, die Zelte werden schnell abgebaut und die Tiere beladen. Nach einem weiteren Signal formiert sich der Heerzug und setzt sich erneut in Bewegung.

Zwei Wochen geht der Marsch zunächst durch ebenes Land, dann durch flache Hügellandschaft. Bald bemerken die Wachsoldaten, daß die Geiseln aus dem Volk der Atuatuker unruhig werden. Sie marschieren mit anderen gefangenen Keltogermanen gut bewacht hinter dem Troß und der Kriegskasse her. Die Gefangenen erkennen das ehemalige Stammesgebiet der Atuatuker.

Die Truppen sind entlang der Sambre gezogen, bis die Legion des Cicero bei Namur zurückblieb, um dort das Winterlager aufzuschlagen. Nun bewegt sich die XIV. Legion am Maasufer entlang. Da der Fluß wegen der anhaltenden Dürre kaum Wasser führt, können die Truppen leicht auf das rechte Ufer übersetzen. Vorauskommandos melden, daß die Felder nicht bestellt und die Dörfer der Atuatuker menschenleer sind.

Die Berge sind inzwischen höher geworden, die Täler führen tiefer zu den vertrockneten Bachläufen hinunter. Die Soldaten fluchen, manchmal hören auch die Legaten ein Murren. Alle spüren eine Erleichterung, als ein Kommandotrupp meldet, man habe einen geeigneten Platz für das Winterlager gefunden. Wenn die Truppe gut vorankomme, könne man am anderen Tage das Winterlager einrichten.

Wie ein Lauffeuer verbreitet sich die Nachricht, daß es unterhalb des für das Lager vorgesehenen Hügels heiße Quellen gebe. Die Müdigkeit der Soldaten scheint wie fortgeblasen zu sein. Der Heerzug bewegt sich zügig auf den ausgewählten Lagerplatz zu.

Eine Spezialeinheit mit den Landvermessern reitet bereits voraus, um das Gelände abzustecken. Lichter Wald bedeckt den kleinen Bergrücken, der sich von Südwest nach Nordost erstreckt. Drei Seiten sind von versumpften Bächen umgeben, die einen natürlichen Schutz und gleichzeitig ausreichend Trinkwasser bieten.

Figur 3
Die topographische Situation im Aachener Kessel zur Zeit der Errichtung des Winterlagers der Legio XIV im Jahre 54 v. Chr. Der Markthügel von Aachen war zu dieser Zeit auf drei Seiten von versumpften Bachläufen umschlossen. Zur Versorgung mit Frischwasser wurde die Pau ins Lager umgeleitet.

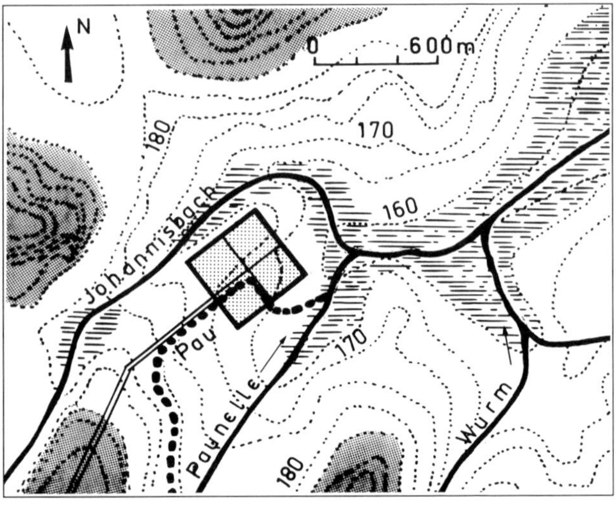

Die Figur 3 zeigt die topografische Situation des Aachener Kessels, so wie sie sich im Jahre 54 in etwa darbot. Von Südwesten schiebt sich der Sporn des Markthügels in den Talkessel hinein, an drei Seiten ist er umflossen von Bächen. Südöstlich erkennt man den Bergrücken des Krugenofens, an dessen Flanke die Wurm an den warmen Quellen von Burtscheid vorbeifließt. Größtenteils waren zu dieser Zeit die Uferzonen der Bäche noch versumpft. Das Gelände des Winterlagers erstreckt sich über ein leicht gewelltes Terrain mit Höhenunterschieden von etwa zehn Metern.

Der nächste Morgen ist ein schöner Herbsttag. Die Sonne scheint von einem strahlend blauen Himmel herab. Das ist günstig, um die Himmelsrichtungen zu bestimmen, denn das Winterlager soll unter guten Vorzeichen errichtet werden. Dazu müssen die Maße stimmen und den Göttern genehm sein.

Zwei Landvermesser bestimmen mit einem Dreibein, auf dem drei Peilstäbe angebracht sind, aus der Länge der Schatten mittags den Höchststand der Sonne und damit die Nord-Süd-Richtung. Nachdem man diese kennt, wird ein **pythagoreisches Dreieck** so auf den Boden gelegt, daß seine Hypothenuse (die längste Seite) genau nach Süden weist. Die beiden kleineren Seiten des rechtwinkligen Dreieckes (die Katheten) legen damit die Richtung der Lagerstraßen fest. Die Dreiecksseiten sind genau drei, vier und fünf Fuß lang. Somit schließen die Achsen des Lagers einen Winkel von 37° mit der Nord-Süd-Richtung ein und verlaufen auch noch ziemlich parallel zum Hang.

Am Fuß des Hügels füllen die warmen Quellen einige Tümpel mit dampfendem Wasser. Die kleinen Teiche sind durch Rinnsale miteinander verbunden. Schwefliger Geruch hängt über dem Wasser.

Im Zentrum des zukünftigen Lagers wird zunächst einmal der **Zentrale Bezirk** festgelegt. In ihm soll eine Quelle liegen, die man den Nymphen als Beschützern des Lagers weihen wird. Nahe dabei wird man einen Tempel zu Ehren der obersten Götter Roms errichten und Iupiter, Iuno und Minerva ein Opfer darbringen. Beide Heiligtümer werden so liegen, daß sie den Zentralen Bezirk im richtigen Verhältnis unterteilen. Auch das Hauptgebäude und die Flächen mit den Zelten für die Offiziere haben in dem Quadrat von 89 mal 89 Schritt Seitenlänge ihren Platz.

Wie die Figur 4 zeigt, wird das Quadrat zunächst in zwei Rechtecke von 89 mal 34 und 89 mal 55 Schritte aufgeteilt, die dann noch einmal halbiert werden. So ist das Zentrum **A** am Eingang des zukünftigen Hauptgebäudes festgelegt. Unterteilt man nun die Quadratseiten in Stücke von 34 und 55 Schritt, so werden sie nach dem Göttlichen Schnitt geteilt und der Punkt **H** für die Quelle des Nymphäums festgelegt. Auch der Platz **F** für den Tempel von Iupiter, Iuno und Minerva teilt mit seinen Abständen von 55 und 34 Schritt den Zentralen Bezirk im richtigen Verhältnis.

Figur 4
Der Zentrale Bereich des Lagers der Legio XIV enthielt das Stabsgebäude (A), das von zwei Inseln mit den Unterkünften der Legaten Cotta und Titurius eingerahmt war. Bei (H) befand sich ein Nymphäum und ein Heiligtum der römischen Staatsgötter bei (F). Das Lager wurde nach dem Göttlichen Schnitt geplant.

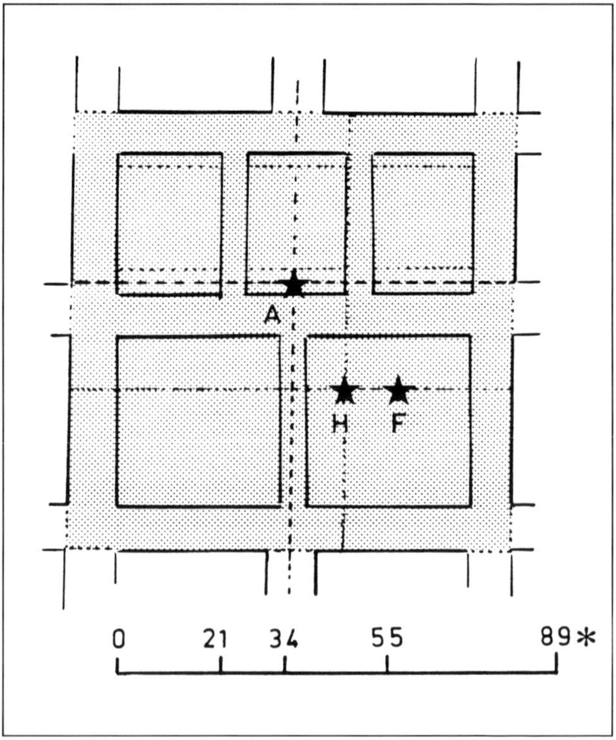

Am Eingang des Hauptgebäudes (Punkt **A**) wird man einen Altar zu Ehren des Kriegsgottes Mars errichten, damit der Sieg den Soldaten sicher sei. Parallel zur Vorderseite des Hauptgebäudes wird die Hauptstraße, die *Via Principalis* verlaufen, zehneinhalb Schritt Breite wird sie haben. Damit ist sie genauso breit wie die *Via Praetoria*, die senkrecht zur Via Principalis das Lager in vier Quartiere teilt. Die Via Praetoria spaltet sich vor dem Zentralen Bezirk in zwei Stränge auf. Sie laufen um das Zentrum herum, bevor sie sich wieder zu einer Straße vereinen. Links und rechts vom Hauptgebäude (*principia*) werden die beiden Legaten mit ihren Leibwachen und Stäben so lange ihre Zelte aufschlagen, bis man hoffentlich bald die festen Holzhütten bauen kann. Die Quelle **H** des Nymphäums werden die Pioniere mit einem Becken aus Stein einfassen. Ihr Wasser ist nur lauwarm, im Gegensatz zu den dampfenden heißen Quellen im Südosten des Lagers, wo man Badebecken aus Stein bauen wird. Im restlichen Viertel des Zentralen Bezirkes werden die Zelte des Lazarettes (*valetudinarium*) aufgestellt, damit die Kranken und Verwundeten keinen weiten Weg haben, wenn sie ihre Wunden im schwefelhaltigen Quellwasser baden.

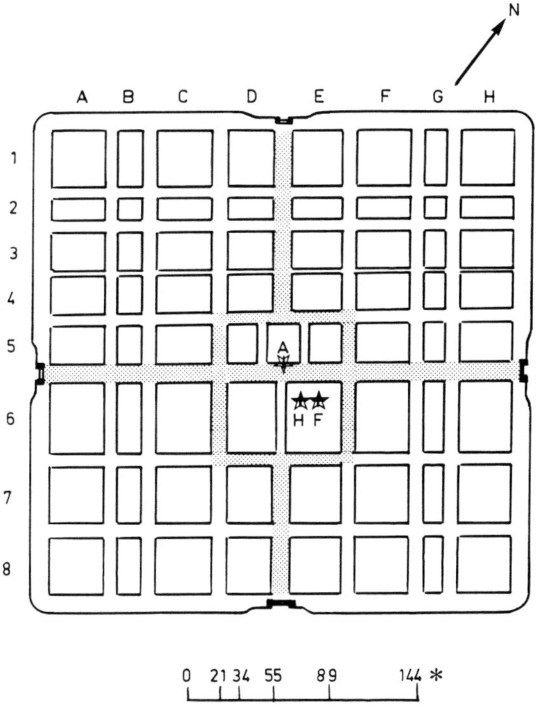

Figur 5
Das quadratische Lager der Legio XIV hatte eine Seitenlänge von 288 Schritt und war in 8 mal 8 Inseln aufgeteilt. Die beiden Hauptstraßen wurden durch vier Tore am Lagerwall gesichert.

Die Vermesser stecken nun das weitere Gelände ab. Ein Quadrat von 288 mal 288 Schritt wird für das Winterlager abgemessen, wie man das in Figur 5 mit den einzelnen Quartieren und Lagerstraßen sieht. So jedenfalls läßt es sich gemäß den noch vorhandenen Spuren rekonstruieren.

Das Lager beginnt auf der Kuppe des Hügels, fällt leicht nach Südosten ab und schließt die warmen Quellen ein. Der Mittelpunkt des quadratischen Lagers liegt beim Marsaltar **A** westlich von den Quellen am Ende des heutigen Domhofes, dort, wo man den Dom betritt.

Das Lagerinnere wird nun weiter unterteilt: Je acht Streifen (*scamna*) gibt es auf jeder Seite. Lagerstraßen von acht oder fünf Schritt Breite gliedern die Quartiere. Die Maße der Scamna betragen 13, 21 oder 34 Schritt. Ihr Feldherr Caesar hat selber mit den Vermessern das Schema für die Standlager erdacht. Immer sind sie nach demselben Muster errichtet, so daß alle Einheiten wissen, was sie zu tun haben und wo sie innerhalb des Lagers untergebracht sind. Außerdem kann man so sicher sein, daß die Aufteilungen dem Willen der Götter entsprechen: Die Maße stehen alle in einem festen Verhältnis zueinander, so daß sie die Ordnung der Götter widerspiegeln.

Längs der Hauptstraße, außerhalb des Zentralen Bezirkes von 89 mal 89 Schritt Seitenmaß, werden die Offiziere *(tribuni)* mit ihren Zelten sowie die Reiter stationiert. So können sie im Notfall schnell einen Ausfall aus dem Lager machen. Die Vorräte und die schweren Waffen dagegen werden im Lagerinneren untergebracht. In den Scamna mit 13 Schritt Breite sollen die Zelte der Hilfstruppen aufgebaut werden. Rundum sind sie von den Unterkünften der römischen Legionäre wie von einem Kragen umgeben. So stehen die fremden Hilfstruppen besser unter der Kontrolle der römischen Soldaten. Man kann ja nie wissen!

Die Maße für die Unterteilung des Winterlagers werden von einem Priester angesagt, der das Wissen von den heiligen Zahlen besitzt. Die Verhältnisse von 144 : 89; 89 : 55; 55 : 34 oder von 34 : 21 Schritten geben alle dasselbe Verhältnis der Göttlichen Ordnung wieder.

Nachdem alle Unterteilungen festgelegt sind, werden den Göttern ein Rind und ein Schaf zum Opfer dargebracht. Die Vorzeichen sind günstig. Bis in die Dunkelheit hinein schuften die Soldaten, um noch vor der Nacht den Wallgraben fertig zu haben. Sechs Schritt breit wird ein Spitzgraben bis zu einer Tiefe von zwei Schritt ausgehoben. Von Südwest führt die *Via Principalis* nach Nordost. Die *Via Praetoria* verläuft senkrecht dazu. Dort, wo beide den Wall treffen, befinden sich die Lagertore.

Die Spannung während der letzten Wochen löst sich langsam, als die Soldaten in ihre Zelte kriechen. Jeweils acht Mann teilen sich ein Lederzelt und bilden eine Zeltgemeinschaft (*contubernium*). Man spürt den Herbst an den vergilbenden Blättern; bald müssen die Holzhütten errichtet werden, die im Winter Schutz gegen Regen und Kälte bieten sollen.

Spähtrupps melden in den folgenden Tagen Kontakt mit Kriegern der Eburonen, die Getreide anliefern. Während des Marsches hatte man bereits Rinder, Schafe und Ziegen zusammengetrieben, sobald man an einheimischen Siedlungen vorbeikam. Für das Vieh müssen nun noch trockenes Gras und Laub gesammelt und Stallungen gebaut werden, um für den Winter gerüstet zu sein.

Schon bald ist das Lager eingerichtet. Zwischen den mit Stroh gedeckten Holzhütten und den Lagerteilen, in denen noch die Zelte aufgespannt sind, sehen die Lagerstraßen bald aus, als seien sie schon immer dort gewesen.

Bei den Quellen haben Pioniere einige größere Gruben ausgehoben, in denen sich nun das warme Wasser sammelt. Nur noch wenige Quellvorbrüche ergießen ihr dampfendes Schwefelwasser in die Becken. Die übrigen sind sorgfältig mit Steinpfropfen verschlossen worden, um die Ergiebigkeit der übrigen zu erhöhen. Der sumpfige Boden in ihrer Umgebung wurde mit einem Rost aus Baumstämmen und Zweigen abgedeckt, auf denen sodann eine wasserdichte Schicht aus graugrünem Ton aufgebracht wurde. Wer frei hat, nutzt die Gelegenheit zu einem Bade.

Probleme bereitet anfangs die Versorgung mit kaltem Frischwasser. Die Soldaten holen zwar zunächst noch das Wasser aus den Bächen am Fuß des Hügels, jedoch stellt sich bald heraus, daß die Abwässer des Lagers die Bäche bereits verschmutzt haben. Nach einer genauen Erkundung der Umgebung beginnen deshalb die Pioniereinheiten, einen kleinen Bach so geschickt umzulenken, daß das Wasser nun bis in die Mitte des Lagers fließt. An den Quellen im tiefer gelegenen Bereich des Lagers gibt es seitdem auch ein Kaltwasserbecken.

Als es eingeweiht wurde, sagte der Legat Cotta, jetzt fließe der Padus (Po) durch das Lager. Die Soldaten lachten und dachten an ihre Heimat an den Ufern des großen Flusses in Oberitalien, des wirklichen Padus. Es waren hartgesottene Männer, aber manch einer bekam doch etwas Heimweh. Sicher konnte sich kein Legionär vorstellen, daß aus dem Wort Padus viele Jahre später durch Lautverschiebung der Name **Pau** als Bezeichnung für den Bachlauf entstehen würde.

Die Spähtrupps erkunden täglich das umgebende Land. Immer öfter melden sie, daß sich bewaffnete Eburonen sammeln. Unheil liegt in der Luft!

Mit Lärm und Kriegsgeschrei erschien bald eine große Schar Krieger vor dem Lager. Sie führten die Soldaten jener Centurie als Gefangene mit, die morgens zum Holzholen ausgerückt war. Der Anführer der Eburonen gab den Befehl, die Lagertore zu stürmen. Eilig griffen die Legionäre zu den Waffen und besetzten den Wall des Lagers. Auf der dem Kampf abgewandten Seite unternahmen die Reiter aus Spanien einen Ausfall und siegten in einem Gefecht. Daraufhin wurde die Erstürmung des Lagers abgeblasen. Wild schrien die Eburonen durcheinander und forderten die Römer auf, sie sollten einen Unterhändler vor die Tore schicken: Ihr Anführer Ambiorix habe wichtige Mitteilungen zu machen!

So geschah es. Zwei römische Emissäre erfuhren von Ambiorix, daß mit dem heutigen Tage der Befreiungskampf aller Völker in Gallien begonnen habe. Zusätzlich seien starke Verbände von angeworbenen germanischen Reitern von jenseits des Rheins unterwegs. In zwei Tagen ständen die vor dem Lager.

Er selbst, sagt Ambiorix listig, sei gegen diesen Krieg gewesen, da er Caesar schließlich Dank dafür schulde, daß die Eburonen nun von den Tributzahlungen an die Atuatuker befreit seien. Aber er führe schließlich nicht alleine den Stamm an, und die Mehrheit wolle sich dem gallischen Freiheitskampf nicht verschließen. Er gebe den römischen Soldaten den wohlgemeinten Rat, sich zu retten. Eidlich verbürge er ihnen sicheres Geleit durch **sein Land**, damit sie sich zu den anderen Legionen absetzen könnten. Am besten marschierten sie zu Cicero oder Labienus, ohne daß es die Nachbarstämme bemerkten. Es gebe im übrigen keinen Grund für die Römer, seinen Worten etwa nicht zu trauen. Schließlich befreie ihr Abzug seinen Stamm ja von der Last des Winterlagers, während er selbst Caesar verpflichtet sei und ihm so seine Dankbarkeit erweisen könne. Nach dieser Unterredung entfernte sich Ambiorix.

Wie ein Lauffeuer verbreitete sich seine Rede unter den Legionären und machte sie betroffen. Viele waren richtig bestürzt, denn es beunruhigte die noch nicht sehr kampferprobten Truppen, daß selbst die unbedeutenden Eburonen sich nun trauen sollten, den Kampf zu beginnen, obgleich sie doch selber vor kurzem noch den Atuatukern tributpflichtig waren.

So riefen sie den Kriegsrat zusammen, in dem sich sogleich zwei Ansichten gegenüberstanden. Lucius Aurunculeius Cotta und die Mehrzahl der altgedienten Offiziere und Unteroffiziere sprachen sich dagegen aus, ohne Caesars Befehl das Lager zu verlassen: es fehle nicht an Vorräten, das Lager sei gut angelegt, man habe schließlich den Angriff der feindlichen Krieger bravourös abgeschlagen. Daher sei es vernünftig, sich im Winterlager zu verschanzen und auszuharren, bis Caesar Ersatztruppen schicke.

Die Gegenpartei wurde von Titurius Sabinus angeführt. Er plädierte eindringlich dafür, unverzüglich auszurücken, um sich zur nächstgelegenen Legion durchzuschlagen. Das sei auf jeden Fall sicherer, da man im Lager doch nur ausgehungert werde. Hätten sich erst einmal die Gallier mit den Germanen vereint, dann gebe es keine Möglichkeit mehr, sich zu den anderen Legionen abzusetzen.

Keine Seite war zunächst zu überzeugen. Bis Mitternacht tagte der Kriegsrat und beschwor die Legaten, durch ihren Streit und Starrsinn nicht das Leben der Soldaten zu gefährden. Endlich gab Cotta nach, und Sabinus setzte sich durch. Der Befehl wurde ausgegeben, im Morgengrauen in Richtung des Winterlagers von Cicero aufzubrechen. Es lag drei Tagesmärsche entfernt am Zusammenfluß von Sambre und Maas.

Niemand schloß in der Nacht ein Auge. Jeder Soldat überprüfte, was er unbedingt mitnehmen wollte und was er zurücklassen müsse. Gerüchte machten die Runde in den Stunden bis zum erst spät beginnenden Herbstmorgen. In langgezogener Marschkolonne mit riesigem Troß verließ eine übermüdete Truppe in Panik das Winterlager von Aachen. Es ging einen anderen Weg zurück als den, welchen man erst vor kurzem gekommen war. So schnell wie möglich wollte man die Maas erreichen, um vor den anrückenden Germanen sicher zu sein.

Die Eburonen hatten aus dem Lärm und der Geschäftigkeit der Römer deren Entschluß zum Abzug erkannt und sich etwa zwei Meilen hinter dem Lager in einen Hinterhalt gelegt. Man kann ruhig annehmen, daß hier bereits aus der Sicht des Ambiorix das Land der Eburonen endete, für das er freies Geleit zugesichert hatte. Bei einem Überfall mußte er also nicht eidbrüchig werden.

Da der Heerzug sich nach Westen in Richtung auf Maastricht zu bewegte, befand er sich bald im nordwestlichen Randgebiet des ehemaligen Atuatukerlandes.

Plötzlich erschienen die Eburonen von allen Seiten und verlegten den Weg. Der lange Heerwurm war in einer äußerst ungünstigen Situation: Die Legionäre waren nicht zum Kampfe aufgestellt, die Führung hatte keine Übersicht, und die Offiziere befanden sich nicht auf ihren Posten.

Da erging der verhängnisvolle Befehl, das Gepäck im Stich zu lassen und sich einzuigeln. Er wirkte verheerend. Die Eburonen sahen sich schon bald als Sieger und kämpften noch mutiger, während die Römer in Panik die Feldzeichen verließen, um eiligst vom Troß ihren wertvollsten Besitz zu holen.

Das Gemetzel dauert vom Morgengrauen bis zum späten Nachmittag. Die Eburonen stellen sich nicht zum offenen Kampf, sondern greifen geschickt immer kleine Einheiten der Römer an, sobald sich diese um ihre Feldzeichen sammeln wollen. Als die römischen Verluste größer werden und auch noch Cotta schwer verwundet wird, übernimmt Quintus Titurius den alleinigen Befehl. Er beschließt, bei Ambiorix durch einen Emissär um Schonung für das Leben der Soldaten zu bitten.

Ambiorix wittert seine Chance. Unter dem Vorwand, er könne darüber nicht alleine entscheiden, sondern müsse seine Krieger befragen, lockt er Titurius und seine Kriegstribunen zu Verhandlungen von den römischen Truppen fort. Der römische General mit seinen Offizieren wird von Eburonen umstellt und getötet. Für die übrigen Krieger des Ambiorix ist dies das Zeichen zum Angriff. Unter lautem Kriegsgeschrei stürmen sie auf die kopflosen Legionäre ein, die größtenteils niedergemacht werden. Der Rest rettet sich in das Lager, aus dem er zuvor aufgebrochen war.

Auch General Cotta kommt ums Leben. Dem Adlerträger gelingt es zwar noch, den heiligen Legionsadler über den Lagerwall zu schleudern, doch er fällt, bevor er das schützende Innere erreichen kann. Dann hüllt die beginnende Nacht das Winterlager von Aachen in ihr Dunkel. Verzweiflung breitet sich aus und auch Scham über ihre Feigheit und das Versagen als römische Legionäre. Gegen Morgen töten sich alle ohne Ausnahme selber, die XIV. Legion und die fünf Kohorten gibt es nicht mehr.

Nur wenigen versprengten Soldaten gelingt es, durch die herbstlichen Wälder der Eifel zum Lager des Labienus im Land der Treverer zu entkommen und das Geschehene zu berichten.

In seinem Siegestaumel zieht Ambiorix sofort mit seinen Reitern zu den Atuatukern, den nächsten Nachbarn seines Herrschaftsgebietes. Er hetzt sie auf und reitet am nächsten Tag weiter zu den Nerviern. Die Stunde der Abrechnung für Unterdrückung und Versklavung durch die Römer scheint gekommen. Boten werden zu den Nachbarstämmen geschickt, um alle kampffähigen Krieger aufzubieten, die sodann vor das Lager des Legaten Cicero ziehen und eine Belagerung beginnen. Sie zieht sich wochenlang hin. Nur unter großen Verlusten gelingt es den Römern, das Lager zu halten. Als Gallier verkleidet kann schließlich ein Bote bis zu Caesar vordringen. Der erkennt die Gefährlichkeit der Lage und bricht sofort auf, um unter seinem Oberbefehl mit den noch verbliebenen Legionen Hilfe zu bringen.

Die Aussichten sind zunächst nicht günstig. Die Legionen des L. Plancus und des L. Roscius befinden sich zu weit westlich in ihren Winterlagern, als daß sie rechtzeitig zum Lager Ciceros gelangen könnten. Labienus ist von starken Verbänden der Treverer eingeschlossen, daher ist ein Marsch seiner Legion nicht zu verantworten. Die Legion von Crassus muß in Amiens zurückbleiben, um das Heeresgepäck, die Geiseln der Stämme, das Archiv und alle Getreidevorräte für den Winter zu bewachen.

So muß Caesar mit zwei Legionen versuchen, dem eingeschlossenen Lager zu Hilfe zu kommen. In Eilmärschen geht es von Amiens nach Osten zur Sambre. Als die Gallier von Caesars Anmarsch hören, ziehen sie mit ihren Kriegern den beiden römischen Legionen entgegen. Caesar verfügt nach eigenen Angaben nur über siebentausend Legionäre, doch es gelingt ihm durch ein Täuschungsmanöver, seine Gegner in für sie ungünstiges Gelände zu locken und dort vernichtend zu schlagen. Er marschiert sogleich weiter zum Lager Ciceros (übrigens einem Bruder des großen Redners), um sich mit den dortigen Truppen zu vereinen.

Die Nachricht von Caesars Sieg verbreitet sich schnell in Gallien. Die Treverer ziehen daraufhin vom Lager des Labienus ab, ebenso jene Gallier, die das Winterlager des Roscius eingeschlossen hatten. Im Verlauf des Winters werden die Treverer besiegt und ihr Anführer getötet. Die gallischen Krieger kehren zu ihren Stämmen zurück.

„Durch die Gunst der unsterblichen Götter“ hatte Caesar eine der kritischsten Phasen des Gallischen Krieges überstanden.

Er zog daraus Konsequenzen. In Oberitalien wurden drei weitere Legionen ausgehoben. Eine neue XIV. Legion wurde als Ersatz für die in Atuatuka vernichtete aufgestellt. Durch zwei zusätzliche Legionen XV und XVI, die sich später *Legio Gallica* nannte, wurde Caesars Heer vergrößert.

Im Frühjahr 53 lebte der Befreiungskampf der Keltogermanen und Gallier erneut auf. Nun nimmt Caesar keine Rücksicht mehr. Er zieht mit seinem Heer durch das Gebiet der Aufständischen und verbrennt die Dörfer und Weiler, verwüstet die Felder und treibt das Vieh zusammen. Nachdem auch die Treverer besiegt sind, bleibt nur noch der Stamm der Eburonen unter der Führung des Ambiorix als Gegner übrig. Caesar läßt noch einmal in wenigen Tagen eine Brücke über den Rhein schlagen und führt das Hauptheer und die Reiterei hinüber ins Land der Ubier zwischen Lahn und Sieg.

Dieser Stamm hatte schon früh den Römern Geiseln gestellt, war dann aber doch zu den Aufständischen übergelaufen. Nun unterwarf er sich erneut. Von den Ubiern erfährt Caesar, daß die meisten germanischen Volksstämme auf dem rechten Rheinufer zum Krieg gegen ihn aufrufen. Er läßt die Brücke abbrechen, und eine Besatzung von zwölf Kohorten bleibt zur Sicherung zurück. Caesar zieht danach mit dem Hauptheer zum Krieg gegen Ambiorix. Der ist nun von seinen germanischen Hilfstruppen abgeschnitten.

Die römische Reiterei wird durch die nördliche Eifel vorausgeschickt, um von Westen her den Fluchtweg für die Eburonen zu verlegen. Ambiorix stellt sich jedoch nicht zum Kampfe. Einmal wird er fast gefangengenommen, kann aber unter Zurücklassen seiner Ausrüstung und seiner Waffen noch gerade entkommen. Die Eburonen flüchten vor dem römischen Heer in die Wälder und Sumpfgebiete.

Nun teilt Caesar sein Heer in drei Teile und läßt die schwere Ausrüstung aller Legionen nach Atuatuka schaffen. Dort bleiben der Troß, die Geiseln und die Beute unter der Bewachung der neuen XIV. Legion unter dem Kommando von Cicero zurück. Die übrigen Heeresteile rücken aus, um die umliegenden Stammesgebiete zu verwüsten.

Tief sitzt der Stachel, den die Eburonen den Römern durch die Vernichtung von anderthalb Legionen in die Seele gestoßen haben. Daher läßt Caesar durch Boten die Nachbarn der Eburonen auffordern, sich in deren Land durch Plündern zu bedienen. Die Eburonen sollen mit Stumpf und Stiel ausgerottet, ihr Name getilgt werden.

Da will es der Zufall, daß Aachen noch einmal in den Mittelpunkt des Geschehens rückt, dort wo im ehemaligen Lager der XIV. Legion des Cotta der Troß des caesarischen Heeres auf die Rückkehr seines Oberbefehlshabers wartet. Nach den schlimmen Erfahrungen des letzten Jahres hält

Cicero die Soldaten in den ersten Tagen streng im Lager fest. Es gibt keinen Ausgang, statt dessen nur Exerzieren und Wachdienst.

Wie wir von Caesar erfahren, befindet sich im Lager auch eine große Anzahl Kranker aus verschiedenen Legionen. Dieser Hinweis deutet in starkem Maße daraufhin, daß sich das Lager Atuatuka tatsächlich an den heißen Quellen von Aachen befand, wo sich diese Soldaten auskurieren sollten. Sie sind damit wohl die ersten bekannten Patienten von Aachen gewesen.

Die Soldaten beginnen bald laut zu murren: das Lagerleben gleiche fast einer Belagerung, obwohl doch der Feind vernichtet sei. Außerdem kämpfe Caesar schließlich erfolgreich mit neun Legionen und einer starken Reiterei gegen die Keltogermanen! Schließlich gibt Cicero nach und schickt fünf Kohorten zum Getreideholen auf die nächsten Felder im Westen von Aachen, die nur durch eine Anhöhe vom Lager getrennt sind. Bei dieser Gelegenheit zieht eine große Masse Troßknechte und Zugtiere mit den Soldaten mit.

Es dürfte sich um die Felder von Vetschau gehandelt haben. Der Name dieses Ortes leitet sich nämlich von der lateinischen Bezeichnung *Vetus Campus* = Altes Feld ab. Noch fast tausend Jahre später wird für jenes Gebiet die Bezeichnung *Ad antiquum campum* = Zum alten Feld benutzt. Der fruchtbare Lößboden im Nordwesten von Aachen wurde offenkundig schon in vorrömischer Zeit von den Atuatukern bebaut.

In der Zwischenzeit hat sich bei den Germanen jenseits des Rheins herumgesprochen, daß das Eburonenland zur Plünderung freigegeben sei. Über zweitausend sugambrische Reiter überqueren auf Kähnen den Fluß und beginnen einen Beutezug. Schließlich fragt sie einer ihrer Gefangenen:

„Warum seid ihr denn hinter dieser armseligen Beute her, wo ihr auf einen Schlag steinreich werden könnt? In drei Stunden seid ihr in Atuatuka; dort hat das römische Heer seine ganzen Reichtümer aufgehäuft; die Besatzung ist so klein, daß sie nicht einmal die Mauer voll besetzen kann und sich keiner vor die Befestigung hinauswagt."

Das lassen sich die Sugambrer nicht zweimal sagen und eilen auf schnellstem Wege nach Atuatuka. Gerade zu dem Zeitpunkt, als die Getreideholer das Lager verlassen haben, sprengen die germanischen Reiter heran, um durch ein Tor ins Lager einzudringen. Alles geht blitzschnell. Wir erfahren bei Caesar, daß sich die vor dem Wall lagernden, mitziehenden Händler kaum ins Lager retten können. Die Zelte der Kaufleute stehen nach seiner Beschreibung außerhalb des Walles am Fuße des Abhanges, eben dort, wo sich später die Lagervorstadt (*canabae*) des Dreilegionenlagers erstrecken wird.

Mit Mühe können die Römer die Tore halten. Wieder breitet sich Panik unter den Soldaten aus. Das Gerücht macht die Runde, das ganze römische Heer mitsamt dem Oberbefehlshaber sei bereits vernichtet und die siegreichen, hochgewachsenen Barbaren seien gekommen, um Rache zu nehmen. Den meisten flößt der Standort plötzlich abergläubische Furcht ein, als sie daran denken, daß in diesem Lager Cotta und Titurius umgekommen sind. Unter den Soldaten herrscht das Chaos. Niemand befiehlt, an welcher Stelle man sich aufstellen soll. Die Germanen jedoch sehen ihre Chance und stürmen immer mutiger und verbissener gegen den Wall an.

Inzwischen sind die Soldaten mit dem Getreideholen fertig und hören den Kampfeslärm. Die Reiter stürmen voraus und erkennen die Größe der Gefahr. Doch es gibt keinen Schutz für die unerfahrenen Soldaten. Von allen Seiten fallen die germanischen Krieger über die Legionäre her.

Fast wäre es zu einer Wiederholung des Schlachtverlaufes von Atuatuka aus dem Vorjahr gekommen. Unter Führung des erfahrenen Generals Trebonius gelingt es aber zumindest einer Truppe von Veteranen, unversehrt zum Lager durchzubrechen. Auch die Troßknechte und Reiter erreichen den schützenden Wall. Der überwiegende Teil der Kohorten, die zum Getreideholen ausgerückt waren, wird jedoch umringt und niedergemacht.

Im Lager werden derweil die Schanzen besetzt. Als die Sugambrer sehen, daß die Soldaten sich unter ihren Feldzeichen sammeln, brechen sie die Belagerung ab und reiten mit ihrer Beute zum Rhein zurück. Erst als Caesar am nächsten Tag mit seinen Truppen eintrifft, nimmt die Angst ein Ende. Es gelingt dem Feldherrn, die Moral der Truppe wieder herzustellen.

In den folgenden Wochen wird das umliegende Land verwüstet. Weiler und Dörfer werden niedergebrannt und das Vieh abgestochen. Was sich verwerten läßt, wird als Beute mitgenommen. Ambiorix gelingt es, mit wenigen Getreuen in den riesigen Wäldern der Ardennen unterzutauchen.

Mehr hören wir bei Caesar nicht von Atuatuka. Wir erfahren nur noch, daß er die zehn Legionen außerhalb des Gebietes der Keltogermanen in die Winterlager schickt, bevor er sich selber nach Italien aufmacht.

Die Jahre 52 und 51 sehen Gallien immer noch im Aufstand. Unter der Führung des Avernerfürsten Vercingetorix kommt es noch zu schweren und lange anhaltenden Kämpfen der Gallier mit den Römern. Erst am Jahresende 51 gelingt es Caesar mit Hilfe von germanischen Hilfstruppen und Reitern aus dem Stamm der Ubier, den Aufstand endgültig niederzuwerfen. Für fast fünfhundert Jahre wird das Land zwischen den Pyrenäen und dem Rhein nun römisches Herrschaftsgebiet, in dem eine allmähliche Romanisierung einsetzt.

Im Nordosten dieses Gebietes liegt das ehemalige Winterlager Atuatuka. Wir wissen aus Caesars Bericht, daß vier seiner Legionen ins Gebiet der Belgen in die Winterlager verlegt werden, um dort dafür zu sorgen, daß kein neuer Aufstand ausbrechen kann. Wir können daher mit großer Sicherheit annehmen, daß auch in Atuatuka eine römische Legion und keltogermanische Hilfstruppen stationiert blieben, bis diese mit ihrem Oberbefehlshaber in die Kämpfe und Auseinandersetzungen zwischen Caesar und Pompeius zogen. In dieser Zeit des erneuten Bürgerkrieges war dann das Lager wohl nur Standort für eine kleinere Truppeneinheit. Etwa zehn Jahre später wird Atuatuka dann noch einmal eine militärische Bedeutung gewinnen. Erst einmal trat das Geschehen in Gallien jedoch in den Hintergrund, da sich die Lage in Italien selber dramatisch entwickelte.

Caesar wird Alleinherrscher

Durch wechselseitige Eifersucht bedingt, verstärkten sich rasch die Spannungen zwischen Caesar und seinem Widersacher Pompeius. Durch den Tod von Caesars Tochter, mit der Pompeius verheiratet gewesen war, wurden die familiären Bande unterbrochen. Der dritte Partner des Triumvirats, Crassus, fand 53 im Kampf gegen die Parther im Osten des Reiches den Tod. Als sich Pompeius zunehmend auf die Seite des Senates schlug, war klar, daß es zum Bürgerkrieg kommen würde. Das Ende der römischen Republik stand bevor, als Caesar am 10. Januar 49 den kleinen Fluß Rubikon überschritt. Er bildete die Grenze zwischen der Provinz Gallien und dem italischen Stammland. Mit dieser Tat setzte sich Caesar über die Verfassung hinweg, die es einem General mit Truppen untersagte, in Italien einzumarschieren.

Mit seinen Legionen zog Caesar im Eilmarsch durch Italien, konnte aber nicht verhindern, daß Pompeius seine Truppen nach Griechenland übersetzte. Ehe er dessen Verfolgung aufnahm, wandte er sich zunächst nach Spanien gegen die dort stehenden Einheiten, die dem Senat und Pompeius ebenfalls ergeben waren. Caesar hatte den Rücken frei, als die pompeianischen Soldaten bei Lerida besiegt waren. Sodann brach er nach dem Balkan auf. Bei Pharsalos in Thessalien standen sich am 9. August 49 zwei römische Heere gegenüber. In einer blutigen Schlacht wurde Pompeius besiegt. Er floh nach Ägypten, wo er ermordet wurde.

Caesar folgte mit seinen Truppen nach, besiegte den jungen ägyptischen König Ptolemäus, beseitigte dann alle noch vorhandenen Gegner in Kleinasien, Nordafrika und noch einmal in Spanien, wo er die Söhne des Pompeius mit ihren letzten Getreuen schlug.

Die Fraktion des Senates war endgültig unterlegen, Caesar besaß nun die alleinige Macht. Er nahm den Titel *Imperator* an, was so viel hieß wie **der** General. Mehrmals hintereinander ließ er sich zum Konsul wählen, um schließlich doch in der Rolle des auf ewig ernannten Diktators alle Machtbefugnisse in seiner Hand zu vereinen.

Den Widerstand der Aristokratie gegen seine Alleinherrschaft hatte Caesar jedoch unterschätzt. Als „ewiger Diktator" hob er endgültig die Rechte des römischen Volkes auf, dem es in Zukunft unmöglich sein würde, um die Macht im Staate zu wetteifern. Er mußte dies mit dem Leben bezahlen. An den Iden des März (15.3.) im Jahre 44 fand sich eine Gruppe von sechzig Verschwörern im Senat zusammen. Sie schlossen einen Kreis um ihr Opfer, das schreiend unter den Dolchstößen seiner Mörder starb.

Caesar hatte prophezeit, daß nach seinem Tode Chaos und Anarchie einkehren würden. So kam es denn auch, da sich die von Caesar neu erschaffene Ordnung erst nach einem neuerlichen Bürgerkrieg als der republikanischen überlegen erwies.

Der Mann, der die Autokratie Caesars fortführen sollte, war schon im Herbst vor dessen Tod durch Adoption zum Erben bestimmt worden. Es war Caesars neunzehnjähriger Großneffe Gaius Octavius. Nach der Anerkennung seiner Adoption durch den Senat nannte er sich Octavianus, später dann als Alleinherrscher Augustus.

Der Nachfolger

Der Weg zur Alleinherrschaft des Octavius war mühsam und dauerte dreizehn Jahre, die erneut mit Bürgerkrieg erfüllt waren. Drei Parteien standen sich feindselig gegenüber: die Anhänger Caesars, die Caesarmörder mit der Unterstützung der konservativen Adeligen und die Gefolgsleute des Pompeius, die ihre verlorene Macht wiedergewinnen wollten. Zwischen ihnen befand sich, von allen argwöhnisch beobachtet, der Jüngling Octavius.

Der Stellvertreter des Diktators Caesar (*Magister equitum*) in den Jahren 48 und 47 war der Legat Marcus Antonius, der 44 zum Konsul ernannt wurde. Nach dem Tode Caesars übernimmt er mit seinem Mitkonsul Lepidus zunächst die Leitung des Staates. Er führt die Anordnungen Caesars aus und beschlagnahmt dessen Vermögen. Damit besitzt er als Konsul durch die Verfügungsgewalt über die caesarischen Legionen die uneingeschränkte Macht. Als Legat Caesars ist er bei den Soldaten beliebt, zumal er mit dessen Geld die Vermächtnisse des Ermordeten erfüllt.

Die Caesarmörder fliehen in Panik nach Nordgriechenland, obgleich der Senat eine Amnestie verkündet hat. In Thrazien stellen sie ein großes Heer auf. Auf ihrer Seite steht auch Sextus Pompeius, der Sohn von Caesars Widersacher, der in Spanien immer noch über Anhänger und Geldmittel verfügt.

Der neunzehnjährige Octavius hat zunächst nur ein Ziel vor Augen. Er will den großen Caesar, sein Idol, rächen und dann sein Erbe antreten. Schnell erkennt er, daß er zu diesem Zwecke alle drei Parteien gegeneinander ausspielen muß, um sie dadurch entscheidend zu schwächen. Seine Macht ist äußerst gering, da er einzig über den ererbten Namen des toten Diktators verfügt, der nur beim Volk von Rom ein Habentitel ist. Octavius handelt überlegt und beschlagnahmt sofort die Gelder, die Caesar für einen geplanten Krieg gegen die Parther bereitgestellt hatte. Nun konnte er die in Caesars Testament verfügten Schenkungen an das Volk begleichen und die mehrmals verschobenen Feierlichkeiten zu dessen Ehren veranstalten. Sein Ansehen bei den Veteranen wuchs, und man nannte ihn bald Caesar. Nun fand sich auch ein Volkstribun, der ihn als den Erben Caesars in dessen Ämtern proklamierte. Octavian begann, eine Armee anzuwerben.

In der Zwischenzeit war die Stimmung im Senat gegen Antonius umgeschlagen, der sich wie der legale Erbe des Diktators aufführte. Der Senat setzte zunehmend auf die Karte des Octavian und bestätigte im nachhinein die Ämter, die dieser sich ja zunächst nur angemaßt hatte. Antonius wurde zum Staatsfeind erklärt und Octavian beauftragt, ihn auszuschalten. Octavian siegte zwar, doch lag es wohl nicht in seiner Absicht, seinen Gegner zu vernichten. Statt dessen war sein Ziel wohl, sich bei Antonius den nötigen Respekt zu erwerben, um mit ihm gemeinsam gegen die Caesarmörder vorzugehen.

Es zeigte sich bald, daß Antonius und Octavian wenigstens für eine gewisse Zeit zu einem Ausgleich ihrer Interessen gelangen mußten.

Antonius, Octavian und Lepidus verabredeten ein **zweites Triumvirat**, um den Staat neu zu ordnen. Vereint zogen sie mit ihren Legionen gegen die Caesarmörder, die bei Philippi in Nordgriechenland geschlagen wurden. Zusammen mit den gefangenen Soldaten verfügten sie nun über siebenundvierzig Legionen, die ein fast unbezahlbares Heer darstellten, da die Kassen des Staates und der Triumvirn leer waren.

Man beschloß, Caesars Gegner im Senat die Zeche bezahlen zu lassen. Listen wurden aufgestellt, die die Namen derer enthielten, die zum Tode verurteilt waren und deren Vermögen eingezogen wurde. Über zweihundert Senatoren und zweitausend Ritter wurden so geächtet und umgebracht. Die meisten Anhänger der alten republikanischen Ordnung fielen damit den Nachstellungen der Triumvirn zum Opfer. Die Zahl der Legionen wurde auf elf vergrößerte Eliteeinheiten aus den besten Kämpfern verringert. Von denen erhielt Antonius sechs und Octavian die restlichen fünf Legionen. Allerdings dauerte es noch einige Zeit, bis die übrigen Soldaten tatsächlich demobilisiert und wieder als Bauern auf den konfiszierten Äckern angesiedelt waren.

Im Jahre 40 kommen die Männer überein, das Imperium zu teilen. Antonius erhält den Osten, Lepidus Afrika und Octavian den Westen.

Hierbei schon zeigen sich die unterschiedlichen Naturelle der beiden Männer: Antonius war stärker angetan von der Zivilisation, der Kultur und dem Reichtum des Ostens als Octavian. Seine Vorstellungen lagen damit eher auf der Linie Caesars, der sein Ziel darin gesehen hatte, unter der Führung Roms ein Weltreich wie das Alexanders des Großen aufzubauen. In ihm sollten nicht die Herkunft, sondern die Fähigkeiten entscheidend sein. Octavian war dagegen konservativer und hegte starke Abneigungen gegen alles, was aus dem Osten kam. Für ihn zählten nur die alten römischen Tugenden, die neu zu beleben er sich zum Ziel gesetzt hatte.

Während Antonius sich nach Syrien begab, um dort den von Caesar geplanten Krieg gegen die Parther durchzuführen, machte sich Octavian daran, das vom Bürgerkrieg gebeutelte Italien neu zu ordnen. Er besaß nun eine wirkliche Machtbasis und zusätzlich zu diesem Zeitpunkt auch den richtigen Mann auf seiner Seite, der ihm die militärische Überlegenheit verschaffte, um mittelfristig über seine Konkurrenten zu triumphieren: *Marcus Vipsanius Agrippa* hatte es Octavian zu verdanken, daß er im entscheidenden Augenblick über die Legionen und die Schiffe verfügte, um zunächst S. Pompeius auszuschalten und dann den ganzen Westen des Imperiums fest in seiner Hand zu haben.

In den folgenden Jahren wiederholt sich die Geschichte teilweise, da Octavian wie vordem Caesar das Land Gallien benutzt, um sich eine zuverlässige und finanziell ergiebige Basis zu schaffen. Mit ihr im Rücken können die folgenden Auseinandersetzungen um die Vorherrschaft mit dem verbliebenen Konkurrenten bestanden werden. Im Jahre 39 macht Octavian mit seinem Freund Agrippa einen Mann zum Statthalter der Provinz Gallien, dem er in der Folge sehr wesentlich den Zuwachs und den Bestand seiner Macht verdanken wird. In dessen Person vereinen sich in bemerkenswerter Weise Heerführer, Staatsmann und Baumeister.

Wie Octavian wurde Agrippa im Jahre 63 als Kind einer begüterten, aber nicht adeligen Familie geboren. Als Sechzehnjähriger begann er ein Studium an einer Rhetoren-Schule in Rom, wo er in dem gleichaltrigen Octavian den späteren Caesarerben kennenlernte. Beide Männer verstanden und ergänzten sich gegenseitig. Mit Octavian begann auch der Aufstieg des Agrippa, der bis zu seinem Tode die loyale Rolle des Zweiten neben Octavian spielt.

Mit 24 Jahren schickt ihn Octavian zum ersten Mal als Statthalter nach Gallien, ein Jahr später wird er zum Konsul gewählt. Als Präfekt der Küsten und der Seestreitkräfte baut er aus Sklaven und Matrosen eine schlagkräftige Flotte auf, mit der er für Octavian bedeutende Seeschlachten gewinnt. Mit 42 Jahren muß er sich auf Geheiß des Augustus scheiden lassen und heiratet die gerade verwitwete einzige Tochter des Kaisers. Anstelle von Augustus soll er für männlichen Nachwuchs im Kaiserhaus sorgen.

Octavian hatte eine besondere Vorliebe für Gallien. Schon vor Caesars Tod war er dessen Stab zugeteilt gewesen und hatte von seinem Onkel den Verlauf des Eroberungskrieges erzählt bekommen. Er hatte oft mit ihm diskutiert, wie der Staat neu geordnet werden sollte. Gallien war sozusagen eine Familienangelegenheit des iulischen Hauses. Hier hatte Caesar seine Macht begründet, von dort aus war er nach Italien gezogen. In Gallien stand auch immer noch ein starkes Kontingent der caesarischen Legionen, und hier siedelten viele der Veteranen nach der Demobilisierung.

Während seiner ersten gallischen Statthalterschaft in den Jahren 39/38 v. Chr. sollte Agrippa die Verhältnisse in der caesarischen Provinz ordnen, also militärisch sichern. Er sollte das Land als Finanzquelle erschließen und eine Basis für zusätzliche Truppen aufbauen.

Von Octavians fünf Legionen blieben zwei in Oberitalien, die übrigen drei marschierten im Frühling des Jahres 39 unter der Führung von Octavian und Agrippa nach Gallien. Sie trugen die Nummern XVII, XVIII und XIX. Ziel war das ehemalige Winterlager von Atuatuka, wo die frühere XIV. Legion von den Eburonen vernichtet worden war.

Man kann wohl mit Recht sagen, daß diese drei Legionen die ersten **eigenen Truppen** des Octavian waren. Als sie fast fünfzig Jahre später bei Kämpfen im Teutoburger Wald vernichtet wurden, soll Augustus sich die Haare gerauft, den Bart nicht mehr geschoren haben und in tiefe Depressionen gefallen sein. Nach der Überlieferung soll er ausgerufen haben: „Varus, gib mir **meine** Legionen wieder!“ Das war wohl wörtlich gemeint.

Monument für einen Gott

Die drei Legionen hatten eine besondere Aufgabe zu erfüllen. Bevor sich Octavian im Gebiet der Helvetier von Agrippa trennte, hatten die beiden Freunde lange Abende miteinander geredet. Es ging um den Plan, der dort in Atuatuka verwirklicht werden sollte. Schon bei den Leichenfeiern für Caesar im Juli 44 war es Octavians Idee gewesen, seinem Idol ein würdiges Denkmal zu errichten. Als ein Komet am Himmel sichtbar wurde, glaubte das Volk, in diesem Augenblick sei Caesar in den Kreis der Götter aufgenommen worden. Im Januar 42 wurde Caesar dann auf Beschluß des Senates vergöttlicht und in die Reihe der römischen Staatsgötter aufgenommen. Octavian stieg damit selber zum Sohn eines Gottes (*divi filius*) auf.

Der Mantel Caesars und dessen Name wurden so zur Grundlage und zur Legitimation für Octavians Herrschaftsanspruch.

Hierfür sollte ein sichtbares Monument errichtet werden. Das sollte fernab von Italien geschehen, wo noch die Wunden des Bürgerkrieges weh taten, und wo Caesar zudem ja keinesfalls uneingeschränkt geliebt worden war. Gallien war viel mehr der rechte Ort, wo Caesar **seine** Macht, die Macht auch des iulischen Hauses begründet hatte. Praktische Gründe sprachen für jenes Atuatuka, das in der Nähe des Rheines lag, wo die militärische Situation eine Verstärkung der römischen Truppenpräsenz erforderlich machte. Zwar hatte es seit der Beendigung von Caesars Gallischem Krieg Truppen in einigen Winterlagern im Norden Galliens gegeben, doch war den Germanen nicht verborgen geblieben, daß Rom vorwiegend mit innenpolitischen Problemen befaßt war.

In Atuatuka wollte Octavian den Feldherrn Caesar ehren, der es so oft geschafft hatte, auch mit unterlegenen Kräften einen starken Gegner zu besiegen. Nur weil er mit den Göttern im Bunde gewesen war, ja selber jetzt ein Gott war, hatte er diese Erfolge errungen. Octavian als Caesars Erbe wollte diese Gunst der Götter nun auf sich lenken. Als sichtbares Zeichen dafür sollte für die drei Legionen ein Militärlager errichtet werden, das für alle erkennbar **die Vergöttlichung Caesars** zum Ausdruck brachte.

Im Stabe Agrippas zog der beste Ingenieur aus Caesars ehemaliger Truppe mit. Seine Name war Vitruv. Er kannte sich aus in den Werken der griechischen Mathematiker, die besser wußten, nach welchen Prinzipien die Götter die irdische Welt erschaffen hatten. Er wußte, wie man die Symbole vereinen könnte, die **Irdisches und Göttliches** ausdrückten. Octavian wußte die Aufgabe in besten Händen, als er sich von den Legionen trennte, die in Richtung Norden weiterzogen.

Die Soldaten errichteten in der Folgezeit in Atuatuka ein Standlager für die drei Legionen. Von dort aus begannen sie dann, das linksrheinische Gallien zu erschließen. Das bedeutete die Anlage von Straßen, den Aufbau einer Getreideversorgung für die Truppe sowie die Errichtung von Versorgungslagern für den Nachschub.

Durch den Geschichtsschreiber Dio Cassius wissen wir, daß Agrippa erst einmal ein erneutes Aufbäumen der Gallier gegen die römische Herrschaft bekämpfte. Wie schon vorher Caesar, so überschritt er den Rhein und machte damit den rechts des Rheins siedelnden Germanen deutlich, daß der Bürgerkrieg in Rom an den Machtverhältnissen nichts geändert hatte.

Ausgangspunkt für die Befriedung und die Erschließung des nordwestlichen Landesteiles von Gallien war das neue Legionslager der drei augusteischen Legionen in Atuatuka, dem heutigen Aachen.

Das scheint zunächst einmal eine kühne Behauptung zu sein, und der Leser wird mit Recht fragen, woher der Autor das weiß. Richtig ist, daß es keine schriftliche Quelle gibt, welche die Existenz dieses Dreilegionenlagers belegen könnte. Allerdings gibt es eine andere Möglichkeit, den Beweis für die ehemalige Existenz des Tripellagers anzutreten.

Der Grund dafür ist folgender: Das Lager von Atuatuka wurde nach einem mathematischen Plan errichtet, dessen Grundlage der aus Griechenland stammende **Göttliche Schnitt** ist, der heute meist Goldener Schnitt genannt wird. In der Antike bezeichnete man das Verfahren als *Sectio Divina* beziehungsweise als *Proportio Divina.*

Es handelt sich dabei um ein mathematisches Vorgehen mit einer zwingenden inneren Logik, die es erlaubt, aus wenigen erhaltenen Teilstücken eines nach ihm konstruierten Bauteiles das Gesamtbauwerk zu rekonstruieren.

Ja, wir werden sehen, daß es sogar möglich ist, Rückschlüsse auf den Baumeister des Lagers zu ziehen, das für die folgenden Jahrzehnte durch seine Bauweise zum Vorbild für die anderen römischen Militärlager am Rhein wurde.

Wie wir schon wissen, gehörte mit Vitruv der berühmteste Baumeister seiner Zeit zum Stabe des Agrippa. Seine Herkunft ist unbekannt, doch erhielt er eine solide Ausbildung als Baumeister und hatte darüber hinaus wohl die einschlägigen Schriften der griechischen Vorbilder gründlich studiert. Er trat früh in den Heeresdienst ein und war sowohl unter Caesar als auch unter Agrippa als Heeresbaumeister tätig. In der Hauptsache konstruierte er Kriegsmaschinen und Festungsanlagen. Im Jahre 36 v. Chr.

schied er aus dem aktiven Militärdienst aus und widmete sich danach dem Wasserbau.

Seine überragende Bedeutung jedoch liegt in der Urheberschaft von zehn Büchern über das Bauen: *De architectura libri decem*. Sie sind das einzige erhaltene Werk über Baukunst aus der Antike. Die Quellen für das Werk waren Vitruvs Unterricht bei verschiedenen Lehrern, die Werke griechischer Schriftsteller und eigene Erfahrungen als Baumeister. Wie wir noch sehen werden, spricht alles dafür, daß Vitruv zusammen mit Agrippa das Dreilegionenlager in Aachen nach dem Konzept des Göttlichen Schnittes entworfen hat. Durch die Thermenbauten bei den Aachener Quellen kamen beide Baumeister möglicherweise zum ersten Mal in direkte Berührung mit dem Wasserbau, mit dem sie sich danach so intensiv beschäftigten.

Dank der modernen Methoden der Archäologie war es möglich, die Grundrisse verschiedener Lager im Gebiet genau dieser drei Legionen in Vetera I bei Xanten, in Neuss und in Bonn auszugraben und zu untersuchen. Das bedeutete eine große wissenschaftliche Leistung, da diese Lagerüberreste nur zum Teil aus Steinmauern, im wesentlichen jedoch nur noch aus den Pfostenlöchern bestanden, deren unterschiedlich gefärbte Verfüllungen von den ehemaligen römischen Fachwerkbauten übriggeblieben waren. Aus diesen Grabungsfunden können wir das Grundlagenwissen gewinnen, mit dem ausgestattet wir dann in Aachen auf Spurensuche gehen können. Aus der Abfolge verschiedener Lagerneubauten kann man zusätzlich entnehmen, daß sich am Grundriß der Lager durch die Um- und Neubauten praktisch nichts veränderte.

Wenn man nun diese Grundrisse analysiert, so stellt man fest, daß die Lager gemäß dem **Göttlichen Schnitt** geplant wurden. Mit seiner Hilfe können einander selbstähnliche Strecken erzeugt werden. Sie stehen alle in festen Verhältnissen zueinander. Zusätzlich lassen sich alle verwendeten Strecken durch einen Satz von ganzen Zahlen ausdrücken, wenn man die Längen in der von den römischen Landvermessern als Maßeinheit benutzten Einheit „Schritt“ angibt. Sie soll im folgenden stets mit einem * hinter der Längenangabe bezeichnet werden. Die Zahlen will ich **Göttliche Zahlen** nennen. Die Maße dieser sich selbst ähnlichen Strecken lassen sich alle bestimmen, wenn man nur ein einziges von ihnen kennt. Man weiß also sehr schnell, wonach man zu suchen hat.

Auf dem Markthügel von Aachen lassen sich nun gerade alle notwendigen Anhaltspunkte nachweisen, die als Rekonstruktion ein Standlager für drei Legionen ergeben, das nach eben diesem Göttlichen Schnitt erbaut wurde.

Im Anhang des Buches ist für mathematisch interessierte Leser ein Abschnitt über die Geometrie und andere Aspekte des Goldenen Schnittes angefügt. Aus ihm kann man entnehmen, wie die römischen Vermessungsingenieure bei der Errichtung eines Lagers vorgingen. Dort erfährt man auch etwas über die Göttlichen Zahlen.

Wenn man die innere Logik einer solchen Lageranlage erfassen will, ist es zweckmäßig, sich die Struktur und den Aufbau einer römischen Legion in der frühen Kaiserzeit des Octavian klarzumachen. Will man meine Analyse der Lagergrundrisse nachvollziehen, so ist es hilfreich, auch ein wenig von der Geometrie und den mathematischen Eigenschaften des Göttlichen Schnittes zu wissen.

Römische Legionen

Roma eterna, das ewige Rom, so wurde die Stadt am Tiber von ihren Dichtern genannt. Aber unveränderlich waren weder die römische Gesellschaft noch die Strukturen dieses Staatswesens. Die Armee des Imperiums war dafür ein Spiegelbild. Die Bürgerkriege am Ende der Römischen Republik ergaben sich ja gerade aus den gewaltigen Veränderungen, die durch die politische Entwicklung von einem kleinen bäuerlichen Stadtstaat zum Weltreich bedingt waren.

Rom war eine Klassengesellschaft. Die Oberschicht bestand aus vornehmen adeligen Familien, die große Ländereien besaßen. Von ihnen abhängig waren landlose Pächter, die den Großteil der Bevölkerung stellten. Als Folge der Verarmung durch ständige Kriege zogen immer mehr Menschen vom umliegenden Land in die Stadt Rom, wo sie das städtische Proletariat bildeten. Die Abhängigkeit von ihren ehemaligen Herren blieb ihnen jedoch als Klienten erhalten. Die Oberhäupter der adeligen Familien (*patres*) hatten mit ihren abhängigen Klienten eine Stellung, vergleichbar der von Paten in den Organisationen der Mafia.

Beide Teile der Gesellschaft, Adel und Volk, bedurften der ständigen Expansion des Staatswesens durch die Eroberung fremder Länder. Nur so konnten die wachsenden Bedürfnisse befriedigt werden, die der Luxus der Oberschicht und das politische Stillhalten des Volkes darstellten. Das Volk hielt man ruhig durch die kostenlose Verteilung von Getreide und durch die Veranstaltung von Festen und Zirkusspielen (*spectacula*).

Beide Gruppen waren als römische Bürger zum Waffendienst verpflichtet. Der Adel stellte die Offiziere, das Volk die gemeinen Soldaten. Der hohe Blutzoll in den Kriegen führte zu einer wachsenden Unlust am

Kriegsdienst, wie es sich mit verheerenden Folgen im Kampf gegen die Cimbern und Teutonen erwiesen hatte. Besondere Schwierigkeiten bereitete außerdem im Anschluß an einen Krieg die Demobilisierung der Legionen. Nur durch die Gründung von Kolonien in den eroberten Provinzen war es möglich, aus den Soldaten wieder Bürger zu machen.

Es war der Konsul Marius, Caesars Vorbild, der aus einer Schar von Proletariern eine schlagkräftige **Berufsarmee** formte. Aus den Bürgersoldaten auf Zeit wurden so Söldner, die durch Eid auf **ihren** Feldherrn eingeschworen waren. **Ihm** gaben sie ihr Leben, und **er** garantierte ihnen den Sold und die zivile Versorgung am Ende des Soldatenlebens. Caesar war als General eine ähnlich beeindruckende Führergestalt wie Marius, dem seine Soldaten ebenfalls auf Gedeih und Verderb in den Kampf folgten.

Die persönliche Beziehung zwischen Befehlshaber und Truppe machte aus dem Feldherrn eine politische Figur und aus dem Heer einen eigenen Machtfaktor. Die Armee wählte sich ihre neuen Führer selber aus, sobald die alten den Tod gefunden hatten. Diese Entwicklung erforderte von jedem Alleinherrscher nach Caesar eine ständige Balance zwischen einem einerseits ausreichend starken, doch die eigene Macht andererseits nicht gefährdenden Heer.

Es war jedoch wohl unvermeidlich, daß sich die Armee allmählich zu einem Staat im Staate entwickelte. Damit fand sie auch zunehmend zu einer immer fester gefügten, starren inneren Ordnung, die sich auch in den Bauten der Legionen ausdrückt.

Die Stärke einer Legion betrug unter Caesar üblicherweise rund 4500 kämpfende Soldaten. Sie waren alle römische Vollbürger, das heißt im Besitz des Bürgerrechtes. Daneben gab es noch Hilfstruppen. Wer in ihnen diente, mußte kein Bürgerrecht besitzen. Diese Truppen wurden von stadtrömischen Offizieren geführt, die einfachen Soldaten kamen jedoch meist aus den Provinzen. Zumindest in der frühen Kaiserzeit stellten die Hilfstruppen die Kavallerie. Nach der Vereinbarung zwischen Antonius und Octavian über die Demobilisierung des Bürgerkriegsheeres war die Stärke einer Legion wieder auf knapp 6000 Kämpfer erhöht worden. Dies war auch die Sollstärke der Legionen unter Marius gewesen.

Seit dem Barbarensturm bestand die römische Armee aus Berufssoldaten. Der Dienst in den Legionen verpflichtete zu 20 Jahren aktivem Soldatenleben, an das sich normalerweise fünf Jahre Dienst als Veteran anschlossen. Im Gegensatz dazu mußten die Hilfstruppen 25 Jahre aktiv kämpfen. Sehr oft wurde die Dienstzeit allerdings erheblich überschritten: Legionäre mit 40 Jahren bei der Armee waren keine Seltenheit.

Das römische Heer war seit Octavian in einzelne Armeen aufgeteilt, zu denen jeweils mehrere Legionen zählten. Die Standorte der Legionen befanden sich nur in **den** Gebieten, in denen Krieg geführt wurde. Seit dem Tode von Caesar unterstanden diese Provinzen immer dem Kommando des Oberbefehlshabers der römischen Armee, also dem Kaiser.

Diese unmittelbare Befehlsgewalt war jedoch seit Augustus auf Stellvertreter übertragen. Sie hießen *Legati Augusti pro Praetore*, was sich mit **Statthalter des Kaisers** übersetzen läßt. Als ranghöchster Soldat war der Statthalter kommandierender General einer Armee mit mehreren Legionen. Die Statthalterschaft in einer kaiserlichen Provinz wurde üblicherweise im Anschluß an das Amt als Konsul übertragen.

Die Generäle übten neben dem militärischen Oberbefehl auch die höchste richterliche und zivile Verwaltungsbefugnis aus. Meist waren die Statthalter für vier bis fünf Jahre abgeordnet, bevor sie nach Rom zurückkehrten und noch höhere Aufgaben wahrnahmen. Im uns interessierenden Nordostgallien haben sogar mehrfach spätere Kaiser das Amt innegehabt. Daran läßt sich ermessen, daß es sich am Rhein um ein ranghohes Kommando handelte.

Zum Stab des Statthalters gehörte auch noch eine zahlenmäßig kleine Polizeitruppe, die für die Sicherheit auf den Fernstraßen zuständig war. Hinzu kam eine Kavallerieeinheit, die oft von anderen Verbänden abgeordnet war. Die Kavalleristen versahen den persönlichen Schutz des Statthalters und waren gleichzeitig die Meldereiter der Legion.

Eine Legion von 5500 Kämpfern war in zehn Kohorten aufgegliedert. Die erste Kohorte war 1000 Mann stark, die restlichen neun hatten eine Mannschaftsstärke von je 500 Legionären. Diese letzteren waren in drei Manipel zu jeweils zwei Centurien aufgegliedert. Eine Centurie bestand somit aus rund 80 kämpfenden Soldaten. Die sechs Centurien der ersten Kohorte waren doppelt so stark. Weiterhin gab es in jeder Legion noch vier Kavalleriezüge mit jeweils 30 Reitern zu Aufklärungs- und Meldezwecken.

Zusätzlich zu den reinen Kampftruppen gehörte zur Legion zahlreiches Versorgungspersonal aus Handwerkern, technischen Verbänden und Verwaltungsbeamten, sowie auch eine große Zahl von Troßknechten mit ihren Pferden und Eseln zum Transport der Zelte und des schweren Gerätes. Viele dieser nicht kämpfenden Soldaten arbeiteten als Magazinverwalter, als Sanitäter im Lazarett, oder sie warteten die schweren Waffen.

Im Range von Unteroffizieren gehörten zur Legion auch noch Architekten und Baumeister, die als Pioniereinheiten für den Bau von Straßen, Brücken und Hafenanlagen zuständig waren. Im weiteren Sinne muß man zu einer Legion auch noch jenes fahrende Volk rechnen, das als Marketender, Gaukler und Bordellbetreiber vor dem Wall des Legionslagers seine Zelte in der Lagervorstadt, den *canabae legiones*, aufgeschlagen hatte.

Die einzelnen Legionen wurden von Legaten befehligt, die direkt dem Statthalter unterstanden. Sie stammten aus senatorischen Familien und übten das Amt für die Dauer von drei Jahren aus. Als Dreißigjährige traten sie es an. Der Dienst als Legat war meist die Vorstufe für das Amt des Konsuls und danach das eines Statthalters in einer Provinz.

Unter dem Legaten als Kommandeur standen als ranghöchste Truppenoffiziere im Range eines Obersten sechs Militärtribune. Die 59 Centurien der Legion wurden von Centurionen geführt, deren Rang vergleichbar ist mit dem eines Hauptmanns. Sie waren an ihrem quergestellten Helmbusch zu erkennen. In der großen Hierarchie der römischen Armee folgten sodann die Unteroffiziere, die Gefreiten und der gemeine Soldat. Ihm stand durch Tapferkeit der Weg bis zum Centurionen offen.

Die Hilfstruppen (*auxilia*) wurden von Kommandeuren aus dem Ritterstand befehligt, die vorher Militärtribun gewesen waren. Zusätzlich zur Rangfolge innerhalb der Truppe gab es eine weitere Hierarchie zwischen den verschiedenen Truppenteilen.

Dieser Gesamtverband von mehr als 10000 Menschen in einem Legionslager wurde vom Lagerkommandanten (*Praefectus Castrorum*) befehligt. Er stammte als wichtigster Truppenführer aus dem Ritterstand und war für die gesamte Logistik verantwortlich. Auch das Legionsterritorium im Umkreis des Lagers unterstand ihm.

Es ist unmittelbar einleuchtend, daß nur mit einer ungeheuren Disziplin und mit strenger Ordnung ein Zusammenleben so vieler Menschen auf einem kleinen Raum möglich war. Diese Ordnung spiegelte sich im Aufbau des Legionslagers wider.

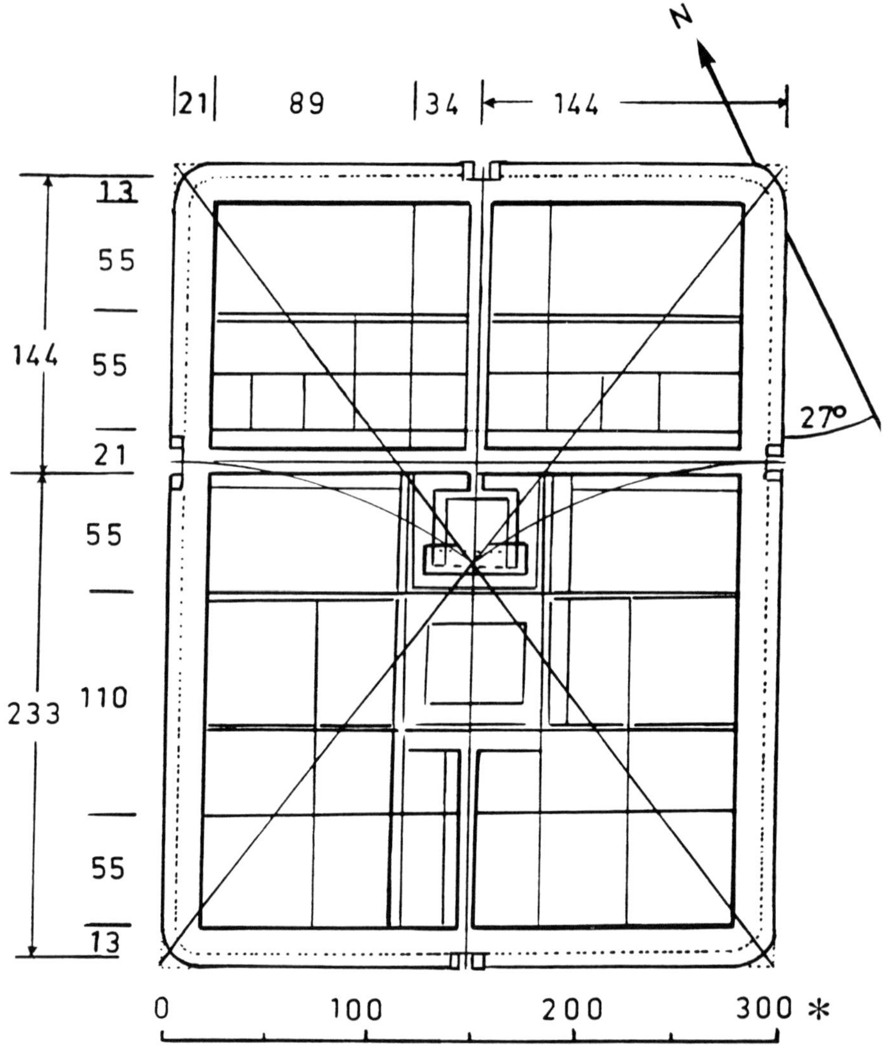

Figur 6
Der Grundriß des Standlagers der Legio XVI in Neuss wurde etwa 43 n. Chr. gemäß dem Göttlichen Schnitt geplant. Die Via Principalis teilt die Seitenlänge von 377 Schritt im Verhältnis g. Der Standort der Kaiserbüste ist die geometrische Mitte des Lagers. Der Winkel zwischen den Lagerstraßen und der Nord-Süd-Richtung beträgt 27°.

Legionslager

Unter der militärischen Führung des Generals Agrippa wurde die Armee des Octavian straff organisiert und bald auch durch die Aufstellung zusätzlicher Legionen und durch den Bau einer starken Flotte aufgerüstet. Aus Sicherheitsgründen, aber auch wegen der großen Kosten, versuchte Octavian das Heer allerdings so klein wie möglich zu halten.

Seine fünf Legionen wurden zunächst in Standlager nach Gallien verlegt. Neben den militärischen Zielen hatten sie gleichzeitig die zivile Aufgabe, die Infrastruktur im von Caesar eroberten Gebiet der Belgen zu schaffen.

Meine Behauptung lautet nun, daß diese drei Legionen mit den Nummern XVII bis XIX seit dem Jahre 39 v. Chr. im ehemaligen caesarischen Winterlager der XIV. Legion in Atuatuka stationiert wurden.

Bevor wir in Aachen auf Spurensuche gehen können, müssen wir uns klarmachen, wonach wir suchen wollen. Dazu muß man wissen, wie ein Legionslager aufgebaut war. Wir wollen dies an Hand der Figur 6 für den Truppenstandort Neuss (*Novaesium*) untersuchen. Dort, an der Mündung der Erft in den Rhein, hat es nacheinander eine ganze Reihe von Legionslagern gegeben, von denen wohl erst das Lager der im Jahre 43 n. Chr. von Mainz nach Neuss verlegten *Legio XVI Gallica* ein festes Standlager war. Die Legion Gallica löste die *Legio XX Valeria Victrix* ab, die 30 n. Chr. im Zuge der Errichtung der befestigten Rheingrenze unter Kaiser Tiberius von Köln vorübergehend nach Neuss gelegt worden war.

Das Lager der *Legio XVI* war ein rechteckiges Holz-Erde-Lager, das noch nicht mit einer Mauer befestigt war. In der zweiten Hälfte des ersten nachchristlichen Jahrhunderts wurde dieses Lager auf gleichem Grundriß neu als Steinbauwerk errichtet und am Ende des 19. Jahrhunderts von dem Archäologen Koenen ausgegraben. Zum ersten Male lernte man hier in Neuss, daß auch die Pfosten und Gräben eines solchen Bauwerkes aus Holz und Erde Spuren hinterlassen. Nach dem Verrotten der Holzpfosten weist das Füllmaterial der Pfostenlöcher durch erhöhten Humusgehalt der Erde eine andere Farbe und Struktur auf als das gewachsene, ungestörte Erdreich in der Nachbarschaft. Auf diese Weise kann man dann aus der Anordnung der Pfostenlöcher die Umrisse und Maße der Lagerbauten erkennen.

Die Außenmaße des Lagers in Neuss zeigen an, daß es für den Aufenthalt von einer Legion gedacht war. Die Befestigung bestand aus einem inneren Spitzgraben, dem Lagerwall mit Holzpalisaden und dem vorgelagerten Grabensystem. Es gab vier hölzerne Türme mit Torhöfen an den vier Ausgängen der beiden wichtigsten Lagerstraßen. Von NW nach SO verlief die Hauptstraße (*Via Principalis*) unter einem Winkel von 27° zur NS-Richtung. Sie kreuzte im Zentrum des Areals senkrecht die *Via Praetoria* und teilte mit ihr das Lager in vier Quartiere. Die Hauptstraße wurde von den beiden Toren *Porta Principalis Sinistra* und *Porta Principalis Dextra* abgeschlossen. Die *Via Praetoria* oder auch *Via Decumana* genannte Straße endete an der nördlichen *Porta Praetoria* und der *Porta Decumana* im Süden.

Am Kreuzungspunkt der beiden Straßen lag das Lagerforum als zentrales Verwaltungsgebäude (*principia*) der militärischen Stäbe. Wie man aus dem Grundriß in Figur 7 erkennen kann, bestand es aus einem Innenhof, der auf drei Seiten von Umgängen mit dahinterliegenden Kammern umgeben war. Auf der vierten Seite befand sich eine quergestellte Gerichtsbasilika. Hinter ihr lag das Fahnenheiligtum (*sacellum*) mit den Standarten, der Kaiserbüste und den Götterbildern. In einem Keller unter dem sich anschließenden Verwaltungstrakt befand sich die Zentralkasse der Legion (*quaestorium*).

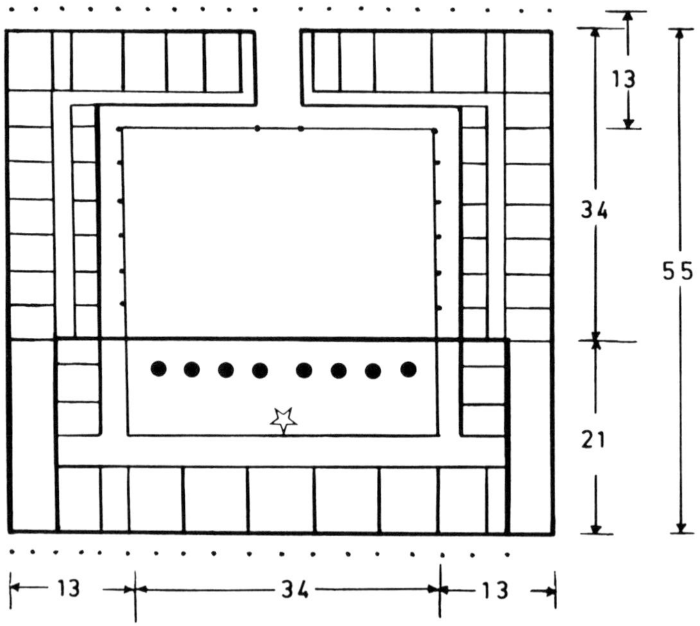

Figur 7
Das Stabsgebäude von Neuss wurde mit Hilfe von Göttlichen Zahlen konstruiert. Der Innenhof hatte mit 34 mal 21 Schritt die Form eines Goldenen Rechtecks.

Die einzelnen Quartiere wurden durch Wege, die parallel zu den Hauptstraßen verliefen, in Streifen (*scamna*) aufgeteilt. Der Teil vor den Principia hieß Praetentura, der dahinterliegende Retentura. Gegenüber den Principia lag das *Scamnum Tribunorum*, in dem sich die Unterkünfte der Stabsoffiziere und des Lagerkommandanten befanden. Die Kohorten der Legion waren auf Kasernenbauten aufgeteilt, die sich wie ein schützender Kranz um die öffentlichen Gebäude im Lagerinneren legten. Die Hilfstruppen hatten ihre Kasernen im Scamnum zwischen den Offiziersbauten und den regulären Einheiten.

Im Innenbereich des Lagers gab es zudem noch ausreichend Raum für Speicher (*horrea*), Magazine (*tabernae*), Werkstätten (*fabricae*) und das Lazarett (*valetudinarium*). Die Unterkünfte der Legionsreiter lagen an den Hauptstraßen, damit sie bei Bedarf jederzeit schnell aus dem Lager einen Ausfall machen konnten. An der Innenseite des Walles verlief die innere Wallstraße (*Via Sagularis*) hinter den Kasernen. Auf ihr erreichten die Soldaten auf schnellstem Wege ihre Verteidigungspositionen.

Die gesamte Aufteilung des Lagers zeigt, wie zweckmäßig die Anordnung der Bauten gewählt war. Sie macht aber auch klar, daß offenbar ein ganz bestimmtes Planungskonzept eine rasche Errichtung des Lagers möglich machte. Dieses Planungsprinzip ist der Göttliche Schnitt.

Sein Wirken läßt sich bis in Details in allen regulären Legionslagern an Rhein und Donau, aber eben auch in Aachen nachweisen. Vom Gesamtgrundriß bis in letzte Einzelheiten sind alle Maße dem Zahlenkanon des Göttlichen Schnittes entnommen.

Der Göttliche Schnitt

In der römisch-griechischen Antike und wieder in der Renaissance spielte der Göttliche Schnitt eine bedeutsame Rolle in der Architektur und in der bildenden Kunst, um die Maße von Bauwerken und die Proportionen von Statuen festzulegen. Wir können sicher sein, daß es dafür neben rein ästhetischen auch religiöse Gründe gegeben hat. Ihretwegen empfanden die Menschen damals gerade diese Maßverhältnisse als besonders wohlproportioniert.

Im Verlauf des neunzehnten Jahrhunderts bürgerte sich für die zuvor benutzte Bezeichnung **Göttlicher Schnitt** der Name **Goldener Schnitt** ein. Der alte Name weist noch auf die ursprünglich religiöse Bedeutung hin. Für das mathematische Konzept, das ihm zugrunde liegt, war auch die Bezeichnung **Teilung im äußeren und mittleren Verhältnis** (*Proportio ha-*

bens medium et duo extrema) gebräuchlich. Man kann daran erkennen, daß der Ursprung des Verfahrens aus der Teilung eines Quadrates stammt.

Es erweist sich an dieser Stelle ein wenig Beschäftigung mit der Geometrie des Schnittes als zweckmäßig, wenn man die für meine Argumentation wesentlichen Gedanken nachempfinden will.

Der Göttliche Schnitt ist nach seinem Ursprung ein geometrisches Prinzip, das es erlaubt, mit Zirkel und Lineal ein Dreieck, ein Rechteck oder ein Quadrat so zu unterteilen, daß die Teilstücke in einem ganz bestimmten konstanten Verhältnis **g** zueinander stehen. Führt man das Verfahren mehrfach hintereinander aus, so erhält man Strecken, die einander ähnlich sind.

In der Antike war das Rechnen mit Zahlen weitgehend beschränkt auf den Umgang mit ganzen positiven Zahlen und mit deren Verhältnissen, den Brüchen. Sehr bald hat man dann wohl festgestellt, daß sich das Teilungsverhältnis **g** des Göttlichen Schnittes nicht durch einen Bruch (*ratio*) wiedergeben läßt. Es ist daher nicht **rational**, sondern **irrational**. Allerdings fand man heraus, daß eine ganz bestimmte Folge von ganzen Zahlen durch ihre Quotienten den Wert von **g** in sehr guter Genauigkeit annähert. Vitruv spricht in seinen Büchern mehrfach in geheimnisvoller Umschreibung von **Guten Zahlen**, ohne diese jedoch näher zu bezeichnen. Die Folge dieser **Göttlichen Zahlen** lautet:

1; 2; 3; 5; 8; 13; 21; 34; 55; 89; 144; 233; 377; 610;...

Wie man leicht erkennt, entsteht jedes Glied der Zahlenfolge als Summe der beiden vorhergehenden Zahlen. In der modernen Zahlentheorie trägt diese Folge den Namen eines toskanischen Mathematikers. Sie ist nach Leonardo Pisano benannt, der mit anderem Namen auch Fibonacci hieß. Fibonacci lebte gegen Ende des zwölften Jahrhunderts in Pisa. Er machte unter anderem die arabischen Ziffern im christlichen Europa bekannt. Diese Göttlichen Zahlen gewährleisten durch ihre Benutzung, daß Strecken, die mit diesen Zahlenwerten gemessen sind, immer im Verhältnis von **g** zueinander stehen.

Die irrationale Größe **g** spiegelte im Denken der Antike das Wirken der Götter wider, das für den rationalen, das heißt mit Vernunft begabten Menschen, nicht faßbar, sondern nur annäherbar war. Aus diesem Grunde drückte die Anwendung des Göttlichen Schnittes immer ein bestimmtes menschliches Verhalten aus. Es beschwor den wechselseitigen Bezug zwischen Menschen und Göttern, indem es sich der irrationalen Welt der Götter anzunähern versuchte.

Besonders das Denken der Pythagoräer beschäftigte sich intensiv mit der Vorstellung, daß Geometrie der Ausdruck des Wirkens der Götter sei. Diese Ideen haben offenbar bei Vitruv einen nachhaltigen Eindruck hinterlassen.

Der Göttliche Schnitt besaß im Denken der Menschen der Antike noch eine weitere Bedeutung wegen der Möglichkeit, den Umfang eines Kreises durch den gleich großen Umfang eines Quadrates wiederzugeben.

Nach der Vorstellung der antiken Welt hatten die unsterblichen Götter den Kosmos als ein System voller Symmetrie und Harmonie erschaffen. Diese Symmetrie spiegelte sich in der Geometrie der regelmäßigen Vielecke und Körper, wie Dreieck und Quadrat oder Tetraeder und Würfel wider.

Als man sich näher mit diesen Dingen beschäftigte, machte man allerdings eine entsetzliche Entdeckung: Die Diagonale eines Quadrates besitzt im allgemeinen kein gemeinsames Maß mit der Quadratseite, wenn man mit ganzen Zahlen und mit Brüchen rechnet, wie das in jenen Zeiten üblich war. Eine ähnlich schlimme Erkenntnis zeigte sich bei den als vollkommen angesehenen Kreisen und Kugeln. Es ergab sich für das Verhältnis von Durchmesser und Umfang eines Kreises auch kein gemeinsames Maß, da dies durch die irrationale Zahl Pi (π) beschrieben wird. Sollten die Götter etwa einen so idealen Körper wie eine Kugel nicht rational – das heißt ja schließlich **vernünftig** – geschaffen haben? Das durfte nicht sein, so wenig wie sich in späterer Zeit die Erde um die Sonne drehen durfte, um nicht das mittelalterliche Weltbild der katholischen Kirche zu gefährden!

Ehe man das antike Weltbild aufzugeben bereit war, versuchte man den Nachweis zu erbringen, daß der Kreis doch etwas Rationales sei. Das hätte man beweisen können, wenn es gelungen wäre, den Umfang eines Kreises durch den Umfang eines Quadrates wiederzugeben. Wir wissen heute, daß die Mühen vergeblich waren, da sich ein Kreis nicht **quadrieren** läßt, zumindest nicht mathematisch exakt.

Eine Quadratur sowohl des Umkreises als auch des Inkreises für ein Quadrat läßt sich aber immerhin geometrisch so genau durchführen, daß man in einer Zeichnung keine Abweichung mehr feststellen kann, da der Fehler winzig klein ist. **Zwei** Verfahren, die eine Quadrierung leisten, beruhen auf dem Göttlichen Schnitt.

Verbindet man die Ecke eines Quadrates mit der gegenüberliegenden Seitenmitte, so erhält man damit ein rechtwinkliges Dreieck, dessen Seiten sich wie 2:1 verhalten. Die Verbindungslinie ist die Hypothenuse des Dreieckes. Erzeugt man mit der Hypothenuse als Seite ein neues Quadrat, so ist sein Umfang so groß wie der des Kreises, den man als Umkreis um das Ausgangsquadrat durch dessen vier Ecken beschreiben kann.

Die Umfangsquadratur erhielt eine neue Dimension, als mit Gaius Iulius Caesar im Januar des Jahres 42 v. Chr. erstmals in Rom ein Mensch zum Gott erhoben und in die Reihe der römischen Staatsgottheiten aufgenommen wurde.

Das geschah in der folgenden Zeit dann mit fast allen Herrschern des römischen Imperiums. Damit gehörte es zur festen Aufgabe der Baumeister, die **Doppelrolle der Herrscher als Mensch und als Gottheit** in der **Kaiserarchitektur** sichtbar zu machen. Wir dürfen uns daher nicht wundern, der Kreisquadratur auch beim Bau des römischen Dreilegionenlagers in Aachen zu begegnen.

Die Verbindung von Kreis und Quadrat symbolisierte die Verschmelzung der beiden Rollen, die der Kaiser im Staatskult wahrnahm.

Daneben hatten die mannigfachen mathematischen Besonderheiten des Prinzips auch eine Reihe von praktischen Nutzanwendungen im Gefolge.

Der interessierte Leser sei an dieser Stelle nochmals auf das Kapitel im Anhang des Buches verwiesen, in dem ein paar Einzelheiten zur Mathematik des Göttlichen Schnittes behandelt werden.

Immer wieder Göttliche Zahlen

Wenn man die regulären Legionslager in Neuss, Bonn und Xanten betrachtet, so stellt man eine große Symmetrie und Ordnung in den Anlagen fest. Damit ist allerdings noch nicht bewiesen, daß diese Ordnung auf dem Göttlichen Schnitt beruht. Um das einzusehen, ist es nötig, daß man die Längenmaße auch in der richtigen Einheit angibt: Römische Landvermesser maßen eben nicht in Metern, sondern in der Einheit **Schritt** (*passus*), die man ins Deutsche mit **Klafter** übersetzen kann. Das ist ein Maß, das uns noch aus den Märchen der Kindheit geläufig sein dürfte.

Ein Schritt mißt rund eineinhalb Meter, also ist 1* = 1,48 m. Die zugehörige Untereinheit des Schrittes ist der **Fuß** (*pes*), von dem fünf Stück auf einen Schritt gehen. Damit ist ein Fuß 29,6 Zentimeter lang. Seine Kennzeichnung geschieht über das Symbol ' hinter der Maßzahl. Daher gilt: 1' = 0,296 m.

Bei der **geometrischen** Verkleinerung von Strecken nach dem Göttlichen Schnitt können sich schließlich auch halbe Schritte oder halbe Fuß als Teilstücke ergeben. Als Folge davon benutzte man beim Bauen zunehmend auch die Einheit 1 **Elle** (*cubitum*) = 1^. Es gilt 1^ = 3/2 Fuß = 0,444 cm. Wir werden dieser Einheit bei den Maßen des Portikus aus der Spätphase des Militärbades von Aachen begegnen.

Das für uns **krumme Maß** „Fuß“ ist gerade die Länge des Fußes der Iupiterstatue auf dem Kapitol in Rom gewesen. Damit war es für einen Römer das **beste Maß**, das man sich vorstellen konnte. Da die Genauigkeit der Strecken im Gelände ungeheuer groß ist, müssen wir annehmen, daß die Vermesser geeichte Geräte besaßen, die genau das Standardmaß der Iupiterstatue wiedergaben.

Für ein schnelles Ausmessen benutzte man wahrscheinlich nur ein Paar Lederriemen, die an beiden Knöcheln des Fußes befestigt wurden. Ihre Länge betrug genau einen halben Schritt. Ging man in der Weise, daß die Riemen stets gespannt waren, so wurden zwangsläufig alle Schritte gleich lang. Zusätzlich existierte auch ein Gerät in der Art eines Stechzirkels, mit dem man durch „Abwickeln“ Längen sehr genau als Vielfache eines Schrittes abtragen konnte.

Wurde nun ein Legionslager abgesteckt und vermessen, so machte man gerade soviele Schritte, wie die Göttlichen Zahlen vorgaben. Damit war das genaue **Passen** aller Bauten sichergestellt, sofern auch die äußeren Gesamtmaße der Anlage aus dem Kanon der Göttlichen Zahlen stammen.

Es klingt fast banal, wenn man nach dem Gesagten feststellt, daß alle Proportionen der Lager dem Göttlichen Schnitt gehorchen. Dem aufmerksamen Leser wird auch nicht entgangen sein, daß uns zum ersten Mal das Prinzip der Planung beim Winterlager der XIV. Legion in Aachen begegnete.

Die Figur 6 zeigt uns die Abmessungen des Lagers von Neuss. Die Außenmaße der Wallstraße (*Via Sagularis*) betragen 377* x 288*. Die Länge 288* ist das Doppelte von 144*. Die Orientierung der Straßenachsen verläuft unter einem Winkel von 27° zur Nord-Süd-Richtung. Dieser Winkel hatte ebenso kultische Bedeutung wie die 37° von Aachen. Der Unterschied besteht darin, daß in Neuss, wie auch bei vielen anderen Lagern, zur Festlegung der Hauptstraßen kein pythagoreisches Dreieck, sondern eins des Göttlichen Schnittes mit Seitenverhältnissen von 2:1 für die kürzeren Seiten verwendet wurde. Damit beträgt dann der Winkel zwischen Via Praetoria und der Sonnenrichtung genau 26,6°.

Die Innenmaße der Via Sagularis von Bonn betragen 322* x 322*, wobei 322* = 89* + 144* + 89* sind. Das Maß von 322* weist direkt auf das quadratische caesarische Winterlager mit einer Seitenlänge von 288* hin. Der Umkreis um dieses Quadrat wird nämlich bei der Kreisquadratur als Länge durch den Quadratumfang von viermal 322* sehr genau wiedergegeben. Rechnet man den Außengraben hinzu, so erhält man mit 377* x 377* wieder Göttliche Zahlen für die Abmessungen des Lagers.

Die Lager in Neuss und Bonn sind Einlegionenlager gewesen, während es sich beim Lager von Vetera I bei Xanten um ein Doppellager für zwei Legionen handelte. Seine Maße sind 610* x 377*. Die größere Strecke findet man in Nord-Süd-Richtung als Außenmaß der Mauer, während 377* das Innenmaß in West-Ost-Richtung ist. Offenbar wurden die 377*, um mehr Platz zu gewinnen, hier nicht als Gesamtbreite für die Außenmaße realisiert, sondern durch die Aufteilung in Scamna zu 55*; 34*; 55*; 89*; 55*; 34* und 55* Breite. Wie man leicht nachrechnen kann, ergibt das als Summe genau 377*. Dies ist unter anderem eine Folge davon, daß sich beim Göttlichen Schnitt alle größeren Maße als Summen von kleineren ergeben.

In Vetera wurde das mittlere Scamnum von 89* als Standort der Principia weiter aufgeteilt. Auf beiden Seiten verbraucht die Via Praetoria je 13*, der verbleibende Rest von 63* bestimmt im wesentlichen die WO-Ausdehnung des Hauptgebäudes. Da in Vetera nur der zentrale Lagerteil ausgegraben wurde, läßt sich keine genaue Angabe über die Maße der Scamna in NS-Richtung machen. Im Vergleich mit den anderen Lagern kann man aber auf jeden Fall aussagen, daß die Maße aus den Göttlichen Zahlen stammen müssen. Sie sind also sicher 21*, 34*, 55* oder 89* breit gewesen. Die Breite der Hauptstraßen betrug in Vetera 21*, die der anderen Lagerstraßen 13*, 8* oder 5*. Die Via Sagularis hatte jeweils eine Ausdehnung von 17*.

Die Via Principalis teilt das Vetera-I-Lager genau im Verhältnis des Göttlichen Schnittes: 610* : 377* = **g**. Die Via Praetoria spaltet sich um die zentralen Bauten herum gerade so in zwei Stränge auf, daß beide längs der Linien verlaufen, die eine Strecke von 377* Länge in Stücke von 144*, 89* und 144* aufteilen.

Auch die Hauptstraße von Neuss quert das Lager in 233* Entfernung von der Porta Decumana, so daß sich wieder 233* : 144* = **g** ergibt. Die Abmessungen der vier Quartiere in den genannten Lagern haben somit Maßzahlen, die aus dem Kanon der Göttlichen Zahlen stammen.

Die Via Principalis von Bonn verläuft im Abstand von 2 x 89*= 178* von der Porta Decumana. Sie teilt also das quadratische Lager nicht symmetrisch, sondern wegen 288* : 178* = **g** durch den Göttlichen Schnitt.

Wir werden noch sehen, daß das Tripellager in Aachen Außenmaße von 610* x 610* besaß und so ebenfalls gemäß den Göttlichen Zahlen gebaut war. Die Abmessungen der Via Sagularis betrugen in Aachen 21*, und die Scamna hatten Maße von 34* und 55*. Wie ich im Anhang des Buches nachweise, sind die Standlager der römischen Armee an Rhein und Donau bis zu ihrem Abzug bei Aufgabe der Grenze alle nach dem gleichen Verfahren entworfen worden. Dabei kann man feststellen, daß die Durchschnittsfläche pro Legionär, also die gesamte Lagerfläche geteilt durch die Zahl der Soldaten, im wesentlichen seit den Lagern der caesarischen Legionen gleichgeblieben ist. Sie betrug konstant rund 20 Quadratschritt.

Es sind jedoch nicht nur die äußeren Abmessungen, die den Göttlichen Schnitt widerspiegeln, sondern auch die Baumaße der einzelnen Gebäude im Lagerinneren. Als Beispiel sollen hier die beiden Lagerforen (*principia*) von Neuss und Vetera I, das Lazarett von Vetera I und eine Manipelkaserne aus dem Lager Neuss dienen. An ihnen ist deutlich zu erkennen, daß die Planung aller Bauten auf der Verwendung des Göttlichen Schnittes und der Göttlichen Zahlen beruht.

Das Hauptgebäude von Neuss in Figur 7 wurde auf zwei Scamna von je 34* Breite errichtet, von denen 8* als Straße genutzt wurden. Die Ausdehnung in der anderen Richtung betrug genau 55*. Im Zentrum des Gebäudes liegt ein quadratischer Innenhof mit 34* Seitenlänge, um den herum sich langgestreckte Flügelbauten gruppieren, deren Ausdehnung in der Breite unter Einschluß des überstehenden Daches 13* mißt. In ihnen befand sich ein 2* breiter Korridor, an den sich beidseitig Räume für die Feldzeichen mit einer Tiefe von 5* beziehungsweise 3* anschlossen. Die restlichen 3* verbrauchte das überstehende Dach, das auf diese Weise einen geschützten Umgang im Innenhof schuf. Die Gesamtlänge von 55* wurde durch den Göttlichen Schnitt in einen zur Via Principalis hin gelegenen Teil von 34* und in einen rückwärtigen Bereich von 21* Breite unterteilt. In ihm lag das Bauwerk, in dessen Inneren sich die Büsten der Götter, der Herrscherfamilie und wohl auch der Legionsadler befanden.

Man kann feststellen, daß bei allen hier betrachteten Standlagern entweder das geometrische Zentrum der Lager, das heißt der Schnittpunkt der Diagonalen, genau in der Mitte der Halle mit den Büsten liegt, oder daß dieser Ort durch die Proportionen des Göttlichen Schnittes ausgezeichnet ist.

Sämtliche Maße des spiegelsymmetrischen Hauptgebäudes von Neuss entstammen dem Zahlenkanon des Goldenen Schnittes. Als Strecken treten die Göttlichen Zahlen 2*; 3*; 5*; 8*; 13*; 21*; 34* und 55* auf. Allerdings gibt es auch Stellen, wo beim Bau eine Strecke auf zwei gegenüberliegende Seiten aufgeteilt wurde. Auf diese Weise kommen auch Maße von 1,5*, 2,5*, 6,5* oder 10,5* im Grundriß vor. In solchen Fällen wurde der Göttliche Schnitt möglicherweise als rein geometrisches Verfahren ausgeführt.

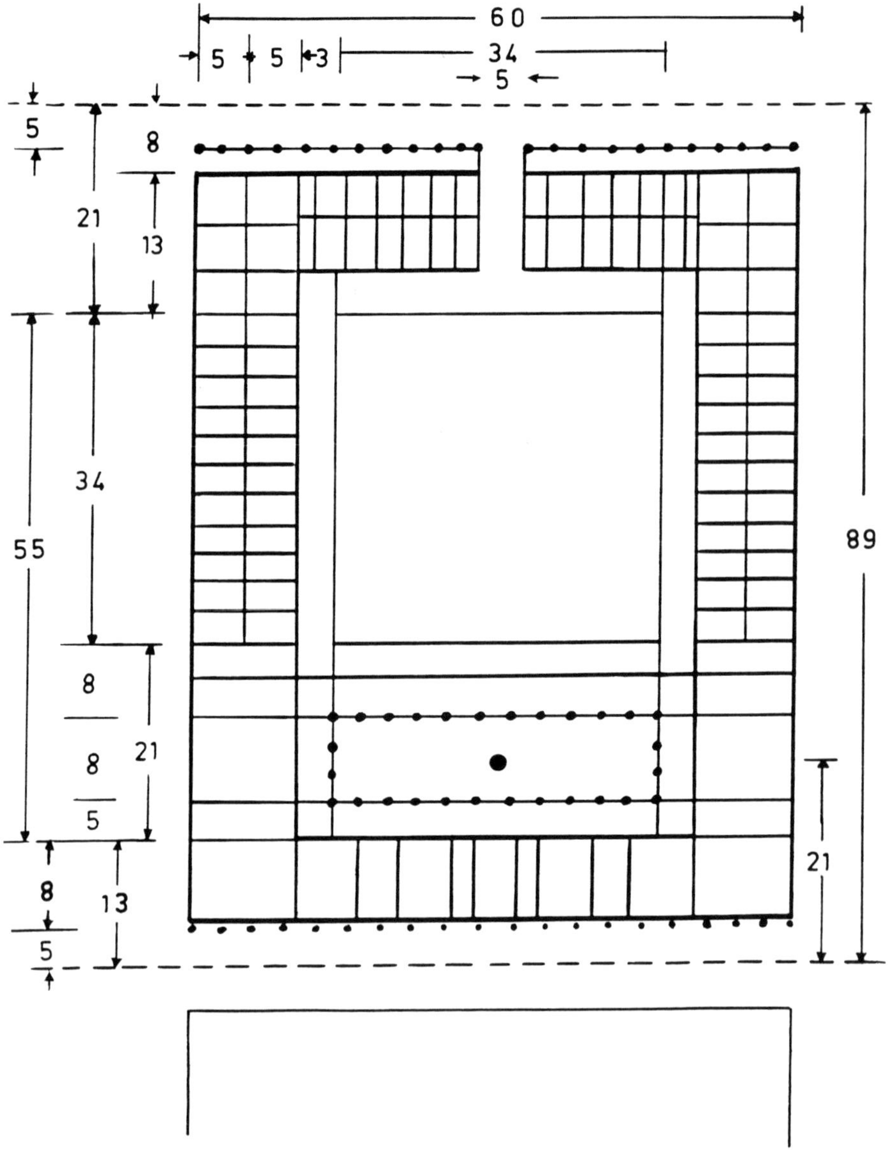

Figur 8
In Vetera I lagen die Verwaltungsgebäude um einen quadratischen Hof mit den Maßen 34 mal 34 Schritt. Die Anlage war als Gebäude eines Doppellagers größer dimensioniert, als das beim Einfachlager von Neuss der Fall war.

Auch das Hauptgebäude von Vetera I in Figur 8 wurde ausgegraben. Da es einem Doppellager diente, können wir erwarten, daß es eine größere Ausdehnung besaß. Der eigentliche Baukörper steht auf einer Insel (insula) von 89* x 89*. Im Westen, Norden und Osten reduzieren die Lagerstraßen die Inselgröße auf 89* - (2 x 13*) = 63* oder auf 89* - (2 x 5*) = 79*. An allen vier Seiten umschließen Flügelbauten einen Innenhof von 55* x 34*, der wieder nach dem Göttlichen Schnitt geteilt ist. Von der Länge 55* werden 21* für den Bereich der Standbilder abgeteilt. Er bildet so mit den Maßen 21* mal 34* ein Goldenes Rechteck. Die geometrische Mitte des Lagers liegt auch in Vetera I in der Mitte der Heiligen Halle im rückwärtigen Bereich des Zentralgebäudes. Im Fahnenheiligtum finden sich entsprechend der doppelten Truppenstärke auch zweimal so viele Räume für die Feldzeichen wie in Neuss. Als Maße in Einheiten der Göttlichen Zahlen findet man alle Werte von 3* bis 89*. Interessant ist die Feststellung, daß der dem Kultus vorbehaltene Teil des Hauptgebäudes in Vetera 34* x 21* statt 34* x 13* in Neuss mißt. Seine Ausdehnung in der Fläche ist also um den Faktor **g** größer.

Als weiteres Beispiel wollen wir in Figur 9 das Lazarett (*valetudinarium*) von Vetera I betrachten. Es besteht aus einem quadratischen Bau von 55* Seitenlänge. An drei Seiten schließen langgestreckte Flachbauten einen Innenhof mit den Maßen 34* x 34* ein. Im Inneren der Flügelbauten liegen an den beiden Seiten eines Ganges von 2,5* Breite die Krankenräume mit Maßen von 2* x 4* bzw. 3* x 4*, so daß die Gesamtbreite 10,5* beträgt. Das quadratische Lazarett wird durch die Anlage der Krankenflügel genau gemäß dem Göttlichen Schnitt geteilt, wie das im Anhang dargestellt ist. Den Eingang zum Innenhof bildet eine Halle mit den Abmessungen von (13* + 13*) x 13*.

Auch die Manipelkasernen der Lager, wie sie in Figur 10 im Grundriß zu sehen sind, wurden unter Verwendung der Göttlichen Zahlen erbaut. Ihre Länge war mit 55* standardisiert. Die Unterkünfte für die Mannschaften nahmen dabei einen Anteil von 34*, jene der Unteroffiziere 21* der Gesamtlänge in Anspruch. Auf beiden Seiten eines 8* breiten Mittelganges lagen die Schlafräume mit den Abmessungen 3* x 3*, vor denen sich zum Gang hin die Waffenräume mit den Maßen 2* x 3* befanden. Weitere 2* ragte das überstehende Dach in den Bereich zwischen den Kasernen hinein. Dort lagen die Kochgruben der Legionäre, an denen sie ihre Mahlzeiten zubereiteten oder wo sie ihre Waffen instandhielten.

An den vier untersuchten Bauwerken kann man ablesen, daß die Göttlichen Zahlen entgegen der herkömmlichen Meinung nicht erst im zwölften Jahrhundert entdeckt wurden, sondern ständig angewandtes Instrumenta-

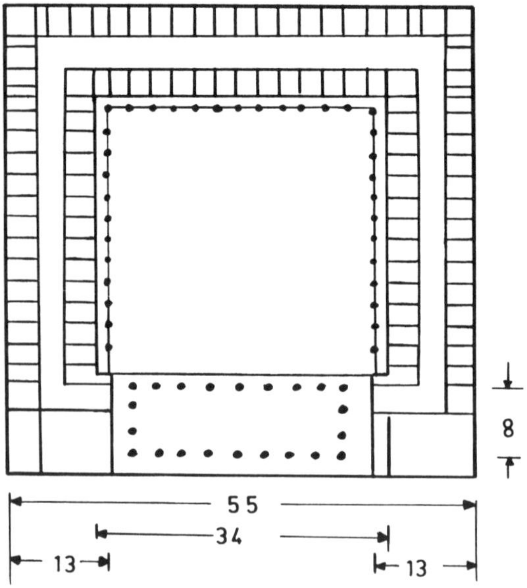

Figur 9
Beim Idealgrundriß des quadratischen Lazarettes der Legio V Alaudae in Vetera sind die Krankenzimmer in zwei Reihen an einen Mittelkorridor angeordnet. Das der Planung zugrundeliegende Quadrat von 55 mal 55 Schritt wurde gemäß dem Göttlichen Schnitt aufgeteilt. Im Vorderteil der Anlage gab es Operationssäle und Badestuben.

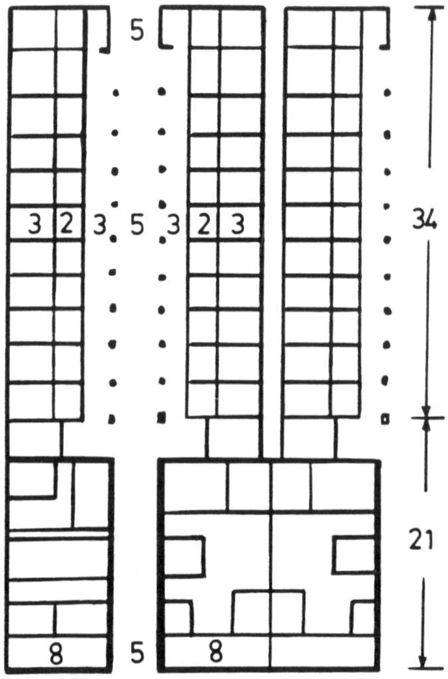

Figur 10
Die Manipelkasernen waren durch die Verwendung der Göttlichen Zahlen standardisiert. An den Seiten eines teilweise überdachten Mittelganges waren die Mannschaften je einer Centurie in Wohngemeinschaften von acht Legionären untergebracht. In den größeren Räumen wohnten die Truppenführer. An beiden Enden des Mittelganges gab es Wachstuben zur Kontrolle der Kaserne.

rium der römischen Landvermesser und Baumeister gewesen sind. Hier wurde also nicht nur Geometrie betrieben, sondern hier wurden auch die Zahlen des Göttlichen Schnittes benutzt. Diese Tatsache wird noch bei der Rekonstruktion des Tripellagers von Aachen eine bedeutsame Rolle spielen.

Bevor wir uns nun auf die Spurensuche in Aachen machen, will ich kurz zusammenfassen, welche Hilfsmittel wir dabei benutzen können.

Die Lager von Bonn, Neuss, Vetera I und Aachen wurden als Lager für eine, zwei und für drei Legionen zur etwa gleichen Zeit von denselben Truppen geplant und erbaut. Es steht zu vermuten, daß es für die Lager eine **einheitliche Planung** gegeben hat. Das älteste der Lager war die Anlage in Aachen.

Den Grundrissen und den Lagerbauten liegt der Göttliche Schnitt zugrunde. Er wurde im Gelände dadurch verwirklicht, daß die Maße mit den Göttlichen Zahlen in der Einheit **Schritt** festgelegt wurden. Sie bestimmen auch die Breiten und Längen der Inseln, die sich durch Scamna mit Maßen aus dem Kanon der Fibonacci-Zahlen ergeben.

Die Kasernen hatten eine einheitliche Größe von 55* x 21*. In den Lagern betrug die Durchschnittsfläche pro Mannschaftsdienstgrad 20 Quadratschritt, wenn man die gesamte Lagerfläche durch die Zahl der regulären Soldaten teilt. Vetera I mit 576* x 377* war genau doppelt so groß wie Neuss mit 377* x 288*. Bei gleichem Flächenbedarf muß man deshalb für ein quadratisches Tripellager eine Fläche von 570* x 570* erwarten. Tatsächlich sind die Innenmaße des Aachener Lagers 568* x 566* gewesen!

Legt man auch für das caesarische Lager schon den gleichen Flächenbedarf zugrunde wie bei den frühen augusteischen Lagern, so kommt man auf eine Truppenstärke von rund 4250 Soldaten für eine Legion. Dieser Wert steht in Übereinstimmung mit der Kenntnis, daß nach Caesars eigenen Angaben seine Legionen nicht die augusteische Sollstärke von 5500 Kämpfern, sondern eher eine Mannschaftsstärke von rund 4000 besaßen.

Das Fahnenheiligtum des Lagers lag an ausgezeichneter Stelle. Der Platz für die Kaiserbüste befand sich genau in der geometrischen Mitte des Lagers oder an einem durch den Göttlichen Schnitt ausgezeichneten Punkt. Da die Zahl der Feldzeichen mit der Truppenstärke ebenfalls anstieg, können wir für Aachen einen Forumsbereich beim Hauptgebäude erwarten, dessen Größe noch einmal um den Faktor **g** gegenüber Vetera I vergrößert war, also dann 34* x 34* betragen haben dürfte.

Neben den Gemeinsamkeiten mit Neuss und Vetera I müssen wir allerdings auch mit einigen bedeutsamen Unterschieden rechnen: Aachen besaß bereits mit dem ehemaligen caesarischen Winterlager eine vorhandene Struktur, welche die natürlich vorgegebene Lage der heißen Quellen berücksichtigte. Caesar war zudem im Jahre 42 v. Chr. vergöttlicht worden. Der Mythos, der sich an den Namen Caesars knüpfte, sorgte daher schon dafür, daß das Caesarlager nicht einfach überbaut werden konnte. Das bedeutete gewisse **Randbedingungen** bei der Planung des Aachener Tripellagers.

Ein Legionslager zu Ehren Caesars

Natürlich wird es nicht gerade sehr einfach sein, heute im Herzen einer modernen Großstadt nach der vergangenen Existenz eines römischen Militärlagers zu suchen. Wie kaum eine andere Stadt hat Aachen in seinem Straßenraster jedoch Erinnerungen an seine Geschichte bewahrt. Erst mit dem erheblichen Wachstum der Stadt infolge der Industrialisierung im 19. Jahrhundert gab es bedeutende Änderungen in der Straßenführung. Vorher hatte sich das mittelalterliche Wegenetz erhalten, das in größeren Teilen auf römischen Ursprung zurückgeht. Diese Behauptung stimmt zumindest für den Teil von Aachen, der nicht durch die baulichen Veränderungen bei der Errichtung der karolingischen Kaiserpfalz im Zentrum des ehemaligen Militärlagers betroffen war. Die Bauten des Kaiserpalastes entstanden in den letzten Dekaden des achten Jahrhunderts.

Das mittelalterliche Wegenetz ist zudem durch das noch vorhandene Urkataster aus den ersten Jahren des 19. Jahrhunderts auch dokumentiert. Die Katasterkarten wurden 1823 fertiggestellt und geben die innerstädtische Parzellierung aus dem Mittelalter wieder. Außer den alten Straßenverläufen besitzt Aachen vorwiegend im Zentralen Bereich des Lagers auch noch eine ganze Reihe von römischen Ruinen, die im Laufe der Zeit mehr durch Zufall denn durch planmäßiges Graben entdeckt wurden.

Legt man eine auf dem Urkataster basierende Karte zugrunde, so lassen sich die ehemals römischen Straßenführungen leicht identifizieren, da sie zu einem rechtwinkligen Straßenraster innerhalb eines Quadrates gehören. Die Abstände der parallel verlaufenden Straßen müssen zudem Zahlwerte aus dem Kanon der Göttlichen Zahlen ergeben, wenn man in der Einheit Schritt mißt.

In Figur 11 ist das Aachener Wegenetz gezeichnet, so, wie es sich auf der Grundlage des Urkatasters vom Beginn des 19. Jahrhunderts darstellt. Fein punktiert erkennt man den äußeren Mauerring mit seinem mittelalter-

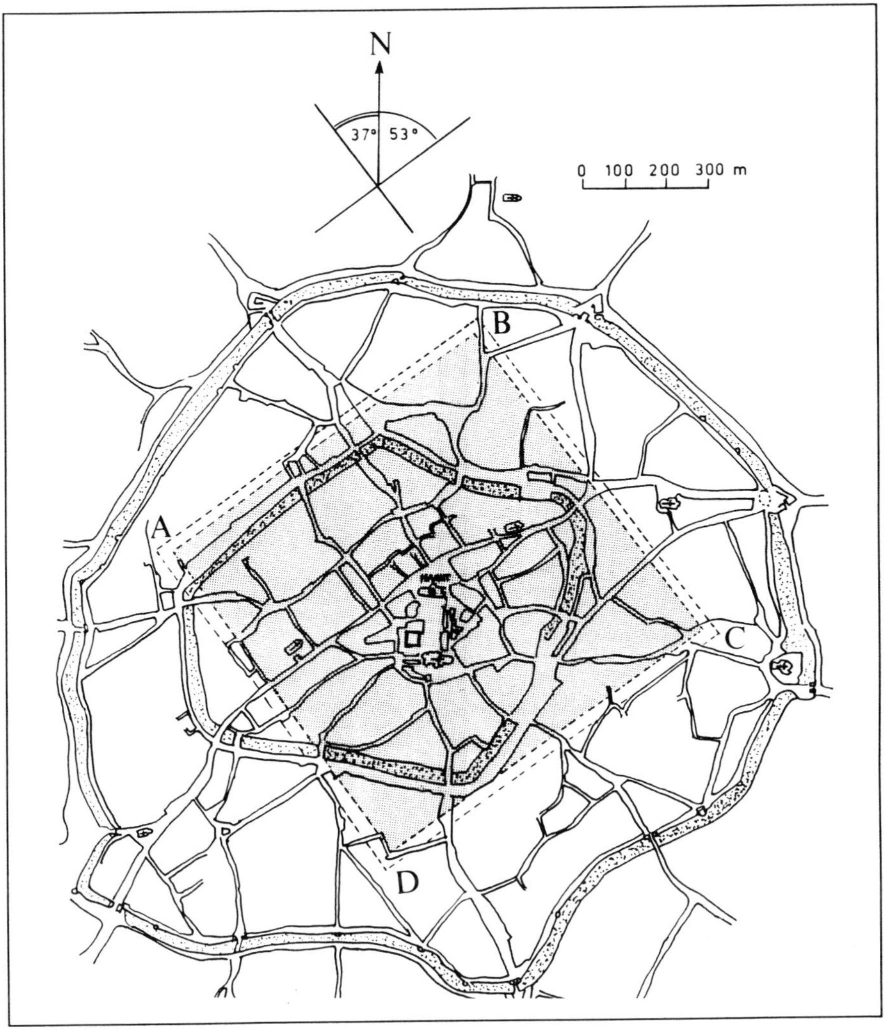

Figur 11
Eine aus dem Urkatasterplan von 1823 gewonnene Karte des Zentrums von Aachen. Die kreisförmige Struktur der Straßen wird durch die beiden Mauerringe erzeugt. Eingezeichnet findet sich ein Quadrat ABCD von 610 mal 610 Schritt Fläche. Es war einmal das Areal des Tripellagers von Aachen. Die Quadratmitte ist identisch mit der Mitte des heutigen Rathauses. Viele Straßenzüge verlaufen auch jetzt noch parallel zu den Lagerachsen. Details der Grundstücksgrenzen und der Wege zeigen deutlich den Zusammenhang mit dem Agrippa-Lager. Der eingezeichnete Kreis kennzeichnet eine Versetzung zwischen den Lagerstraßen und dem Raster der Lagervorstadt.

lichen Wallgraben, der sich annähernd in einem Kreis um den Dom als Mittelpunkt legt. Der Grabenring der älteren Barbarossamauer aus dem zwölften Jahrhundert liegt weitgehend im Inneren eines punktiert gerasterten Quadrates ABCD von 610* oder 903 Metern Seitenlänge. Die Quadratmitte befindet sich genau im Zentrum des heutigen Rathauses am Markt von Aachen.

Das quadratische Lager ist durch den Göttlichen Schnitt in Scamna von 233*, 144* und wieder 233* aufgeteilt gewesen. In seinem Zentrum entstand dadurch ein Quadrat von 144* x 144*, das den **Zentralen Bereich** für die Hauptgebäude bildet. Daran schließt sich nach Südosten ein rechteckiger Kultbezirk mit Abmessungen von 144* x 89* an. Die Teilungsgeraden verlaufen parallel zu den Straßenachsen und schließen mit der Nord-Süd-Richtung bzw. der Ost-West-Richtung Winkel von 36,9° bzw. 53,1° ein.

Die vier Ecken des Quadrates liegen an den Schnittpunkten von **Karls-** und **Templergraben** (A), der Gabelung von **Berg-** und **Achterstraße** (B), der Einmündung vom **Adalbertsberg** in die untere **Adalbertstraße** (C) und endlich an der Kreuzung **Matthiashofstraße – An den Frauenbrüdern** (D).

Schaut man den Plan genauer an, so erkennt man alsbald eine ganze Reihe von Straßen, die parallel zu den gestrichelten Seiten des Quadrates verlaufen. Von SW nach NO sind es **Templergraben; Annuntiatenbach; Augustinergang; Jakobstraße; Bendelstraße-Kleinkölnstraße; Jesuitenstraße und Matthiashofstraße-Reihstraße**. Von NW nach SO verlaufen **Paulusstraße** (ehemals **Ungergasse**); **Trichtergasse; Judengasse; Kockerellstraße; Pontstraße, Mostardgasse; Kleine Mistgasse** und **Mefferdatisstraße** parallel zu den Quadratseiten.

Zunächst ist es natürlich etwas ungewöhnlich, das Straßennetz von Aachen unter diesem Gesichtspunkt zu betrachten, da einerseits der innere Grabenring aus dem 12. Jahrhundert und andererseits der Bau des karolingischen Kaiserpalastes am Ende des achten Jahrhunderts stark in das regelmäßige römische Raster eingegriffen haben. Das täuscht heute eine kreisförmige Struktur der Straßen vor. Eine genauere Betrachtung der Urkatasterkarten und eine sorgfältige Analyse des Verlaufs der Straßen und der Grundstücksgrenzen macht allerdings das Bild deutlicher.

Zusätzlich zu den schon genannten Gassen findet man auch außerhalb des Quadrates eine Anzahl zu den Lagerseiten parallel verlaufender Straßen. Zu ihnen gehören **Mermelstraße** (alte **Mauerstraße**), **Paugasse, Stromgasse, Mörgenstraße, Rosstraße, Venn,** untere **Franzstraße** und Teile der **Borngasse**. Sie liegen überwiegend im Südwesten und Südosten des römischen Lagers. Diese alten Straßenverläufe sind Überbleibsel der römischen Gassen in der Lagervorstadt (*canabae legionis*). Auch diese Straßen verliefen parallel zu den Lagerwegen in Abständen, die durch Göttliche Zahlen gegeben waren. Dadurch schlossen sie ohne Versatz an die Straßen im Lagerinneren an. Eine Ausnahme von dieser Regel machte der Übergang der **Rosstraße** auf die heutige **Jesuitenstraße**. An dieser Stelle findet sich in Figur 11 ein Kreis. Aus dieser Besonderheit leitet sich auch wohl der Name der **Rosstraße** her. Aus der lateinischen Bezeichnung *Via Rupta* = **Unterbrochene Straße** wurde Via Rotta und dann nach der Lautverschiebung Via Rossa. Die mittelalterliche Schreibweise lautete **Die Roess**. Dabei diente das **e** nur zur Dehnung des **o** vor dem scharf gesprochenen **s**. Den Grund für den Versatz in der Straßenführung könnte man im alten Namen der **Jesuitenstraße** suchen. Sie hieß früher „Die Gan". Diese merkwürdige Bezeichnung stammt vom lateinischen Wort für Kneipe oder Bordell her, das *ganea* lautet. Wahrscheinlich schloß hier ursprünglich das Kneipenviertel an das Lager an, so daß es guten Grund gab, für eine sichtbare Trennung beider Bereiche zu sorgen.

Nach diesem groben Überblick lohnt es sich, aus den vorhandenen Stücken ein Ganzes gemäß den Vorschriften des Göttlichen Schnittes zusammenzusetzen. In Figur 12 wurden diejenigen Straßenstücke, die als römische Straßenzüge zugeordnet werden können, in ein quadratisches Raster mit 610* als Außenmaß eingezeichnet und zu einem Idealplan ergänzt. Man erkennt unmittelbar, daß sich die Wege in eine spiegelsymmetrische Struktur einordnen.

Das Gebilde besteht aus vier Quartieren, die um ein Rechteck angeordnet sind, das hier leergelassen wurde und den Zentralen Bereich und den Kultbezirk enthält.

Rechnet man die Abstände der Straßen in die Einheit Schritt um, so ergeben sich Werte von 21* für die Wallstraße und 34* bzw. 55* für die Abstände der Scamna. Durch die von SW nach NO verlaufende Via Principalis und die sie senkrecht kreuzende Via Praetoria wird das Lager in vier Quartiere aufgeteilt. Interessant ist auch die Feststellung, daß die meisten Zugangsstraßen zum Lager unter den schon bekannten Winkeln von 37° oder 27° auf den Lagerwall zulaufen.

Akzeptieren wir dieses Raster der römischen Straßen, so können wir weiter fragen, ob es bloßer Zufall ist, der diese Anordnung schuf, oder ob etwa ein rationales System dieser Anordnung zugrunde liegt.

Um den Aufbau des Tripellagers zu durchschauen, betrachten wir zunächst noch einmal das schon in Figur 5 gezeigte und bei Baubeginn

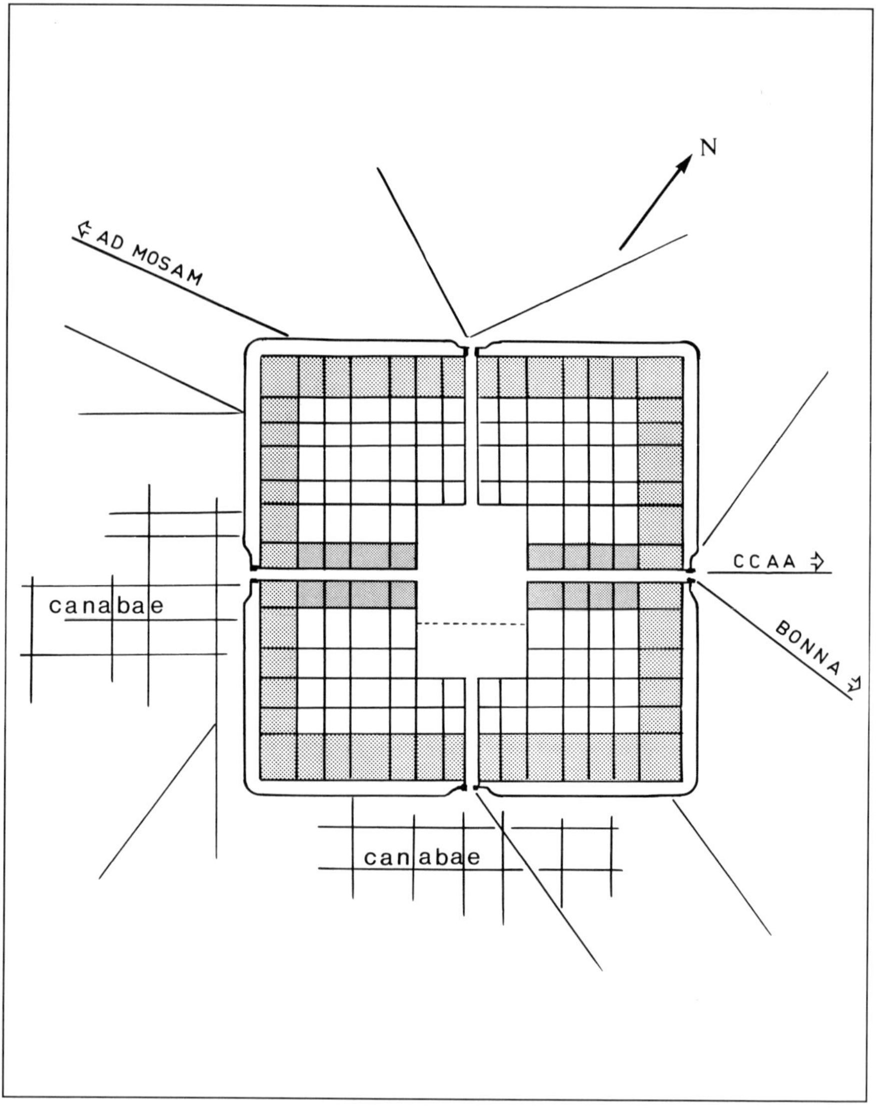

Figur 12
Der Idealgrundriß des Tripellagers wurde mit Hilfe des Göttlichen Schnittes und der Kreisquadratur gewonnen. Vier Quartiere umschließen den Zentralen Bereich mit den Verwaltungsgebäuden und den Thermenanlagen. Wie ein schützender Kranz umgeben die Inseln mit den neunzig Manipelkasernen das Lagerinnere. Die Unterkünfte der Militärtribunen liegen entlang der Via Principalis. Die meisten Zugangswege zum Lager treffen unter Winkeln von 26° oder 37° auf den Wall.

noch vorhandene Winterlager der caesarischen Legio XIV. Es war quadratisch und besaß eine Seitenlänge von 288*. Schlägt man um seinen Mittelpunkt **A** mit der halben Diagonalen als Radius einen Umkreis durch die vier Ecken des Quadrates, so beträgt dessen Umfang 288* x √2 x π = 1280*. Diese geometrische Konstruktion findet sich in der Figur 13 A genauer dargestellt. Verbindet man eine Ecke des Quadrates mit der gegenüberliegenden Seitenmitte, so ist die entstehende Strecke so lang wie ein Viertelkreis, nämlich 322*. Mit dieser Länge als neuer Quadratseite läßt sich daher der Umfang des Umkreises in Gestalt eines Quadratumfangs recht genau wiedergeben. Die Darstellung des Umkreises vom 322*-Quadrat liefert übrigens als Länge 360* für die neue Quadratseite. Wir werden diesen beiden Maßzahlen noch wiederbegegnen.

Die Umfangsquadratur spielte neben dem Göttlichen Schnitt eine wichtige Rolle bei der Festlegung der Lagerstraßen. Die Seiten des Umfangsquadrates (322*) sind um 27° gegen die des caesarischen Lagers (288*) gedreht. Zeichnet man durch die Ecken des Umfangsquadrates Parallelen zu den Seiten des caesarischen Lagers, so erzeugen sie ein neues Quadrat von 3 x 144* = 432* Seitenlänge. Hierein ist das Umfangsquadrat in der Weise einbeschrieben, daß seine Ecken die Seiten des neuen Quadrates im Verhältnis von 2 : 1 teilen, also in Stücke von 288* und 144* Länge. Die Mittelpunkte der beiden neu entstandenen Quadrate fallen im Punkt **B** zusammen.

B ist gleichzeitig die Mitte eines Quartiers des caesarischen Lagers gewesen. Die beiden Punkte **A** und **B** haben eine besondere symbolische Bedeutung für den Aufbau der Anlage. Ich werde noch auf diesen Aspekt zurückkommen.

Das zweite Konstruktionsprinzip ist die Teilung eines Quadrates nach dem Göttlichen Schnitt. Sie wird zweimal ausgeführt. Einmal für das caesarische Lager von 288*, zum zweiten für ein größeres Quadrat mit 466* = 2 x 233* Seitenlänge. Dies entsteht dadurch, daß zu den 432* = 3 x 144* an zwei Seiten noch je ein Scamnum von 34* hinzugenommen wird. Wie man in der Figur 13 B erkennen kann, gehen beide Schnitte ineinander über. Der Grund dafür liegt wiederum in der mathematischen Struktur des Göttlichen Schnittes: Das caesarische Lager hat als Seitenlänge das Maß 2 x 144*, das vergrößerte Tripellager 2 x 233*. Da nun 144 und 233 aufeinander folgende Göttliche Zahlen sind, liefern sie bei einer Teilung natürlich wieder dieselben kleineren Göttlichen Zahlen.

Die Mittelpunkte der beiden Quadrate sind auf der Diagonalen gegeneinander verschoben. Daher kommt es zur Spiegelsymmetrie der Gesamtanlage um die annähernd in Nord-Süd-Richtung verlaufende Diagonale.

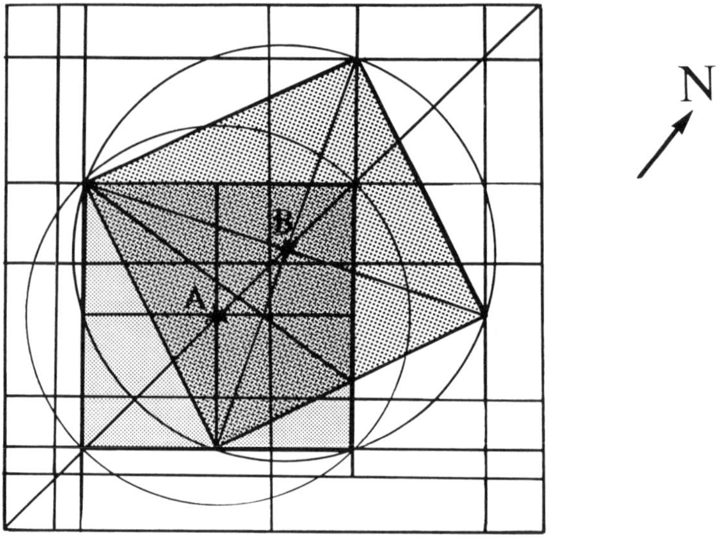

A

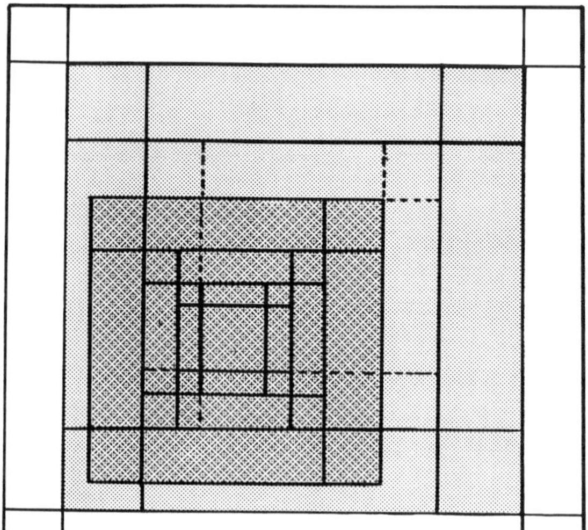

B

Figur 13
Die Umfangsquadratur (A) und die Teilung nach dem Göttlichen Schnitt (B) sind die Grundlage der Planung des Lagergrundrisses in Figur 12. Der Punkt (A) ist die Mitte des caesarischen Lagers von 288 Schritt Seitenlänge. Das zugehörige Umfangsquadrat hat den Ort (B) als Mittelpunkt.

Die Teilung eines Quadrates erfolgt in einfacher Weise mit Hilfe der Göttlichen Zahlen. Teilt man beispielsweise ein Quadrat mit der Seitenlänge 144*, so erhält man als Unterteilung zunächst Strecken mit den Längen 55* und 89*. Fährt man mit der Prozedur fort und unterteilt den Abschnitt von 89*, so ergeben sich Stücke der Längen 34* und 55*, beim nächsten Mal dann 21* und 34*. Wendet man dies auf das Dreilegionenlager an und beginnt bei dessen Nordostseite (die Wallstraße mit Graben und Palisadenmauer hat 21* Breite), so wird der Innenbereich des Lagers von 568* = 610* - (2 x 21*) von der Via Sagularis aus in folgende Scamna geteilt: 55*, 34*, 34*, 55*, 34*. Jetzt ist der Rand des Zentralen Bereiches erreicht, und bei vierzähliger Symmetrie des quadratischen Lagers würde sich nun die Aufteilung wiederholen.

Die Unterteilung des caesarischen Lagers nach dem Göttlichen Schnitt ergibt, wenn man bei seiner Südwestseite beginnt, Scamna der Breiten 55*, 34*, 21*, 34*, (Mitte des caesarischen Lagers) 34*, 21*, 34*, 55*. Bei der Hälfte des vorletzten Scamnums ist die Mitte des Tripellagers erreicht, denn 34* + 21* + 34/2* stellt den Abstand von der Mitte des Caesarlagers zum Mittelpunkt eines seiner Quartiere dar. Die beiden Teilungen schließen somit aneinander an. Dieselbe Unterteilung in Scamna von 21*, 34* und 55* Breite zeigt sich selbstverständlich auch in der Richtung der Via Praetoria.

Insgesamt ergeben sich aus den beiden Aufteilungen für das vergrößerte Lager mit der Gesamtbreite 610* und der Mitte in **B** folgende Scamna:
21* – 55*; 34*; 34*; 55*; 34* – 34*; 21*; 34*; 21*; 34* –
34*; 55*; 34*; 34*; 55* – 21* .

Durch die Striche sind die Unterteilungen des 610*-Quadrates nach dem Göttlichen Schnitt in Strecken von 233* bzw. von 144* kenntlich gemacht (Figur 30 I). Analog gilt dieselbe Aufteilung von Nord nach Süd. Die entstandenen *insulae* haben also die gleichen Abmessungen wie jene in Bonn, Neuss und Vetera I.

In Figur 12 sieht man an dem Idealplan des Tripellagers gemäß der obigen Aufteilung, daß sich außen um das Lagerinnere ein Bereich von 55* Breite wie ein Kranz legt, welcher die Manipelkasernen aufnahm. Dann folgt nach innen hin ein Streifen von 34* Breite. Nach den Untersuchungen in Neuss diente er zur Aufnahme der Kontingente an Hilfstruppen, die in der frühen Kaiserzeit noch im Lagerinneren mit den regulären Truppen zusammen untergebracht waren. Längs den Hauptstraßen, die mit 34* Breite dreimal so ausgedehnt waren wie beim kleineren caesarischen Lager, waren die achtzehn Militärtribunen und die Reiter untergebracht. Vermutlich dienten die Hauptstraßen zusätzlich zu ihrer Funktion als Verkehrswege auch als Exerzierfeld der Legionäre.

Leicht nach Südosten verschoben befinden sich im Zentrum des quadratischen Lagers der Zentrale Bereich und der Kultbezirk. Er hat Abmessungen von insgesamt 144* x 233*. Seine Fläche stellt damit ein Goldenes Rechteck dar.

Es entzieht sich unserer Kenntnis, wie die genaue Nutzung der meisten Straßenblöcke im Lagerbereich gewesen ist. Allerdings können wir vermuten, daß sie nicht wesentlich anders war als in Neuss oder in Vetera. Das Gebiet zwischen den Truppenunterkünften und dem Zentralen Bereich müssen danach jene *insulae* eingenommen haben, auf denen die Speicher, Werkstätten, Vorratslager und auch die schweren Waffen untergebracht waren.

Die meisten Überreste aus römischer Zeit finden sich in Aachen im zentralen Lagerteil. Allerdings stammen die Ruinen aus einem Zeitraum von mehr als fünfhundert Jahren, in dem mehrfach Zerstörungen kaum einen Stein auf dem anderen ließen und sich die Gewohnheiten und damit die Nutzung der Gebäude änderten. Das zu berücksichtigen wird nicht gerade einfach sein.

Bei den erhaltenen Mauerresten aus römischer Zeit lassen sich im wesentlichen fünf unterschiedliche Bauabschnitte unterscheiden, von denen drei zeitlich später als das Agrippa-Lager sind. Sie sollen in diesem Buch durch römische Zahlen gekennzeichnet werden.

Mit der modernen Methode der Dendrochronologie ist es für Archäologen möglich, nicht verrottete Baumstämme nach ihren Wachstumsringen zu datieren. Das hat man auch für verschiedene Holzstücke in Aachen getan. Dabei fand man heraus, daß offenbar in Aachen zu Beginn der Herrschaft des Kaisers Tiberius im Thermenbereich sehr intensiv gebaut worden ist. Das geschah kurz nach der Meuterei der Truppen am Rhein beim Tode des Augustus im Jahre 14 n. Chr. Dann zeigen sich, datierbar durch die Ziegelstempel der bauenden Legionen, erneut starke Bauaktivitäten unter dem flavischen Kaiser Domitian und seinen Nachfolgern Nerva und Trajan gegen Ende des ersten Jahrhunderts. Eine weitere Phase reger Bautätigkeit läßt sich aus stilistischen Gründen auf das Ende des zweiten Jahrhunderts festlegen, als mit Septimius Severus das germanische Heer einen eigenen Kaiser ausrief. Er beendete die Reihe der Adoptivkaiser auf dem Caesarenthron. Alle genannten Zeiträume mit großer Bauaktivität in Aachen haben gemeinsam, daß kurz vorher das germanische Heer gemeutert oder geputscht hatte. Es liegt daher nahe zu vermuten, daß die Truppen nach der Niederschlagung der Revolten als Beschäftigungstherapie zu

Baumaßnahmen abgeordnet wurden. Gleichzeitig kam die Führung dem Wunsch der Soldaten nach Diensterleichterung nach, indem sie in Aachen das Legionsbad ausbauen ließ.

Die Phase I betrifft Bauten aus dem Winterlager der XIV. Legion, sofern sie noch erkennbar sind. Mit II sollen die Konstruktionen des Agrippa-Lagers bezeichnet werden, mit III jene Bauten, die unter Tiberius nach dem Tode des Augustus errichtet wurden. Nach dem Bataveraufstand der Jahre 69/70 n. Chr. wurden in flavischer Zeit die Thermen in Phase IV erneuert. In Phase V unter Septimius Severus erbaute man im Zentralen Bereich einen großen Platz mit umlaufender Säulenhalle und einen neuen Apollotempel. In eine eigene Gruppe VI gehören möglicherweise geringe Überreste von Bauwerken, die nach den ersten Einfällen der germanischen Franken um 260 n. Chr. errichtet worden sein können.

Vom ehemaligen Winterlager lag nur die nordöstliche Hälfte des Zentralen Bezirkes I mit dem Hauptheiligtum für Iupiter, Iuno und Minerva zusammen mit einer Verehrungsstätte für die örtlichen Quellnymphen auf dem Gelände, das der Zentralbereich im Agrippa-Lager später einnahm. Er erstreckte sich im wesentlichen nur über die Fläche des späteren oktogonalen Zentralbaues der karolingischen Pfalzkapelle. Bei den Grabungen zu Beginn des Jahrhunderts erkannte man bald, daß sich dort eine ausgedehnte Thermenanlage befunden hatte. Von ihr waren allerdings nur wenige Mauern stehen geblieben, als die tiefreichenden Fundamente für das Oktogon gegründet wurden. In Figur 14 sind jene Mauern im Grundriß hervorgehoben, welche die beiden Punkte **H** und **F** umschließen. Sie befinden sich beide im Raster eines Quadrates mit 34* Seitenlänge. Die Fluchten der Mauern ergeben Abstände von 2*, 3*, 5* und 8*. Der Platz von **F** liegt exakt dort, wo sich die beiden Geraden schneiden, die ein 34*-Quadrat nach dem Göttlichen Schnitt unterteilen. Somit beträgt der Abstand zum Rand des Quadrates 13* beziehungsweise 21*. Da sich **H** auf einem äquivalenten Schnittpunkt beim 89*-Quadrat des Zentralen Bezirkes I befindet, beträgt dadurch der Abstand zu **F** gerade 21/2 *. Ergänzt man die Mauerreste wie in Figur 14, so erkennt man, daß **F** in der Mitte einer Apsis liegt, die an einen quadratischen Bau von 8* x 8* Abmessungen angebaut war. In seinem Zentrum gab es eine ebenfalls quadratische Cella, wie sie für gallo-römische Umgangstempel in späterer Zeit üblich war und sich auch bei anderen Tempeln in Aachen findet.

Die Wände des Umgangstempels waren grün, schwarz und ockerfarben ausgemalt. Farbige Überreste des Wandputzes konnten bei den Ausgrabungen noch geborgen werden. Vor der Wand der Apsis werden die Statuen der drei obersten römischen Götter gestanden haben. Auf einem davor

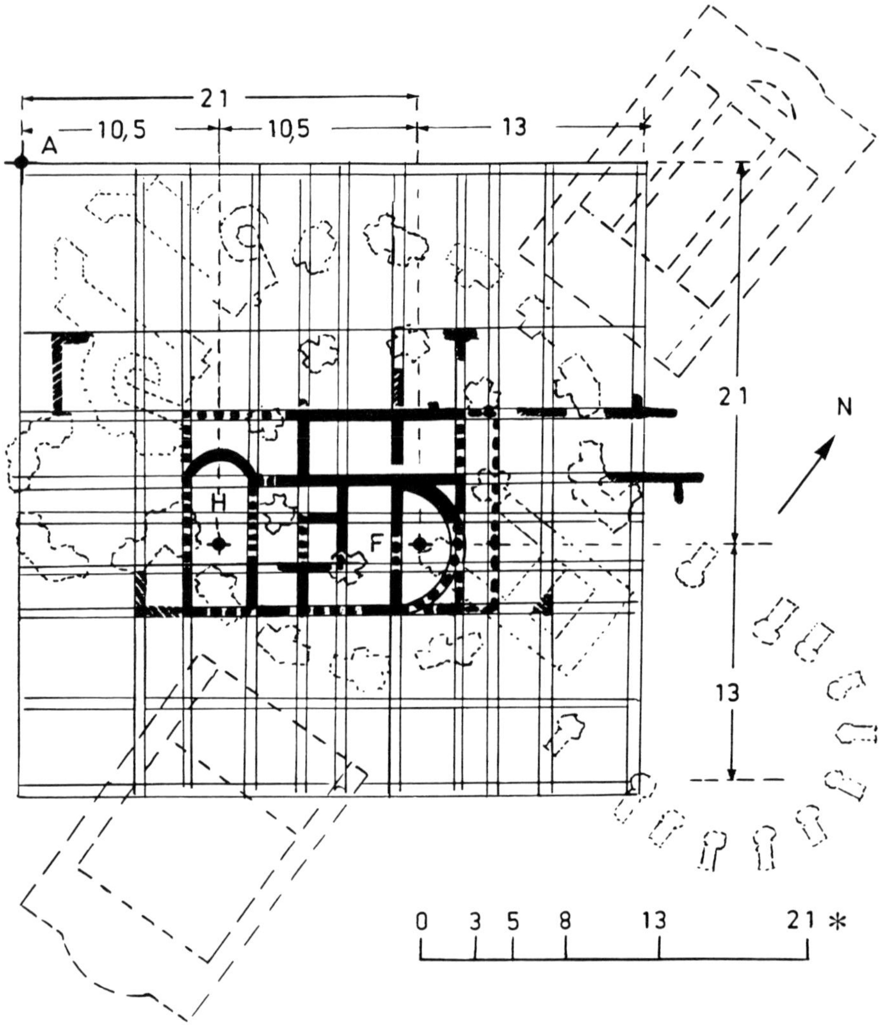

Figur 14
Das Raster der Münstertherme leitet sich von der Teilung eines 34 mal 34 Schritt großen Quadrates aus dem Zentralen Bereich des caesarischen Lagers her. Dessen Mitte (A) diente gleichzeitig als Ausgangspunkt bei der Vermessung des Geländes. Der Punkt (H) kennzeichnet als Mitte eines Wasserbeckens ein Nymphäum, bei (F) stand der Altar der kapitolinischen Trias. Alle Punkte besitzen besondere Bedeutung aufgrund des Göttlichen Schnittes.

befindlichen Altar haben die Priester ihren Göttern Opfer dargebracht. Die zentrale Cella nahm die Aufgabe einer Sakristei wahr. Die Heiligkeit dieses Ortes hat sich über die Jahrtausende erhalten, denn noch heute steht dort an ungefähr der gleichen Stelle der Marienaltar des Domes.

Der ausgezeichnete Punkt **H** ist identisch mit der Mitte eines Wasserbeckens. Sein Boden war mit 1' x 1' großen Tonplatten ausgelegt. Dieses Maß weist auf die frühe Errichtung der Anlage hin, da sich in den späteren Bauphasen die Elle meist als Baumaß findet. Aus den Grabungsberichten läßt sich zudem entnehmen, daß ein Teil der benutzten Ziegel als Stempel Halbmonde und Rauten zeigte statt der später üblichen Legionsstempel. Auch dieser Umstand weist auf eine frühe Bauphase hin.

Zum ersten Mal stoßen wir an dieser Stelle übrigens auch auf den Befund, daß die Mitte eines Wasserbeckens als ausgezeichnete Stelle im Plan des Göttlichen Schnittes die Anwesenheit der örtlichen Schutzgeister symbolisch darstellt.

Als das caesarische Winterlager unter Agrippa zum Tripellager umgebaut wurde, blieb der geweihte Ort unter dem Oktogon zwar erhalten, jedoch verlor er wohl seine Bedeutung als Zentrales Heiligtum des neuen Lagers. An seine Stelle trat ein Tempel zu Ehren des Gottes Apollo.

Bevor ich näher auf den Aufbau und die Struktur des Zentralen Bereiches II im Agrippa-Lager eingehe, will ich zunächst einen Rekonstruktionsversuch des Forums des Tripellagers (*principia*) vorstellen, wie er sich in Analogie zu Neuss und Vetera I ergibt. Die Hauptgebäude enthalten nämlich einige ausgezeichnete Stellen, die sich innerhalb des Zentralen Bezirkes nachweisen lassen.

Bei ansonsten sehr ähnlichem Aufbau mußte das Zentralgebäude von Aachen mehr Räume für die Feldzeichen besitzen als Vetera I, da deren Zahl hier eineinhalbmal so groß war wie für zwei Legionen dort. Wegen der besonderen kultischen Vorgaben – **Caesar war in die Reihen der Götter aufgenommen worden, Octavian hatte nun als sein Adoptivsohn ebenfalls göttlichen Rang**, vom Winterlager her **gab es schon einen geweihten Altar** – können wir andererseits in Aachen spezifische Abweichungen von den anderen Principia erwarten.

Wegen der besonderen Randbedingungen durch das ehemalige caesarische Lager sollte die neue Anlage zwei ausgezeichnete Punkte, **B** als **Mittelpunkt des Umfangsquadrates** und den Punkt **C** als **Platz für eine Statue des Octavian** innerhalb des Hauptgebäudes enthalten. Beide Stellen müssen mit dem **Göttlichen Schnitt** und der **Kreisquadratur** verknüpft sein und so die **Vergöttlichung** der beiden Herrscher zeigen. Darüber hinaus sollten sich beide Standorte in je einer eigenen Halle (*basilica*) befinden. Ihr gegenseitiger Abstand muß dann zwangsläufig ein Maß aus den Göttlichen Zahlen betragen, also 55* oder 34* wegen der vorgegebenen Größe des Hauptgebäudes. Nach den vorhergehenden Überlegungen müssen die gesamten Abmessungen der Principia rund 89* x 76* betragen haben. Das Zentralgebäude muß einen Innenhof (*forum*) von 34* x 34* aufweisen. Selbstverständlich müssen zusätzlich **alle** Maße aus dem Kanon der Göttlichen Zahlen stammen. Die Figur 15 zeigt einen Vorschlag des Autors, der die genannten Erfordernisse erfüllt.

Die äußeren Abmessungen sind 76* = 21* + 34* + 21* in der Breite und 89* in der Länge. Da sich das Gebäude auf der Symmetrieachse des Zentralen Bereiches II von 144* Breite befindet, bleiben an beiden Seiten Scamna von 34* übrig, auf denen jeweils ein Gebäude für einen Legaten errichtet war. Der Straßenblock für den dritten Legaten lag gegenüber auf der anderen Seite der Via Principalis. Das Maß von 76* ist mit der Umfangsquadratur des zentral gelegenen Forums von 34* x 34* Abmessung verknüpft: Die Länge seines Umkreises $\sqrt{2} \times \pi \times 34^*$ wird nämlich durch die Gesamtbreite von 2 x 76* wiedergegeben.

Der Punkt **B** markiert als Zentrum des Umfangsquadrates des caesarischen Lagers die Mitte des Agrippa-Lagers.

Er befindet sich im nach Süden gewandten Vorderteil zur Via Principalis hin im Zentrum einer Basilika. Sein Gegenstück, der Punkt **C**, liegt im rückwärtigen Bereich nach Norden. Der Abstand **BC** beträgt 55*. Wie ich noch begründen werde, gibt es guten Grund anzunehmen, daß sich am Ort **B** eine Statue Caesars, an der Stelle **C** jedoch ein Standbild des Octavian befanden.

Die Kammern zur Aufbewahrung der Feldzeichen haben die gleichen Abmessungen wie in Bonn und Vetera I, ihre Anzahl ist jedoch dreimal so groß wie in Neuss und doppelt so groß wie in Xanten. Zusätzlich bleibt genügend Nutzfläche übrig, um die Räume für die Stabsoffiziere und die Verwaltung aufnehmen zu können. In Analogie zu anderen Hauptgebäuden dürfen wir annehmen, daß sich an den Außenseiten der seitlichen Flügelbauten kleine Wohnungen für die verdienten Veteranen der Legionen befunden haben.

Die Principia von Aachen begannen im Norden direkt am Rande des Zentralen Bereiches. Die Entfernung vom Lagerwall betrug daher 233* und 377*. Der Punkt **B** selber hatte mit 305* Abstand nach allen vier Seiten des Lagers die Koordinaten der Quadratmitte. Bis zur Vorderseite der Principia an der Via Principalis vergrößert sich die Entfernung zum Lagerrand auf 322*. Das ist die Länge der Umfangsquadratur des Caesarlagers. **B** liegt darüber hinaus genau in der Mitte zwischen dem Punkt **A** und der Rückseite der Principia. Auf diese Weise beträgt der Abstand von **A** zu den Lagerwällen 233* und 377*, so daß der Punkt das Agrippa-Lager wieder im Verhältnis **g** des Göttlichen Schnittes unterteilt. Die symbolische Bedeutung der Punkte **A** und **B** blieb, wie wir noch sehen werden, bis in karolingische Zeit erhalten.

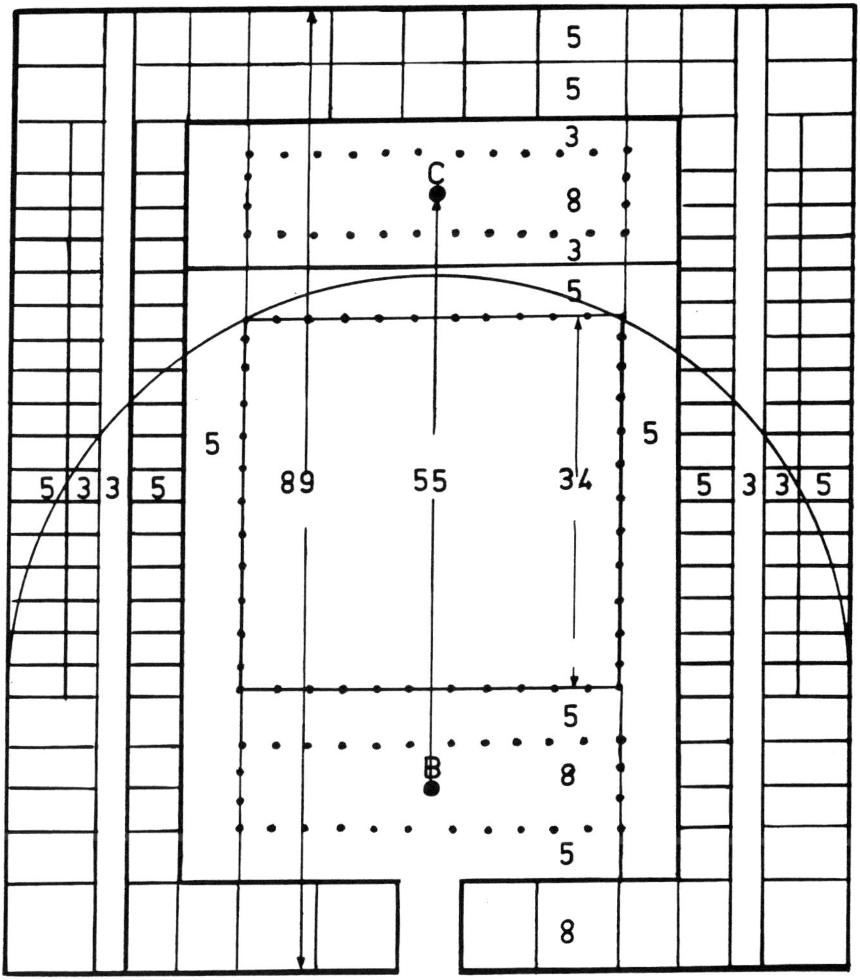

Figur 15
Ein Grundriß für das Hauptgebäude des Tripellagers. Er wurde nach dem Göttlichen Schnitt entworfen und um den Faktor g gegenüber Vetera vergrößert. Wegen der Symbolik im Zusammenhang mit der Vergöttlichung von Iulius Caesar enthält es zwei Basiliken für die Statuen von Caesar (B) und von Octavian (C).

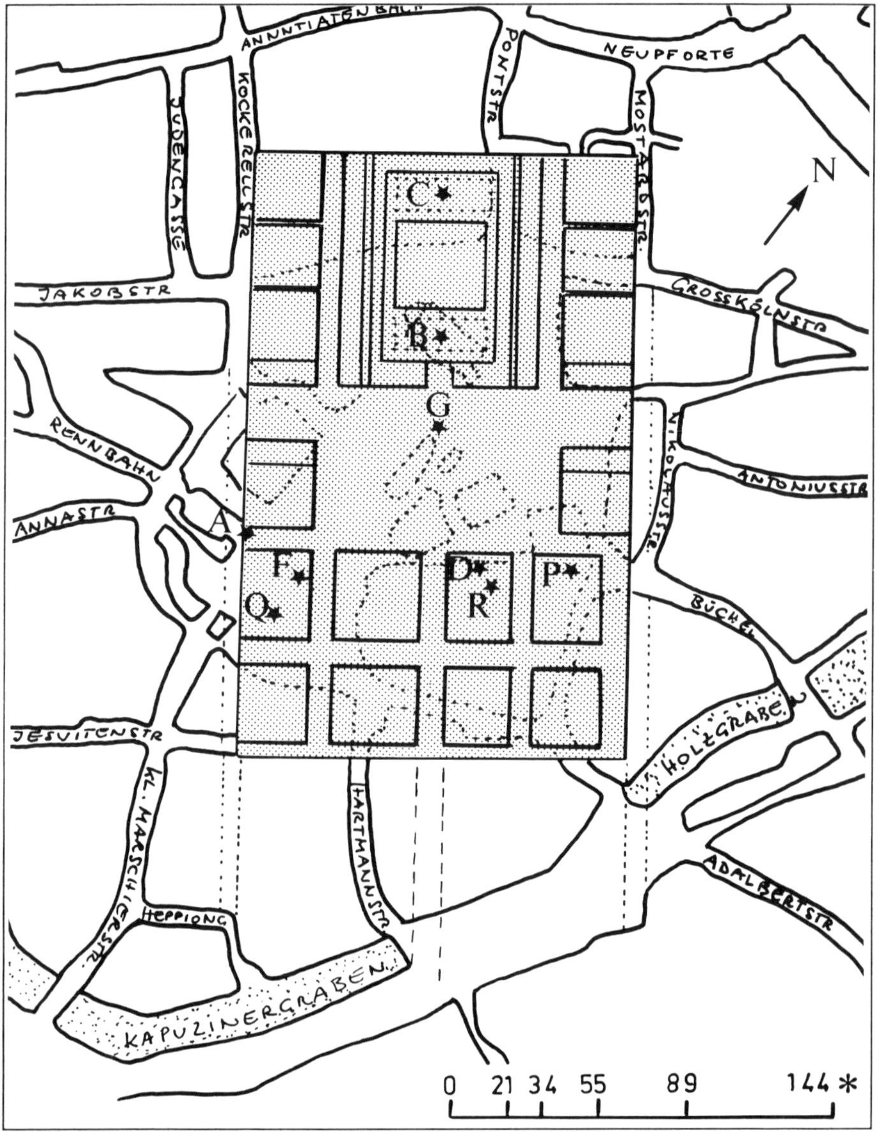

Figur 16
Die Aufteilung und die Struktur des Zentralen Bereiches. Man erkennt deutlich, welche Straßenzüge römischen Ursprungs sind. Die Errichtung der karolingischen Palastanlage hat stark in das römische Straßenraster eingegriffen.

Spurensuche

Bevor ich nun nachweise, daß der Aufbau und die ehemalige Existenz des Tripellagers mehr als bloße Spekulation sind, wollen wir uns in Figur 16 schon einmal einen Überblick über das Lagerzentrum im Gebiet des Markthügels verschaffen, wie er sich aus der Analyse der materiellen Überreste ergibt.

Der Zentralbereich erstreckt sich vom **Augustinergang** im Norden bis zur **Jesuitenstraße** im Süden und von der **Kockerellstraße** im Westen bis zur **Mostardstraße** im Osten. Von Südosten verläuft die heute nach Westen abbiegende Hartmannstraße als Hauptstraße (*Via Cardinis*) durch die Mitte des Forums auf den Eingang des Hauptgebäudes zu. Noch im Hochmittelalter bewahrte sie mit der Bezeichnung *Pons Hardinis* für das untere Ende der Straße eine Erinnerung an ihre ehemalige Funktion im Agrippa-Lager.

Die Figur 17 gibt die Details und die Abmessungen des Zentralbereiches in der Maßeinheit „Schritt" wieder. Die äußeren Abmessungen sind 233* x 144*. Sie werden durch die Länge der Principia von 89* und die Lage von **A** mit 144* bis zum Bereichsrand im Verhältnis des Göttlichen Schnittes unterteilt.

Das Areal besteht zunächst aus einem quadratischen Teil im Norden mit den Maßen 144* x 144*. Dieser Bereich ist das zentrale Quadrat, das sich bei der Aufteilung eines 610*-Quadrates nach dem Göttlichen Schnitt ergibt. Hier sind die Principia und die anderen Verwaltungsgebäude als Ausdruck der weltlichen Macht angesiedelt. Sodann schließt sich nach Südosten hin an das Quadrat ein Goldenes Rechteck mit den Maßen 144* x 89* an, das den Kultbezirk aufnahm. Dort befanden sich die Thermenbauten und die Tempel des Agrippa-Lagers. Im nördlichen Teil mit den Verwaltungsgebäuden lag auch ein großes, unbebautes Forumsgelände beim Punkt **G**. Durch die topografische Situation des Markthügels erinnerte es die Soldaten offenbar an die Gestalt des Schildbuckels (*buccula*) auf ihren Schilden. Aus dieser Bezeichnung entstand dann durch Lautverschiebung später die Ortsbezeichnung **Büchel**.

An der Stelle **G** im Plan, den Abstand zwischen **A** und **B** im richtigen Verhältnis **g** unterteilend, hat es wohl eine Rednertribüne (*rostra*) gegeben. Von ihr aus konnten sich die Kommandeure bei wichtigem Anlaß an ihre Truppen wenden. Wir wissen von Tacitus, daß es solche Einrichtungen in jedem Lager gab. Das Quästorium und weitere Verwaltungsgebäude haben sich wahrscheinlich in den Scamna neben den Principia befunden.

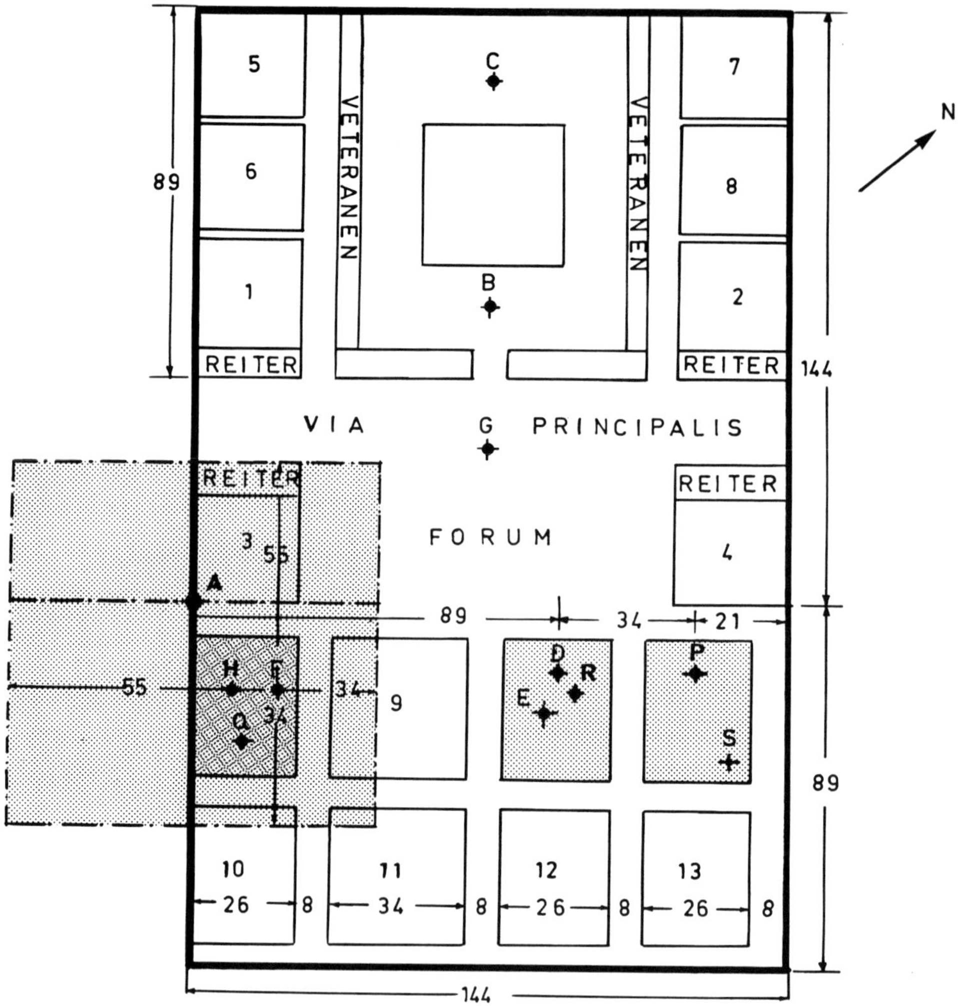

Figur 17
Der Zentrale Bereich ist zweigeteilt. Der quadratische, höher gelegene Teil enthält auf 144 mal 144 Schritt Fläche die Hauptgebäude des Lagers. Auf den Inseln 1 bis 4 waren die drei Legaten und der Lagerpräfekt untergebracht. Im Süden schließt sich ein Kultbezirk mit den Maßen 144 mal 89 Schritt an, in dem sich drei Thermenanlagen und mehrere Tempel befanden. Auf den Inseln 9 bis 13 gab es Lazarette für drei Legionen und Sportanlagen. Die Quellen bei (P) und (R) lieferten das heiße Thermalwasser.

Da die Bauten des Agrippa-Lagers überwiegend in Holzbauweise ausgeführt waren, können wir natürlich nur hoffen, daß sich vorzugsweise im Kultbereich mit den steinernen Badeanlagen der Thermen noch heute Nachweise für die Existenz des Tripellagers auffinden lassen. Auch das scheint zunächst ein ziemlich hoffnungsloses Unterfangen zu sein, da die dortigen Überreste eher von spärlicher Natur sind. Um aus ihnen ein Bild der ursprünglichen Anlage zu gewinnen, müßte man schon großes Glück haben. Dieser Fall läge dann vor, wenn tatsächlich alle Einzelheiten des Lagers nach dem Göttlichen Schnitt konstruiert worden wären. Das würde dann nämlich ermöglichen, wegen der mathematischen Struktur des Schnittes, ein Gesamtbild aus wenigen Teilstücken zu rekonstruieren.

Der Kultbereich im Süden hat die Abmessungen 144* x 89* und erstreckt sich von SW nach NO auf dem Gelände zwischen Dom und **Jesuitenstraße**, sowie andererseits dem **Büchel**.

Er ist in acht Insulae aufgeteilt, von denen sechs Maße von (13*+13*) x 34*, die beiden anderen von 34* x 34* besitzen. Zwischen ihnen verlaufen Straßen von 8* beziehungsweise 5* Breite. Drei der am Oberteil des Markthügels gelegenen Straßenblöcke weisen die Überreste von Thermenanlagen auf. Sie beginnen im Westen mit der **Münstertherme**, dann folgt die **Thermenanlage am Hof**, die im SO an die **Bücheltherme** heranreicht. Zwischen Münster- und Hoftherme liegt ein größerer Block, auf dem sich wohl eine Art Sportplatz (*palaestra*) befand. Auf den Inseln 10, 12 und 13 standen wahrscheinlich Lazarette, ein eigenes für jede Legion. Die Zahl von drei Anlagen spiegelt die Tatsache wider, daß offenbar jede Legion im Tripellager über einen eigenen Badebezirk verfügte.

In der Figur 17 ist zu sehen, daß zu jeder der gepunkteten Insulae mit der Kaiserquelle **P**, der Quirinusquelle **R** und dem Becken **Q** eine Thermenanlage mit eigener Quelle gehört hat. Die der Münstertherme zugeordnete Quelle **Q** liegt in der Rundung eines großen Warmwasserbeckens. Sie ist nicht identisch mit dem Kaltwasserbecken **H** des Lagers I, sondern wurde mit Thermalwasser aus der Quirinusquelle gespeist.

Die Ruinen unter dem Dom zeigen deutlich, daß mit dem Agrippa-Lager ein Umbau der Münstertherme einherging. Dort gab es aber nach der Fertigstellung weiterhin mit unverändertem Grundriß den Tempel **F** der kapitolinischen Trias. Für die Gesamtheit der Thermenanlagen wurde dagegen am Punkt **D** ein neuer Tempel erbaut, der fast dieselben Abmessungen wie der alte Bau **F** aufweist. Die Untersuchung der gegenseitigen Abstände zeigt wiederum das Wirken des Göttlichen Schnittes.

Die Anordnung der Tempel und Quellfassungen innerhalb des Zentralen Bereiches II scheint zunächst eher zufällig zu sein. Eine genauere Analyse enthüllt aber bald, welcher tiefere Sinn dahintersteht. Um das zu erkennen, ist es zweckmäßig, sich die Koordinaten, das heißt die Entfernungen untereinander und relativ zu den anderen Punkten, klarzumachen. Der Abstand **AD** mit 89* und die Entfernung von **D** zum Rand des Heiligen Bezirkes mit 55* gibt das Verhältnis **g** des Göttlichen Schnittes wieder. Das gilt auch für das Verhältnis von Abstand **DP** und Entfernung bis zum Rand des Heiligen Bezirkes. Es beträgt 34* : 21*. Der Punkt **D** teilt also in gleicher Weise die Breite, wie das der Punkt **A** mit der Länge des Zentralen Bereiches II tut. Der Ort **B** unterteilt mit Abständen von 55* bis **C** und 89* bis **D** den Abstand **DC** ebenfalls im Verhältnis von **g**. Mit 288* vom Südostrand und 322* zum Nordwestrand des Lagers hat **D** gerade die Maße, die sich aus der Umfangsquadratur des caesarischen Lagers von 288* ergeben. Zusätzlich beträgt die Entfernung von **P** zum Lagerrand 360*. Dieses Maß stammt aus der Kreisquadratur eines Quadrates von 322*. Der Umkreis dieses Quadrates beträgt nämlich genau viermal 360*.

Augenscheinlich hat der Planung eine zweifache Umfangsquadratur zugrunde gelegen. Diese Tatsache erklärt dann nämlich auch in einfacher Weise die Drehung der Lagerachsen um einen Winkel von 37° beziehungsweise 53° gegen die Nord-Süd-Richtung. Eine zweifache Durchführung der Kreisquadratur mit Dreiecken des Göttlichen Schnittes führt zu einer Drehung der Hypothenusen um den Winkel 2 ß = 2 x 26,6° = 53,2°. Die Winkel zwischen der Hypothenuse in Nord-Süd-Richtung und den Lagerstraßen betragen damit natürlich 53,2° und (90° - 53,2°) = 36,8°. Dieselbe Drehung der Achsen erhält man auch bei der Verwendung eines pythagoreischen Dreiecks mit Seitenlängen von 3, 4 und 5 Einheiten.

Der Abstand **FR** beträgt 72*. Genauso groß sind die Entfernungen von **B** zum Rand des Zentralen Bereiches II und die von **A** zur Symmetrieachse des Lagers. Schließlich mißt man zwischen **Q** und **P** einen Abstand von 2 x 55*.

Wie man sieht, sind die Punkte **A, B, C, D, F, G, P, Q** und **R** bewußt festgelegt worden, als das Tripellager in Aachen nach dem Göttlichen Schnitt geplant wurde.

Dem Punkt **A** im caesarischen Lager wurde eindeutig der Ort **B** zugeordnet. Die Kreisquadratur als Symbol der Verbindung von **Rational = Menschlich** und **Irrational = Göttlich** kann eigentlich nur auf den gerade vergöttlichten Caesar bezogen sein. Ich folgere daraus, daß bei **B** der Ort lag, an dem zu Ehren von Gaius Iulius Caesar sein Standbild als Zeichen der erfolgten Erhebung zum Gott aufgestellt wurde.

Als Gegenstück zu **B** ist der Ort **C** mit den Maßen des Göttlichen Schnittes ausgezeichnet. Er liegt an der Stelle, an der sich in den anderen Principia die Büste der Feldherren und Kaiser befanden. Daher ist es plausibel, hier im Aachener Lager das Standbild des Octavian zu vermuten. Als Adoptivsohn des göttlichen Caesar war er ebenfalls von göttlichem Rang und sah sich wohl gleichzeitig bereits als weltlicher Alleinherrscher. Für ihn als Oberbefehlshaber und Imperator ließ Agrippa das Tripellager gleichsam als sichtbares politisches Programm erbauen.

Da die Anlage der Tempel im Bereich der Münstertherme als wichtiger heiliger Ort erhalten blieb, läßt das vermuten, daß diese Stelle weiterhin der Göttlichen Trias als Heiligtum diente. Der Tempel **D** muß dann das Hauptheiligtum des Heilgottes Apollo gewesen sein.

Wir wissen aus den Werken des Horaz und aus den Versen Vergils, daß die Förderung des Apollokultes ein Hauptanliegen von Augustus war. Das höchste Lob für den Herrscher bestand darin, ihn einen **Diener des Apoll** zu nennen. So rief man denn auch Apollo an, den Lieblingsgott des neuen augusteischen Humanismus und Schirmherren der Erleuchtung und des Friedens, wenn man die Bitte um all die Gaben für Rom und sein Volk zum Ausdruck bringen wollte, die Augustus erstrebte.

Die Quellfassungen **H, P, Q** und **R** dagegen dürften den Quellnymphen als örtlichen Schutzgeistern (*genii loci*) geweiht gewesen sein.

Die im Plan durch den Punkt **E** angedeutete Tempelanlage gehört zur Phase V, als der Heilige Bezirk im Gefolge der Wirren des Fünfkaiserjahres 192 n. Chr. umgebaut wurde. Im SO des Kultbereiches wurde damals auf dem Gelände der ehemaligen Hoftherme im Zentrum eines von einer Säulenhalle (*porticus*) umrahmten Platzes der Tempel **E** wahrscheinlich wieder zu Ehren Apolls als Neubau errichtet. Ich werde noch darauf zurückkommen.

Thermenbauten

Die Struktur des Kultbereiches war durch den Göttlichen Schnitt, seine topografische Lage aber durch den Verlauf der Thermalquellen im Gelände vorgegeben. Die Quellvorbrüche beginnen am unteren Ende der **Rosstraße**, von wo sie sich über den **Büchel** bis zur **Komphausbadstraße** erstrecken. Die einzelnen Quellen sind nicht miteinander in der Art von kommunizierenden Röhren verbunden. Deshalb haben die Thermalwässer unterschiedliche Temperaturen. Mit der höchsten Temperatur von etwa 60 °C tritt das Wasser von Kaiserbad- und Quirinusquelle aus dem Boden aus.

Als erste Baumaßnahme wurde in den Quellbereichen auf dem gewachsenen Fels eine wasserführende Schicht aus grobem Steinsplit aufgebracht. Es handelte sich dabei um das Abfallprodukt, das bei der Gewinnung von Steinquadern im Bäderbereich anfiel. Als Folge davon sind die alten Mauern auch aus örtlichem Kalkmergel und aus Blaustein (Kohlekalkstein) erbaut, der als Felsen im Thermenbereich an die Oberfläche trat. Diese Schotterschicht wurde dann mit Ästen, Reisig und Moos abgedeckt. Als Abdichtung brachte man sodann eine zwei Fuß dicke, graugrüne Tonschicht auf. So ließ sich eine Verschmutzung des Wassers verhindern und die Schüttmenge der genutzten Quellen vergrößern. Nur an den durch die Planung vorbestimmten Stellen erbaute man Quellfassungen. Durch den Verlauf der Höhenlinien im Gelände läßt sich vermuten, daß die Quirinusquelle **R** mit einer Hebevorrichtung versehen gewesen sein muß. In Form einer Wasserschnecke, wie sie Vitruv beschreibt, hob sie das Thermalwasser in einen Vorratsbehälter hoch. Von dort wurde es dann durch Bleileitungen bis zur Münstertherme geführt und in das neu angelegte Warmwasserbecken **Q** geleitet. Sowohl die Bleileitungen als auch die Fundamente des Quellhauses wurden bei den Grabungen am Hof entdeckt. Neben großen Bewegungsbecken gab es schon damals zusätzliche Einzelwannen, die sich bei der Hof- und der Bücheltherme erhalten haben.

Das natürlicherweise vorgegebene Niveau des Thermalwassers bedingte, daß die vorhandenen Becken bei Umbauten weiter benutzt oder bis auf den Grund abgetragen werden mußten, um Platz für Neubauten zu schaffen. Bei Weiterverwendung kleidete man sie mit einer neuen, wasserfesten Putzschicht aus. Dieses damalige Vorgehen reduziert leider die Menge der noch vorhandenen Ruinen im Thermenbereich.

Bedingt durch die Zerstörungen und die durchgeführten Neubaumaßnahmen nach dem letzten Weltkrieg verfügen wir besonders im Bereich der Bücheltherme durch Ausgrabungen über genauere Kenntnisse. Das Wissen von der Münstertherme geht dagegen auf den Anfang des Jahrhunderts zurück. Von den Details der Hoftherme ist relativ wenig bekannt, weil sie schon im Mittelalter überbaut wurde.

Die Figur 18 zeigt den Verlauf der römischen Mauerreste im Bereich des Domes. Neben dem schon besprochenen Tempel **F** und dem Kaltwasserbecken **H** des Nymphäums erkennt man das große, mit einer Rundung abgeschlossene Warmwasserbecken **Q**. Es hat Außenmaße von 13* x 8*. Das eigentliche Wasserbecken wird durch einen Umgang auf 8* x 5* reduziert, wenn man dabei die Rundung nicht berücksichtigt. Neben ihm liegt ein Kaltwasserbecken von 8* x 5* Außenmaß. In beide Becken führen vier Stufen hinab. An das Kaltwasserbecken schließt sich ein kreisförmiges Becken mit 5* Durchmesser an, welches möglicherweise das

Heißwasserbecken (*sudatorium*) gewesen ist. Hohlziegel in den Wänden der Becken sorgten für eine Isolierung, um das Wasser warm zu halten. Ohne hier in Einzelheiten zu gehen – die Mauern sind schließlich nur noch in Bruchstücken erhalten geblieben –, läßt sich feststellen, daß der Planung ein Raster mit Göttlichen Zahlen zugrunde lag. Bedeutsamer aber ist die Tatsache, daß dieses Raster mit seiner Aufteilung nicht die Fortsetzung der Planung aus Phase I ist, sondern nur an diese anschließt. Daraus kann man entnehmen, daß auf dem Gelände der Kultinsel aus dem Bereich I eine Erweiterung vorgenommen wurde, als das Tripellager errichtet wurde. Auf das hohe Alter der Münstertherme in diesem Teil weisen auch wieder die Ziegelstempel mit Halbmonden und Rauten hin und auch die Tatsache, daß das Warmwasserbecken durchgehend eine zweite Schicht von wasserfestem Putz auf einer darunterliegenden dicken Sinterschicht aus Abscheidungen des Thermalwassers trägt. Das Becken muß daher sehr lange benutzt worden sein.

An dieser Stelle soll noch auf einen weiteren Punkt hingewiesen werden. Wie man in der Figur 18 erkennen kann, gibt es an der Westecke des Thermenbereiches zwei Punkte **A** und **A'**. Der zweite ist identisch mit der Mitte des caesarischen Lagers I, während **A** um genau zweieinhalb Schritte jeweils in Richtung des Randes der Lagerstraßen verschoben ist. Das hatte folgenden Grund: Bei der Neuplanung des Agrippa-Lagers blieben Tempel und Nymphäum des Lagers I bestehen. Der Punkt **H** hätte deshalb bei Beibehaltung von **A'** als Ausgangspunkt der Rasterfestlegung mit 10,5* Abstand kein gutes Maß des Göttlichen Schnittes besessen. Durch die Verschiebung ergab sich nun aber mit 10,5* - 2,5* = 8* wieder eine gute Zahl.

Für die Vermessung des Agrippa-Lagers II wurden die Maße von **A** aus festgelegt. Als gegen Ende des zweiten Jahrhunderts der Kultbereich während der Phase V neu geplant wurde, ging man wieder von **A** als Ausgangspunkt aus. Durch Trümmerschutt war allerdings die Topografie des Geländes verändert, oder es gab einen Fehler bei der Vermessung. Jedenfalls waren die neuen Fluchtlinien nun gegenüber dem Agrippa-Lager um knapp 4° auf 41° gegen die NS-Richtung gedreht (gepunktete Mauerreste in Figur 18). Zu diesem Zeitpunkt war der Tempel **F'** offenbar in einem schlechten Zustand, der einen Neubau erforderlich machte. Da der neue Punkt **F** aber wieder an der Ecke eines 21*-Quadrates liegen sollte, ergab sich durch die Verschiebung von **A'** nach **A** und durch die Drehung der Achsen insgesamt eine Verschiebung von 2,5* + 1,5* = 4* an die Stelle **F** am Ort des heutigen Marienaltares. Nun wurden die Mauern der alten Tempelapsis abgebrochen und vier Schritt weiter eine neue Apsis gebaut.

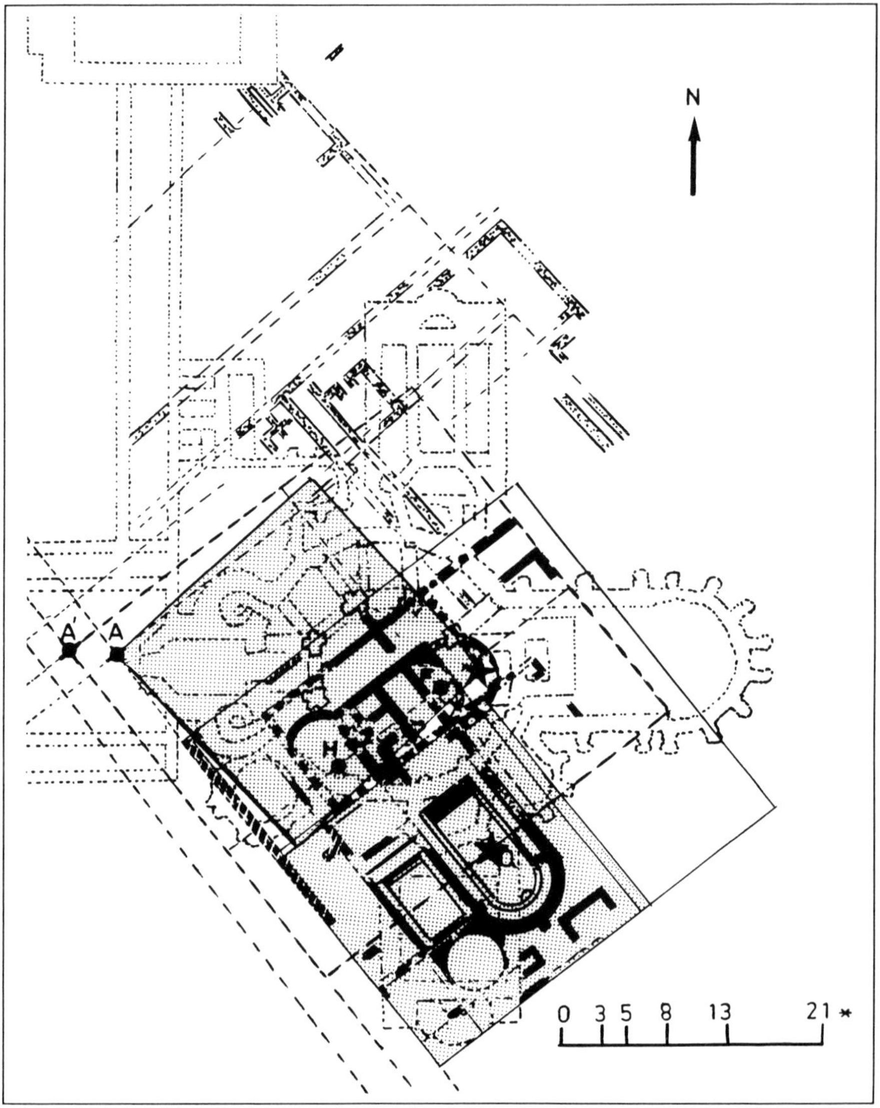

Figur 18
Die Ruinen der Münstertherme lassen verschiedene Bauabschnitte erkennen, die in unterschiedliche Raster gehören. Die Bauten des caesarischen Lagers (schwarz) wurden in Phase II erneuert (schraffiert). Dabei wurde der Ausgangspunkt der Vermessung von (A') nach (A) verlegt. Der Leser vergleiche hierzu den Text. Während der Baustufe V wurde das Raster am festen Punkt (A) um rund 3,5° verdreht. Dadurch wurde auch der Platz des Altares (F') um etwa vier Schritt nach (F) verschoben.

In der Spätantike trat der christliche Kult an die Stelle der Verehrung der heidnischen römischen Gottheiten, und ein christlicher Altar ersetzte nach einer Neuweihung den Vorgänger. Der Leser vergleiche hierzu auch die Figur 28 im Anhang.

Die Thermenanlage am **Büchel** wurde ebenfalls auf einem Areal von 26* x 34* errichtet. Auch hier erkennt man zwei Bauphasen, die sich verschiedenen Epochen zuordnen lassen. Die Figur 19 zeigt einen Gesamtüberblick mit dem punktierten älteren Teil und dem schwarzen, teilweise ergänzten, jüngeren Thermenbau mit dem Becken **S**. Nach Westen schließt die Säulenhalle aus Phase V an. Im NW der Anlage liegt das Quellhaus der Kaiserbadquelle **P**.

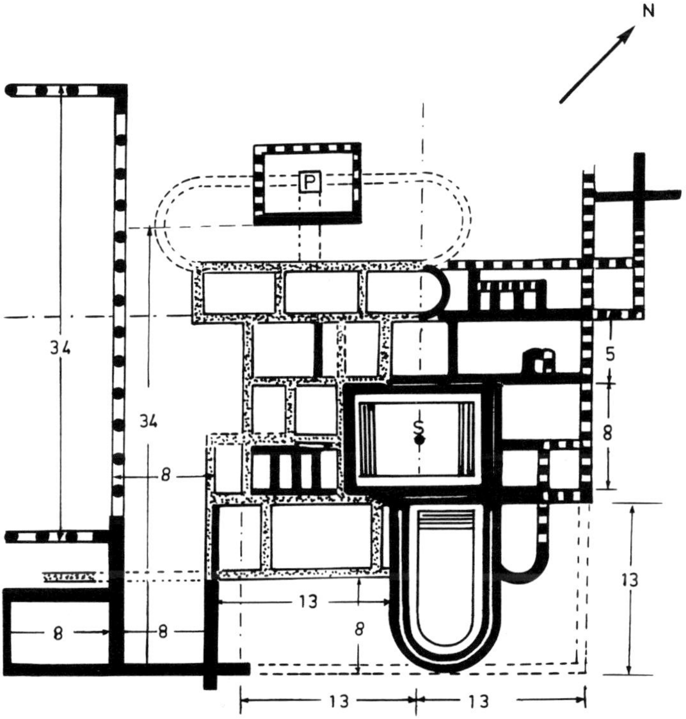

Figur 19
Der Plan der Bücheltherme. An den mit Säulen umstandenen Kultplatz schließt sich nach Südosten die ältere Agrippa-Therme an (punktiert). Am Ende des zweiten Jahrhunderts wurde diese Anlage im Zuge der Baumaßnahmen erneuert und verschoben (schwarz). Auch die Bücheltherme war nach dem Göttlichen Schnitt konstruiert.

Beiden Thermenbauten liegt eine Rasterplanung mit Göttlichen Zahlen zugrunde, wieder schließt der jüngere Bauteil aus Phase III mit eigenem Raster an das vorher bestimmende an. Zur Verdeutlichung ist in Figur 20 die ältere achsialsymmetrische Agrippa-Therme als Teil der Bücheltherme herausgezeichnet. Zwei große Warmwasserbecken liegen unmittelbar vor der Kaiserbadquelle. Beide gab man in Phase IV wieder auf, als die Anlage nach Südosten verschoben und vergrößert wurde. Dabei erhielt sie neue Wasserbecken an Stelle der alten. Auch bei der Bücheltherme sind die älteren Mauern aus sorgfältig bearbeitetem Blaustein aufgeführt, während in Phase III und später überwiegend Grauwacke und Nievelsteiner Sandstein verarbeitet wurden. Die im Bereich des Lagers anstehenden Blausteinvorkommen waren durch die Bautätigkeit wohl schon erschöpft.

Die aufgefundenen Hypokaustenheizungen, die Öfen und Latrinenanlagen liefern ein Bild des Komplexes, wie man es aus Beschreibungen von römischen Thermen und von deren Überresten an anderen Orten kennt. Aber auch hier muß gesagt werden, daß schwer zu entscheiden ist, welche Bauteile aus tiberischer, flavischer oder aus einer noch späteren Zeit stammen, da bei jedem Umbau weitgehend alle alten Vorgängermauern abgetragen werden mußten.

Die Münzfunde in den Kanälen der Bücheltherme überdecken die Zeit der Kaiser Hadrian (117-138) bis Gratian (375-383). Damit sind die Münzen des Gratian auch die letzten datierbaren Zeichen der römischen Präsenz in Aachen. Wahrscheinlich kam es also während der Herrschaft von Kaiser Domitian nach dem Bataveraufstand zu einer Erneuerung oder auch nur zu einem Umbau der tiberischen Bauten, dessen Abschluß spätestens unter Hadrian anzusetzen ist.

In Phase V wurde der zentrale Kultbereich völlig umgestaltet. Das Tempelgebäude **D** wurde niedergelegt und die Hoftherme nicht länger benutzt. Stattdessen wurde der Bereich zwischen Münster- und Bücheltherme zu einer großzügigen Hofanlage umgebaut. Durch die noch zu erzählenden politischen Entwicklungen hatte Aachen seine Rolle als großes Standlager verloren. Daher mußte man bei der Neuplanung keine Rücksicht mehr nehmen auf die längst der Vergangenheit angehörenden symbolischen Bezüge zu Caesar und dem iulisch-claudischen Kaiserhaus. Vielmehr kam es nun darauf an, den am Rhein stationierten Truppen ein luxuriöses Thermalbad zu bieten, um eine neuerliche Revolte des germanischen Heeres tunlichst zu vermeiden.

Als Planungsprinzip hatte der Göttliche Schnitt weiterhin Gültigkeit: Auch das **Legionsbad in der Etappe** wurde nach seinen Regeln umgebaut. Wie man in Figur 21 sehen kann, waren die Maße der Hoffläche

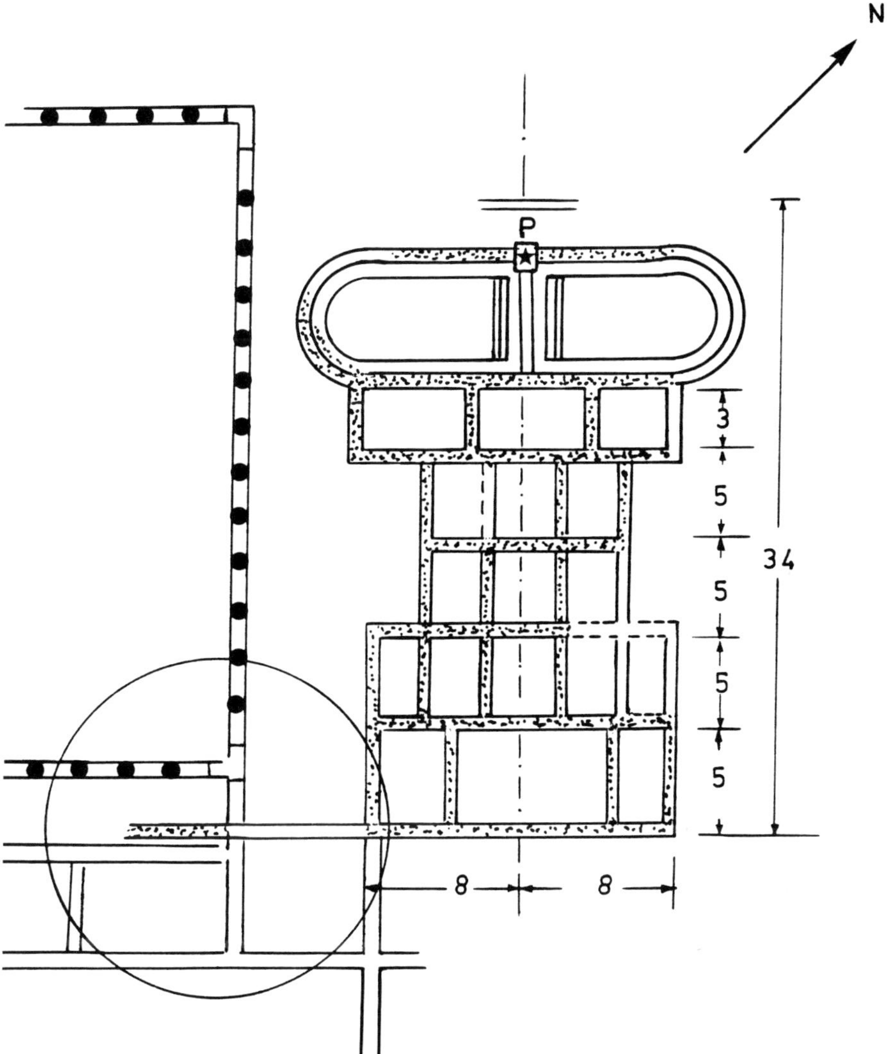

Figur 20
Die Agrippa-Therme am Büchel hatte als achsialsymmetrische Anlage zwei große Warmwasserbecken in unmittelbarer Nähe zur Kaiserbadquelle (P). Man sieht im Plan, daß das Mauerwerk mit seinen Fluchten nicht zur Anlage des Portikus gehört (Kreis).

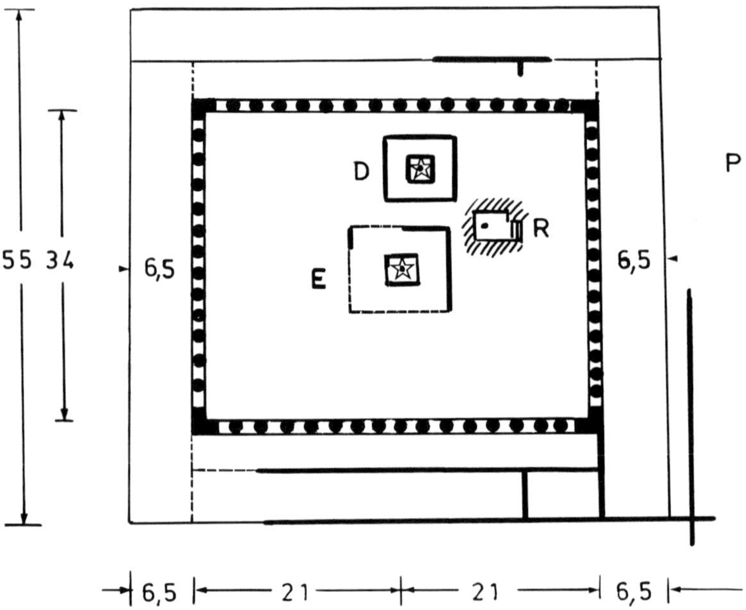

Figur 21
Der Kultplatz aus der Spätphase des Heilbades. Seine quadratische Fläche von 55 mal 55 Schritt ist von Säulen umstanden. Zwei Goldene Rechtecke von 21 mal 34 Schritt bilden den Innenhof des Portikus. Hinter dem Säulenumgang lagen Wandelhallen und Ladenlokale. Die Zahl der Zwischenräume ergab mit 13 und zweimal 8 an den Seiten jeweils Göttliche Zahlen. Vom Quellhaus (R) der Quirinusquelle wurde die Münstertherme über Bleileitungen mit Thermalwasser versorgt.

(21* + 21*) x 34*. Sie war umschlossen von einem Säulengang, der einer Wandelhalle mit Ladenlokalen und Sporträumen vorgelagert war. Die Gesamtfläche der Hofanlage bildet ein Quadrat von 55* Seitenlänge, in dessen Mitte der Tempel **E** zu Ehren des Apollo stand.

Diese Anlage wurde später zerstört. Das geschah möglicherweise während der ersten Frankeneinfälle in der zweiten Hälfte des dritten Jahrhunderts. Vielleicht wurde sie aber auch erst endgültig beim Bau der Kaiserpfalz abgetragen und dort ein größerer Garten angelegt. Darauf deutet zumindest eine knapp einen Meter dicke Schicht aus Humuserde oberhalb der römischen Ruinen hin. Die Überreste der Säulenarkaden wurden jedenfalls als Spolien in verschiedenen Mauern verbaut. So war es möglich, nach den Maßen der aufgefundenen Teile ein Stück des Originals zu rekonstruieren. Diese Rekonstruktion erinnert heutzutage **Am Hof** an die ehemalige römische Vergangenheit Aachens. Sie ist ein schönes Beispiel dafür, daß auch zur Zeit der Errichtung des Säulenumgangs das Maß aller Dinge immer noch der Göttliche Schnitt gewesen ist. Die Figur 22 gibt einen ungefähren Eindruck vom ursprünglichen Aussehen der Kolonaden des zentralen Kultplatzes aus der Zeit der Soldatenkaiser wieder.

Figur 22
Eine Rekonstruktion der Säulenstellung des Portikus mit seinen Arkaden. Überreste des Bauwerkes wurden an vielen Stellen als Spolien verbaut und lieferten die Maße für die Rekonstruktion. Ein Abguß des Originals mit drei Säulen steht heute ***Am Hof.***

Auf Säulen aus Nievelsteiner Sandstein mit 1 Elle = 0,444 Meter Durchmesser liegen korinthische Kapitelle mit Akanthusblättern auf, die sich in drei Blattkränzen zu einem Kelch zusammenfinden. Die Säulen haben einen Abstand von 8^ und ruhen auf einem Podest (Stylobat) aus Blaustein, das 3/2^ hoch ist. Davor entwässert eine Blausteinrinne mit 1' Breite den Platz und das vom Dach heruntertropfende Wasser. Die Höhe der Säulen beträgt 8^ bis zum Ansatz des Kapitells, von dort bis zum Scheitel des Bogens sind es 5^. Zwischen den Säulen gibt es daher vom Stylobat bis zum

Bogen ein Goldenes Rechteck von 13^ x 8^ Abmessung. Auf den Kapitellen liegen Rundbögen mit profilierter Stirnseite auf, die das reich verzierte Gesims tragen. Die Segmente zwischen den Archivolten sind mit Palmetten und Kreisscheiben geschmückt. Gesims und Archivolte nehmen wie die Kapitelle 3/2^ von der Gesamthöhe von zweimal 8^ ein, wenn man den Stylobat hinzurechnet. Die Figur 23 zeigt, wie sich die Einzelmaße ergeben, wenn man ein Quadrat von 8^ Seitenlänge nach dem Göttlichen Schnitt unterteilt.

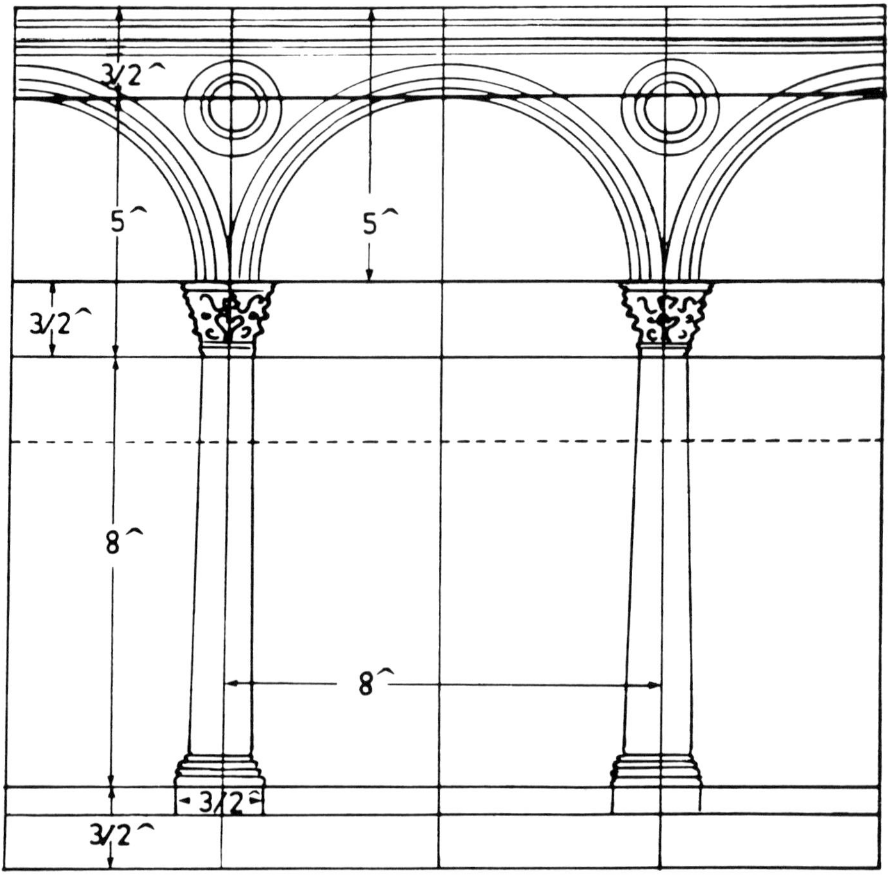

Figur 23
Der Säulenumgang mit den Archivolten wurde nach dem Göttlichen Schnitt geplant. Durch die Verwendung der Maßeinheit 1 ***Elle*** *= 1,5* ***Fuß*** *ließen sich die Maße der Säulenstellung durch Göttliche Zahlen ausdrücken.*

Der Fußboden der Kolonaden war mit Blausteinplatten der Abmessung 1/2' x 1/2' x 1/4' ausgelegt. Sie ähneln mit den Abnutzungsspuren von zahllosen Sandalen den glattgetretenen Kopfsteinen, die man manchmal noch in mittelalterlichen Pflasterresten in Aachen findet. Das Gesims des Portikus trug die Balken des Dachstuhls, der die Kolonaden nach oben hin abschloß.

Man kann sich natürlich fragen, warum bei den Arkaden plötzlich die Elle *(cubitum)* = 1^ als Maßeinheit auftritt. Dafür gab es folgenden Grund: Wollte der Baumeister erreichen, daß die Zahl der Bögen an Lang- und Schmalseite des Platzes durch Göttliche Zahlen ausgedrückt wurde, so ergab sich bei 8^ Säulenabstand gerade eine Anzahl von **13** Zwischenräumen für die Schmalseite von 34*, und von zweimal **8** Abständen zwischen den Säulen für die Längsseite mit der Abmessung 2 x 21*. Nur so erhielt man Göttliche Zahlen, da die Abstände zwischen den Säulen ja aus statischen Gründen nicht beliebig groß werden durften. Mit dieser Vorgabe wurden dann die Bögen gemäß dem Göttlichen Schnitt entworfen. Dabei ergaben sich auch hier zwangsläufig Göttliche Zahlen, wenn man in der Einheit Elle rechnete.

Zwischenbilanz

Wir sind bei unserer Spurensuche also erstaunlicherweise fündig geworden und konnten schon eine Menge Erkenntnisse über die beiden Militärlager von Aachen gewinnen. Bevor wir untersuchen können, warum aus dem bedeutenden Legionslager ein eher unwichtiges kleines Militärbad im Hinterland von Niedergermanien wurde, will ich den Stand unserer Kenntnisse kurz zusammenfassen.

Der Göttliche oder Goldene Schnitt liefert uns für Aachen genau jenes Hilfsmittel, mit dem es möglich ist, aus kleinen Teilstücken eines Bildes, fast wie bei einem Hologramm, wenigstens einige Aspekte des Gesamtbildes zu rekonstruieren.

Aus dem Text Caesars ergaben sich erste Hinweise auf ein römisches Winterlager an den heißen Quellen von Aachen. Zunehmend haben sie sich verdichtet, so daß jetzt an der Existenz dieser Anlage kaum noch Zweifel angebracht sind. Zu zahlreich sind die Zusammenhänge und Bezüge zwischen den Maßen jenes Winterlagers und der Struktur eines ausgedehnten Dreilegionenlagers, das auf seinem Gelände errichtet wurde. Es braucht deshalb auch nicht allzuviel Mut, um in Analogie zu den Lagern von Vetera I und Neuss Überlegungen anzustellen, wie dieses Legionenlager genutzt wurde.

Um das quadratische Lager herum erstreckte sich wie ein Kranz ein äußeres Scamnum von 55* Breite, in dem die Manipelkasernen lagen. Seine Fläche beträgt nach Abzug der Straßen rund 100 000 Quadratschritte. Berücksichtigt man, daß eine Manipelkaserne auf einem Gelände von 21* x 55* stand, so ergibt sich sehr genau eine Anzahl von 90 Kasernen. Diese boten gerade ausreichend Platz für rund 17 000 Soldaten oder drei Legionen.

Nach innen hin schloß sich an dieses Scamnum ein 34* breiter Streifen an, der ebenfalls das Lagerinnere umgab. Legt man den gleichen Platzbedarf zugrunde wie bei den regulären Truppen, so ergibt sich Raum für rund 7000 weitere Soldaten. Aus Neuss weiß man, daß in diesen Bereichen der Lager die Hilfstruppen *(auxilia)* untergebracht waren. Es handelte sich dabei ursprünglich um Truppenkontingente, die im Gebiet der römischen Bundesgenossen in Italien ausgehoben worden waren. In späteren Zeiten rekrutierte man diese Soldaten aber direkt in den Provinzen. Auch die Troßknechte der Legionen dürften hier Unterkunft gefunden haben. Die Zahl von siebentausend Mann ergibt eine vernünftige Größe der Hilfstruppen bei drei Legionen und spricht so ebenfalls für ein Tripellager in Aachen.

Im Zentralen Bereich der Anlage findet sich jenes Goldene Rechteck, das mit seiner Ausdehnung von 144* x 233* genau den Bereich umfaßt, der die für den Kult und die Lagerverwaltung bedeutsamen Plätze enthält. Sie ergaben sich aus der Planung des **Tripellagers als Symbol der Vergöttlichung Caesars und seines Adoptivsohnes Octavian**. Alle standen in Bezug zur und in unmittelbarem Zusammenhang mit der Errichtung des Winterlagers der caesarischen XIV. Legion in Atuatuka im Siedlungsgebiet der Eburonen im Herbst des Jahres 54 v. Chr.

Die Via Principalis querte das Lager von Südwest nach Nordost. Als man 1992 im Geviert des Kreuzganges beim Dom Ausgrabungen durchführte, stieß man auf den südwestlichen Teil der Via Principalis. Hier lagen noch die Steinquader, auf denen einst die hölzernen Pfosten der Pferdeställe der Reitertruppe gestanden hatten. Hinter diesen Pferdeboxen verlief eine kleine Versorgungsstraße, in der sogar noch die Fahrspuren der Wagenräder zu erkennen waren. Tief in die Straßendecke eingeschnitten hatten sie sich in einem Abstand von 8' im Boden erhalten. Sie stammten von den Karren, mit denen das Futter zu den Ställen gebracht und der Mist fortgefahren worden waren.

Längs der Hauptstraße waren die Bauten der Offiziere errichtet. Legt man wieder die Maße von Neuss zugrunde, nämlich quadratische Gebäude von 2 x 13* Seitenlänge, so ist gerade ausreichend Platz für die Unterkünfte der dreimal sechs Militärtribune der Legionen an der Hauptstraße vorhanden gewesen. Die kommandierenden Generäle, die Legaten, besaßen wie in anderen Legionslagern Gebäude auf Inseln von 34* x 34* Größe. Die Lazarette der Soldaten dürften sich im Heiligen Bezirk in der Nähe der Thermen befunden haben.

An der Stelle des ehemaligen **Forums** der Principia liegt heute der Marktplatz von Aachen. Der Platz des Forums ist noch immer erkennbar an der **Verbreiterung der Jakobstraße** gegenüber dem Rathaus. Es ist sicher auch kein Zufall, daß sich schon wenigstens seit dem frühen Mittelalter der Brunnen mit der Statue Kaiser Karls des Großen ungefähr an dem Punkt befindet, an dem einst ein Standbild des Kaisers Augustus gestanden hat.

Übrig bleibt noch ein recht großes Gelände zwischen den Kasernen der Hilfstruppen und dem Zentralbereich. Es ist zu vermuten, daß sich hier im Norden die Speicher *(horrea)* befanden, welche die Getreidevorräte für den Winter aufnehmen mußten. Sicher kann man annehmen, daß es dort auch Werkstätten *(fabricae)* gegeben hat, in denen Waffen produziert und repariert wurden. Hier lagen auch die Sattlereien und die Gebäude der Seiler, die das Zaumzeug für die Troßtiere und die Reitpferde herstellten. Die Unterkünfte der Spezialeinheiten *(immunes)* mit ihren schweren Geräten, den Rammböcken und den Katapulten, dürften sich ebenfalls in der Nähe der Via Praetoria befunden haben.

Sicher ist es eine vernünftige Annahme, daß die Schmieden mit ihren feuergefährlichen Essen eher am Rande des Lagers eingerichtet waren, wo die Gefahr eines Feuerbrandes nicht so groß war. Dort flossen auch die Bäche, die das nötige Wasser lieferten, um Wolle zu waschen, Leinen zu bearbeiten oder Leder zu gerben.

Zwei Bachläufe verliefen natürlicherweise durch das Lagergelände. Im Nordteil trat der Suylisbach (Johannisbach) ins Lager ein und floß parallel zur Via Principalis einmal quer hindurch, um dann am östlichen Lagerrand nach Süden zu schwenken. Dort traf er auf die Paunelle, den zweiten Bach, der von Süden herkommend ein Stück lang am Lagerwall vorbeifloß. Heute verläuft hier die **Reihstraße,** die ihren Namen von *Via Rivi* = Bachstraße herleitet. Beide Bäche hatten zur römischen Zeit einen begradigten Verlauf, waren also wohl teilweise kanalisiert. Dies ließ sich noch gut bei Kanalbauarbeiten am **Augustinerbach** erkennen. Die künstlich umgeleitete Pau floß von der Münstertherme zur Porta Decumana hin und mündete dann in das Bachbett der Paunelle.

Das Lager ging an zwei Seiten in das Gebiet der Lagervorstadt *(canabae legionis)* über. Das Wort Kneipe ist durch Lautverschiebung aus *canaba* hervorgegangen. Daran erkennen wir schon, daß sich dort die Garküchen und Gaststuben, die Bordelle und Buden der Händler befanden, in denen die Soldaten ihre spärlich bemessene Freizeit verbrachten. Dort vernahm der Legionär die neuesten Gerüchte, und dort konnte er seinen Sold in zusätzliche Eßwaren umsetzen, wenn die Ration wiedermal nicht reichte. Dort auch trafen die einheimischen Keltogermanen erstmals außerhalb einer Schlacht auf die römischen Legionäre, um mit ihnen Pelze oder das begehrte rotblonde Haar der Germaninnen zu tauschen und um erste Wörter einer fremden Sprache aufzunehmen. Wir wissen von Caesar, daß sich die Zelte der Krämer und fliegenden Händler tatsächlich am unteren Ende des Abhanges außerhalb des Lagerwalles befunden haben, dort wo sich dann beim Tripellager eine Lagervorstadt entwickelte.

Auf den ersten Blick könnte es scheinen, als wäre das Gelände des Aachener Markthügels durch seine topologische Struktur nicht gerade optimal für die Errichtung eines Legionslagers gewesen. Der Schein trügt aber: Der Verlauf des Johannisbaches und des Markthügelrückens geben eine Bodenwelle vor. Sie sorgte dafür, daß das Lager bei Regen nicht im Schlamm versank, sondern das Oberflächenwasser einen Abfluß fand. Die Bäche deckten darüber hinaus den Bedarf an Brauchwasser, den die große Menschenmenge von mehr als zwanzigtausend Soldaten täglich benötigte. Zusätzlich gab es mit den heißen Quellen noch einen natürlichen Vorzug, den kein anderer Lagerplatz so ohne weiteres bieten konnte.

Es ist eine interessante Spekulation zu überlegen, wie das Lager geheißen haben könnte, als es vielleicht im Spätsommer 38 v. Chr. in seinen wesentlichen Teilen fertiggestellt war. Mein Vorschlag lautet CASTRA AQUENSIA, **das Lager an den heißen Quellen.** Nicht allzulange danach dürfte sich aber wohl die kürzere Form AQUAE oder als Ortsbezeichnung AQUIS = **bei den Quellen** eingebürgert haben, als das Lager im Zuge der Entwicklung seine militärische Bedeutung verlor. So jedenfalls wurde der Ort in allen Urkunden genannt, bevor in Aachen gegen Ende des achten Jahrhunderts die karolingische Kaiserresidenz erbaut wurde.

Es gibt wenig Grund anzunehmen, es habe eine Namensform gegeben, wie wir sie für Badeorte finden, die nur wegen ihrer Heilquellen als römische Bäder gegründet wurden. Es gab daher wohl kein Bad mit Namen *Aquae Octavianae*, so wie es zu späterer Zeit die Bäder *Aquae Sextiae,* (Aix-en-Provence), *Aquae Aureliae* (Baden-Baden) oder *Aquae Mattiacae* (Wiesbaden) gegeben hat.

Aachen war zunächst das Standlager der XIV. caesarischen Legion. Deshalb ist es nicht sinnvoll anzunehmen, sein Name habe eine Verbindung zu jenem keltischen Heilgott **Grannus** gehabt, den die Römer später mit ihrem Gott Apollo gleichsetzten. Wenn sie schon das Lager einem ihrer Götter geweiht hätten, dann doch wohl gleich dem richtigen Apollo! Nein, es gibt stattdessen gute Gründe für die Herleitung des Namens *Aquis grani* aus einem Kanzleikürzel der fränkischen Hofschule. Damit ist dann auch erklärt, weshalb sich dieser Name für Aachen erst in den Urkunden seit dem Ende des achten Jahrhunderts findet!

Es macht einfach keinen Sinn zu glauben, römische Legionäre hätten ihr Lager nach einem Gott jener barbarischen Keltogermanen benannt, denen sie schließlich eine große militärische Niederlage verdankten. Immerhin wurden die Eburonen aus Rache hierfür ausgerottet!

In *Aquis* lagen jedenfalls drei Legionen, die sich im folgenden Frühling 37 v. Chr. an eine eher zivile Aufgabe machten. Sie sollten nämlich eine Infrastruktur mit Straßen und Raststationen aufbauen und dafür Sorge tragen, daß die Truppe sich möglichst schnell selber versorgen konnte, um so unabhängig von den Getreidelieferungen der einheimischen Volksstämme zu werden. Wir können erwarten, daß sich auch hiervon Spuren erhalten haben.

Das Militärterritorium von Aachen

Wie man in Figur 2 sieht, lag Castra Aquensia am Ostrand des ehemaligen Siedlungsgebietes der Atuatuker, die durch Caesar als Stamm im Jahre 57 v. Chr. weitgehend ausgerottet wurden. Auch das zum Rhein hin gelegene Stammesgebiet der Eburonen war durch Caesars späteren Rachefeldzug stark entvölkert worden. Es gab daher keine Probleme, ein ausreichend großes Militärterritorium für das Dreilegionenlager in Besitz zu nehmen, ohne mit einheimischer Bevölkerung in Konflikt zu geraten. Das war einerseits ein Vorteil, andererseits jedoch stellte das leere Land eine gefährliche Herausforderung dar für die landhungrigen germanischen Stämme auf der anderen Rheinseite. Schließlich gab es ja schon eine seit Jahrzehnten andauernde Wanderung der Germanen nach Westen. Ein Vakuum von der Maas im Westen bis an den Rhein im Osten konnte auf längere Sicht keine Stabilität gewährleisten.

Gleichzeitig mit der Errichtung einer militärischen Infrastruktur begann Agrippa deshalb mit der Umsiedlung der romfreundlichen Ubier in das ehemalige Stammesgebiet der Eburonen. Dieser Stamm stand unter dem

Druck der Quaden, eines kriegerischen Teiles der germanischen Sueben, die ebenfalls auf der Suche nach Siedlungsland waren. Das Gebiet lag ungefähr zwischen dem Vinxtbach bei Andernach im Süden und der Mündung der Erft im Norden. An den restlichen Seiten wurde es begrenzt von Rhein und Maas. Es wurde den Ubiern mit der Aufgabe zugewiesen, die Rheingrenze gegen nachrückende Germanen zu verteidigen.

Eine Generation später wurde auch das Vakuum im Norden unter der Statthalterschaft von Tiberius gefüllt. Er siedelte hier die Cugerner an, die ein Volksteil der Sugambrer waren. Ihr Territorium reichte im Süden bei Heerlen *(Coriovallum)* beinahe bis nach Aachen, im Osten nahe bis Jülich. Man kann ziemlich sicher sein, daß beide Male die alten germanischen Stammesführungen durch neue, Rom ergebene Anführer ersetzt wurden.

Das Stammesgebiet der Ubier westlich des Rheins läßt sich sehr einfach umgrenzen, da es eine Eigenart dieser Germanen gewesen ist, lateinische Wörter gemäß den festen Regeln einer Lautverschiebung zu verändern. Macht man diese Lautverschiebung rückgängig, so erkennt man die ehemaligen lateinischen Wörter wieder. Besonders charakteristisch ist die Ortsendung **-ich,** die aus der lateinischen Bildung *-iacum* als Ortsbezeichnung entstand. Diese Endung entspricht unseren germanischen Wortbildungen **-hausen** oder **-ingen** bei späteren Siedlungen. Ortsnamen mit der Endung **-ich** sind überwiegend im ehemaligen Ubierland anzutreffen, wo sie gleichsam als Schlüsselwörter auf Ansiedlungen mit römischem Ursprung hinweisen. Im Anhang sind entsprechende Ortsnamen aufgeführt. Sie stehen dort zusammen mit jenen, bei denen aus der lateinischen Endung die nicht lautverschobene Sprachform **-aken** entstand.

In Figur 2 ist das als Ubierland einzuordnende neue Siedlungsgebiet der Ubier zwischen Maas, Rhein und Eifel leicht getönt eingezeichnet. Stärker gerastert erkennt man nördlich davon das Stammesgebiet der Cugerner nach deren Umsiedlung aus ihrem Wohngebiet an der Sieg an den Niederrhein. Aachen liegt im Westteil des Ubierlandes am Ostrand des Atuatukergebietes. An dessen westlicher Begrenzung findet man heute die Städte Tongeren (Punkt B) und Lüttich (Punkt K).

Gut zu erkennen ist die Absicht Roms, das Machtvakuum auf dem westlichen Rheinufer zu füllen. Zur Sicherung des römischen Herrschaftsgebietes und zum Schutz der umgesiedelten Stämme mußten militärische Stützpunkte an den am meisten gefährdeten Stellen geschaffen werden. Dies war zunächst Vetera I (Punkt D) bei Xanten gegenüber der Lippemündung. Hier sollte der Druck der Usipeten und Tenkterer abgeblockt werden, mit denen schon Caesar seine Schwierigkeiten gehabt hatte. Dazu kamen Neuss (Punkt E) als Bollwerk gegen nachrückende Cugerner und Quaden sowie Bonn (Punkt G) im Süden als Stützpunkt gegen den Stamm der Sueben. Auf diese Weise war das spätere Köln (Punkt F) als zentraler Ort der Ubier *(Oppidum Ubiorum)* von allen Seiten her durch militärische Präsenz gesichert.

Die drei Legionen, welche die Rheinlinie schützen sollten, hatten ihr Winterlager in Aachen. Hier war der vorgeschobene Posten in Nordostgallien, der eine gute Anbindung an das gallische Hinterland besaß. Drei Tagesmärsche etwa betrug die Entfernung zum Stützpunkt Liberchies bei Namur an der Sambre (Punkt A), vier bis fünf bis nach Trier (Punkt H).

Es ist anzunehmen, daß Teile der Truppen während des Sommers ihre Feldlager an den erwähnten Orten nahe dem Rhein bezogen, um so von zwei Seiten her den Bau der Straßen zu beginnen.

Wenn man herausfinden will, wie weit ausgedehnt das Aachener Militärterritorium gewesen sein könnte, so muß man sich zuerst klarmachen, welchen Bedarf an Getreideanbauflächen und Viehweiden eine so große Menschenmenge hatte. Schließlich handelte es sich um die Aufgabe, etwa dreißigtausend Personen ganzjährig zu ernähren.

Ein einzelner Soldat hatte einen Tagesbedarf von rund einem Kilogramm Getreide. Auf ein Jahr umgerechnet bedeutet das eine Menge von $365 \times 1 \times 30\,000 \approx 11\,000\,000$ Kilogramm oder 11 000 Tonnen Getreide. Unter den Verhältnissen einer extensiven Landwirtschaft war es zu jener Zeit möglich, auf fruchtbaren Böden rund 1000 kg Gerste oder Weizen als Erntemenge pro Hektar Nutzfläche zu erzeugen. Somit benötigte man rund 11 000 Hektar Ackerfläche für ein Dreilegionenlager.

Hinzu kam der Bedarf an Heu für etwa 5000 Pferde, Maultiere und Esel. Etwa ein halbes Jahr mußten die Tiere aufgestallt und mit etwa 25 Pfund Heu und Gerste täglich gefüttert werden. Die ertragreichen Gräser von heute waren noch nicht bekannt, so daß nur ein Schnitt pro Jahr möglich war. Bei Erträgen von etwa 20 Zentnern Heu pro Hektar in guten Jahren erhält man damit etwa den gleichen Flächenbedarf für Weideland, wie er für den Getreideanbau nötig war. Hinzurechnen muß man eine gewisse Anbaufläche für Lagerungsverluste, Brache, Ödland und Wälder. So ergibt sich ein Gesamtbedarf von rund 22 500 Hektar oder 225 Quadratkilometern Grundfläche für das Militärterritorium. Das ergäbe ein Quadrat von rund 15 Kilometern Seitenlänge oder einen Kreis mit einem Radius von etwa acht Kilometern um das Lager.

Legt man die Fläche großer Landgüter *(villae rusticae)* zugrunde, wie sie zum Beispiel im Territorium der *Colonia Raurica* bei Basel in jener Periode anzutreffen waren, so kommt man für Aachen auf eine Gesamtzahl von etwa 60 landwirtschaftlichen Gütern. Die Kolonie Raurica wurde im Jahre 44 v. Chr. von Lucius Munatius Plancus, einem ehemaligen Legaten von Iulius Caesar, als Ansiedlung für demobilisierte Veteranen gegründet. Sie entstand als Folge der Unterwerfung der Rauricer, die im Jahre 58 v. Chr. die Helvetier zu ihrem Treck nach Süden angestiftet und damit Caesar einen Grund zum Eingreifen in Gallien geliefert hatten. Das Territorium dieser Kolonie war durch die römischen Landvermesser in rechteckige Lose von 987* x 1597* Fläche aufgeteilt worden. Beides sind im übrigen Göttliche Zahlen. Nach heutigen Maßen sind das 345 Hektar Nutzfläche. Da die Bodenqualität im Nordwesten von Aachen besser als im eher rauhen Voralpenland ist, kann man von einer kleineren landwirtschaftlichen Ackerfläche in Aachen ausgehen. Dafür dürfte aber die Weidefläche entsprechend größer gewesen sein. Sicher war die Nutzfläche der Güter in dieser Gründungsphase des Aachener Lagers noch erheblich ausgedehnter als zu späterer Zeit. Das hatte zwei Gründe: Einerseits waren die Erträge der Landwirtschaft noch geringer, zum anderen gab es in dieser Phase der Expansion des Imperiums noch ausreichende Flächen, die an die Veteranen verteilt werden konnten.

Die zu erwartenden etwa 60 *villae rusticae* müßten sich bei gleichmäßiger Verteilung in einem gegenseitigen Abstand von rund zwei Kilometern befunden haben. Diese Maßangabe macht auch Sinn, da die am weitesten entfernten Güter damit in einem Abstand von etwa zehn Kilometern vom Lager gelegen hätten. Eine solche Strecke ist mit Ochsenkarren in rund drei bis vier Stunden zurückzulegen. Damit konnte eine Anlieferung zum Lager leicht innerhalb eines Tages bewältigt werden.

Die Lage von Aachen zeigt nun eine durch die Natur vorgegebene Besonderheit: Das Aachener Lager befand sich am Nordrand der unfruchtbaren devonischen Kalkböden der Nordeifel. Im Nordosten begann jenseits des Wurmtales ein waldiges Sumpfgelände. Einzig im Nordwesten erstreckten sich die Ausläufer des fruchtbaren Ackerlandes der Jülicher Börde, das schon zu Zeiten der Atuatuker landwirtschaftlich genutzt worden war. In dieser Gegend müssen wir nach römischen Gutshöfen suchen, wenn wir fündig werden wollen.

Wir können dabei auf zweierlei Weise vorgehen. Eine Möglichkeit besteht darin, sich die Anordnung der von Archäologen ausgegrabenen Gutshöfe anzuschauen. Die zweite ergibt sich aus der Analyse der Namen von fränkischen Hofgütern oder von Ortsnamen, die eine Erinnerung an ihre lateinische Ursprungsform bewahrt haben.

Unmittelbar in Aachen wurde nur das römische Gut Schurzelt teilweise ausgegraben, als in den letzten Jahren eine neue Stadtautobahnstrecke angelegt wurde. Außerdem fand man im Westen bei Vetschau die Mauern einer zweiten *villa rustica* aus römischer Zeit. Wir müssen allerdings dabei berücksichtigen, daß diese Anlagen aus späteren Epochen stammen können. Dennoch ist anzunehmen, daß sich an ihrer Stelle bereits vorher ältere Gutshöfe befunden haben.

Die Analyse der Namen führt weiter. Römischen Ursprungs sind folgende Namen und Ortsbezeichnungen:

Würselen; Soers; Kirberich; Schavemunt; Burtscheid; Colinshof; Komerich; Erberichshof; Grümerich; Muffet; Seffent; Schurzelt; Süsteren; Vetschau; Richterich; Ürsfeld; Pesch; Eigelshofen; Wijler; Beutenaken; Slenaken; Epenaken; Gemmenich; Völkerich; Kelmis; Orsbach und Horbach. Daneben weisen noch die Flurbezeichnungen Remersdal; Kampergracht; Kämpchen; Kamp und Roßkämpchen auf römische Gutshöfe hin. Im Anhang sind diese Namen aufgeführt, bei denen ich zeige, wie die Lautverschiebung die heutigen Namensformen aus ihrem lateinischen Ursprung hervorgebracht hat.

Verbindet man diese Orte miteinander, so ergibt sich ein Netz, dessen fehlende Maschen sich schließen lassen, wenn man annimmt, daß auch noch in Eilendorf; Weiden; Bardenberg; Berensberg; Straß; Mechelen; Holset; Eys; Lemiers; Bocholtz; Grünstraß; Rothe Erde; Eynatten und Hauset ehemals römische Hofanlagen gestanden haben. Aus Zufallsfunden wissen wir darüber hinaus, daß auch in Mittelfronrat und Simpelfeld römische Gutshöfe existiert haben. Damit kennen wir bereits rund fünfzig Stellen, an denen in römischer Zeit Landgüter wirtschafteten. Weiter im Osten bei Forst, Brand, Breinig und Gressenich wurden zudem römische Ansiedlungen mit Werkstätten zur Glasproduktion und zur Verhüttung von Eisen, Blei und Silber gefunden.

Somit ist ein großes Areal von etwa zweihundertdreißig Quadratkilometern umrissen, das wir aufgrund der vorhergehenden Überlegungen zum Militärterritorium des Dreilegionenlagers rechnen können. Schon hier ist anzumerken, daß die Größe dieses Territoriums weitgehend identisch ist mit der Ausdehnung des frühmittelalterlichen Aachener Reiches. Das ist sicher auch kein Zufall!

Nachdem die wirtschaftlichen Notwendigkeiten festlegten, wie groß das Legionsterritorium sein mußte, gingen die Soldaten daran, das Gebiet auch nach außen hin kenntlich zu machen. Man bekommt einen guten Eindruck von seiner Ausdehnung, wenn man mit dem Fahrrad seinen Rand abfährt. Figur 24 zeigt eine Übersicht.

Im Südwesten ist seine Begrenzung ungefähr durch den alten Römerweg von Aachen nach Lüttich gegeben. Als kürzeste Verbindung führt er geradewegs über Gemmenich, Völkerich, Hombourg bis Aubel. Von dort folgt man dem Lauf der Gülp bis zu deren Mündung in die Geul. Die

Westgrenze verläuft nun nach Nordosten, bis sie nahe bei Eigelshoven auf die Wurm trifft. Zwischen Gülp und Wurm fehlte eine natürliche Grenze in Gestalt eines Bachlaufes. Daher waren die Römer gezwungen, eine künstliche Barriere gegen das umliegende Siedlungsgebiet der keltogermanischen Bevölkerung zu errichten. Das geschah durch große Brandrodungsflächen, die deutlich machten, daß an dieser Stelle das Militärterritorium begann. Auf diesen Flächen fand kein Ackerbau statt, nur Schafe und Ziegen wurden im Sommer dorthin zum Weiden getrieben. Als Ergebnis dieser Bewirtschaftung entstand ein Ödland *(loca inculta),* das in späterer fränkischer Zeit den Namen **Heide** erhielt. Außer als Weideland dienten diese unbebauten Flächen einer intensiven Bienenhaltung. Honig war nämlich das einzige Nahrungsmittel zum Süßen des sauren Weines und des Getreidebreies.

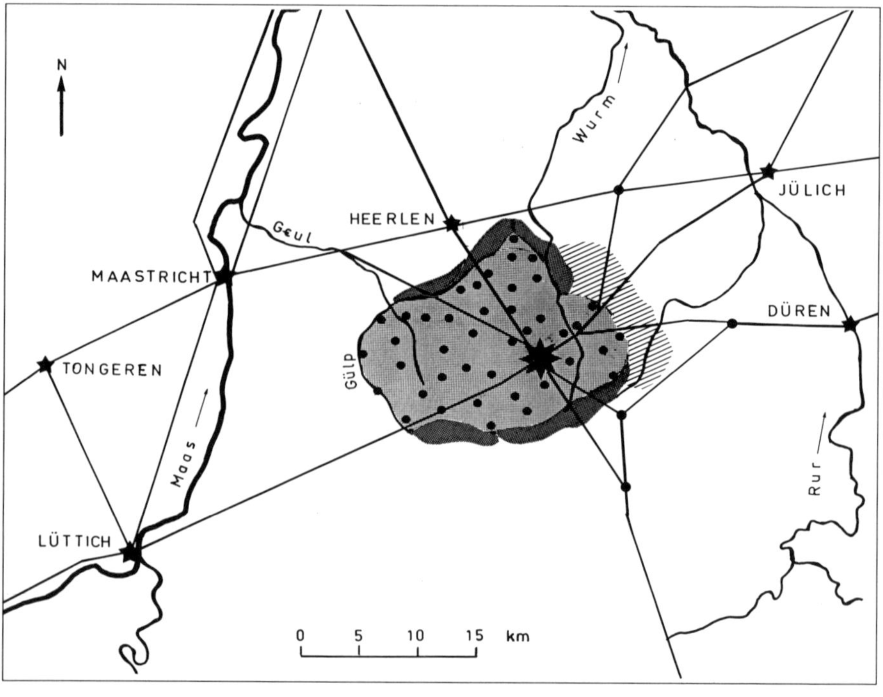

Figur 24
Die Militärdomäne von Aachen reichte bis an den Bach Gülp im Westen. Sie war im Norden und Süden von ausgedehnten Heidegebieten umschlossen. Die östliche Begrenzung ergab sich durch ein ausgedehntes Sumpfgebiet.

Noch heutzutage bewahren eine Reihe von Ortsnamen die Erinnerung an diese Heideflächen. Wie auf einer Schnur aufgereiht liegen Baneheide, Bocholtzerheide, Spekholzerheide, Bleierheide, Pannesheide, Forsterheide, Mevenheide, Klinkheide und Forstheide am Nordwestrand des ehemaligen Militärterritoriums von Aachen.

Von Kohlscheid an bildete die Wurm wieder eine natürliche Grenze bis nach Würselen. Dort begann eine zweite Kette von Brandrodungsflächen, die sich schützend um die Militärdomäne bis in den Süden des Legionslagers legte. Noch heute tragen viele Flurbezeichnungen Namen, die an die Existenz dieser Heidegebiete erinnern. Von der Haarener Heide, Verlautenheide, Brander Heide, Broverheide, Alte Heid, Ronheide und die Aachener Heide kommt man wieder an den Rand des Aachener Kessels zurück, wo der damals noch bestehende Urwald eine natürliche Grenze gegen Süden hin bildete.

Das Land nördlich der Linie von Hauset über Hergenrath nach Moresnet, welches das Bergbaugebiet von Kelmis einschließt, gehörte ebenfalls als ehemaliges Siedlungsgebiet der Atuatuker zum Militärterritorium. Nach Südwesten hin kennzeichnen die Hebscheiderheide, Eynattenerheide, Hauseterheide, Schampelheide, Wolfsheide, Kelmeserheide und Bienenheide bei Gemmenich als Ödland die Grenze des Territoriums. Damit ist der Kreis der Umgrenzung geschlossen.

Noch heute erinnern die Namen einer ganzen Reihe von Orten im Südwesten des Militärterritoriums an die ehemalige Grenzlage zum Gebiet der keltischen Bevölkerung. Es waren wohl die Cimbern und Teutonen, die auf ihrem Marsch nach Süden um 103 v. Chr. in der heutigen Provence zum ersten Mal in intensiven Kontakt mit ansässigen Kelten kamen. Der dort lebende Volksstamm waren die Volcae. So kam es, daß deren Name ein Synonym für Kelten wurde, ähnlich wie die Alemannen den Franzosen als Namensgeber für alle deutschen Stämme dienten. Als sich ein kleiner Teil der Cimbern und Teutonen anschließend in Atuatuka niederließ, brachte er die Bezeichnung für die Kelten mit. Aus *Volcae* stammt die Vorsilbe **Wal-,** die man noch in **Wel**sch, **Wal**nuß oder **Wall**is wiederfindet und die im allgemeinen Sprachgebrauch zur Kennzeichnung des Keltischen wurde. Wie aufgereiht liegen **Wal**heim, **Wal**horn und **Wel**kenraedt am Rande des Militärterritoriums, aber auch **Vaal**s, **Val**kenburg und **Wahl**willer leiten ihren Namen vom selben Stammwort für Kelten her.

Weiterhin kann man annehmen, daß auch das Bergbaugebiet um Breinig und Gressenich im Osten von Aachen zum Legionsterritorium gehörte. Dort wurde durch Militäreinheiten vor allem Zink, Blei, Silber, Eisen und Steinkohle abgebaut. Aus Schächten wurde die Kohle gefördert, mit deren

Hilfe es möglich war, das vorhandene Raseneisenerz zu verhütten. Überreste dortiger Steinkohle fand man bei den Ausgrabungen der Militärlager von Neuss und Bonn. Das gewonnene Roheisen wurde dann in den Schmieden des Aachener Lagers zu Geräten und Waffen weiterverarbeitet. Noch heute kann man am Breiniger Berg die verfüllten Schächte als kegelförmige Bodensenkungen erkennen, die man als **Pingen** bezeichnet.

Eine der ersten Tätigkeiten der Vermessungsingenieure war die Aufmessung des ackerbaren Landes *(limitatio)*. Dabei wurden Parzellen geschaffen, welche Bestandteil eines rechtwinkligen Rasters waren. Kleinste Einheiten *(iugera)* waren Flächen von 55* x 21* oder von 34* x 34*. Das entspricht sehr genau der Größe von einem Morgen mit 2500 Quadratmetern Flächeninhalt. Diese Fläche konnte man an einem Tage mit einem Ochsen bearbeiten. Zwischen vierhundert und sechshundert Morgen betrug die durchschnittliche Ackerfläche eines Landgutes, auf dem etwa fünfzig bis zweihundert Personen als Arbeitskräfte beschäftigt waren.

Es dürfte nur wenige Jahre gedauert haben, bis die Truppen in der Lage waren, sich selber zu ernähren, ohne weiterhin auf die Getreidelieferungen der einheimischen Bevölkerung angewiesen zu sein. Das war nicht zuletzt deshalb wichtig, weil die römische Armee ja nicht als Besatzungsmacht bleiben wollte, sondern ihre Aufgabe darin sah, das besetzte Land zu einem steuerlich ergiebigen Teil des Imperiums zu entwickeln.

Wir können vermuten, daß eine der ersten landwirtschaftlichen Maßnahmen darin bestand, bisher unbekannte Kulturpflanzen aus dem Mittelmeerraum im Norden heimisch zu machen. Lauch und Rettich, Mangold, Fenchel und Lattich, Zwiebeln und Karotten gehören zu den Gemüsearten, die in dieser Zeit in unsere Breiten kamen. Daneben begann man in der Umgebung des Aachener Lagers mit dem Anbau von Wein. Sicher handelte es sich meistens um einen sehr sauren Tropfen, der erst mit Honig genießbar gemacht werden mußte. Auch Pflaume und Birne, Kirsche und Pfirsich dürften bald im Gefolge der Legionen in unseren Raum gelangt sein. All diese Bezeichnungen gehen als frühe Lehnwörter auf ihre lateinischen Ursprungsnamen zurück.

Aufgebessert wurde der Speisezettel der Soldaten durch seltene Fleischportionen, die vorwiegend nur bei besonderen Anlässen wie dem Geburtstag des Kaisers verteilt wurden. Meist mußte der Legionär mit seinem spärlichen Sold versuchen, seine tägliche Portion Getreidebrei durch den Zukauf von Nahrungsmitteln bei den Händlern in der Lagervorstadt aufzubessern.

Als Nutztiere hielt man auf dem Gebiet der Legion Schweine, Rinder, Schafe und Ziegen. Daneben züchtete man Hühner, Gänse und Stockenten, die von den Römern als Haustiere erst eingeführt wurden. Wahrscheinlich ist, daß auf den Landgütern auch die Zucht von Pferden und Eseln systematisch betrieben wurde. Sie waren als Reit- und Lasttiere von großem Wert. Sicher hielt man auch mancherlei Fische in Teichen. Der häufige Ortsname **Pesch** leitet seinen Namen vom lateinischen Wort *piscina* = Fischteich her.

Die Luxusgüter aus dem Mutterland in Gestalt von Oliven, Feigen, Datteln, Mandeln und Reis kamen erst später zur Zeit des Legionsbades in Mode. Sie gab es jedenfalls sicherlich nicht in der rauhen Aufbauphase des nordöstlichen Galliens. Noch wickelten keine Händler den Fernhandel innerhalb des Imperiums ab, noch lag die Truppe im Frontgebiet.

Römische Straßen

Etwa gleichzeitig mit der Gründung von Landgütern zur Versorgung des Militärs mit Nahrungsmitteln begannen die Pioniereinheiten mit der Erschließung des Landes durch ein Wegenetz. Nur noch von wenigen Straßen wissen wir, daß sie in römischer Zeit angelegt worden sind. Oft ist es die Bezeichnung **Grüner Weg** oder **Grünstraß,** die auf römischen Ursprung hinweist. Diese Wege erhielten ihren Namen, als in nachrömischer Zeit die Straßen ihre Bedeutung verloren und sie sich mit einer dichten Grasdecke überzogen. Auch die Bezeichnung **Gracht** erinnert an einen ehemalig römischen Weg. So gibt es eine Gracht im Ortsgebiet von Würselen, eine Haarener Gracht und die Kahlgracht in Haaren.

Im ehemaligen Land der Ubier hat sich allerdings noch eine andere Erinnerung an römische Wege erhalten. Wie ich schon ausgeführt habe, sind nämlich Ortsnamen mit der Endung **-ich** durch eine Lautverschiebung aus der lateinischen Namensendung *-iacum* entstanden. Sie weisen daher auf römische Siedlungen hin. Nimmt man alle Orte hinzu, an denen man durch Zufall Überreste römischer Besiedlung gefunden hat, so hat man eine ganze Reihe von Siedlungsplätzen aus römischer Zeit. Man kann nun die nahe beieinanderliegenden Orte miteinander verbinden, da man annehmen darf, daß sie auch früher durch Wege zu erreichen waren. Auf diese Weise erhält man ein Netz von Querverbindungen, an dessen Knoten die Orte liegen.

Zugegebenermaßen kann man zunächst nicht wissen, in welcher Epoche solche Siedlungen entstanden sind. Wenn man das herausfinden will, muß man noch andere Kriterien hinzuziehen. Es ist sogar wahrscheinlich, daß diese Ansiedlungen erst im Laufe der Zeit als Raststationen *(mansiones)* oder als Plätze entstanden sind, an denen die Pferde gewechselt wurden *(mutationes)*. Dennoch zeigen sie uns, wo die römischen Wege und Straßen verliefen.

Die Figur 25 zeigt im wesentlichen das Wohngebiet der Ubier, in das die im Anhang aufgeführten Orte eingezeichnet sind. Sie liegen fast alle in einem annähernd gleichmäßigen Abstand von etwa acht Kilometern voneinander entfernt. Zugleich kann man erkennen, daß sich Aachen genau im Schnittpunkt dreier wichtiger Verbindungswege befindet.

Von Nordwesten führte eine Straße (A) von Nijmegen *(Noviomagus)* und Xanten *(Castra Vetera)* über Heerlen *(Coriovallum)* nach Aachen. Sie fand ihre Fortsetzung nach Süden hin über Kornelimünster *(Varnenum)*, um danach durch die Eifel nach Trier *(Augusta Treverorum)* und Reims *(Durocortorum)* zu verlaufen.

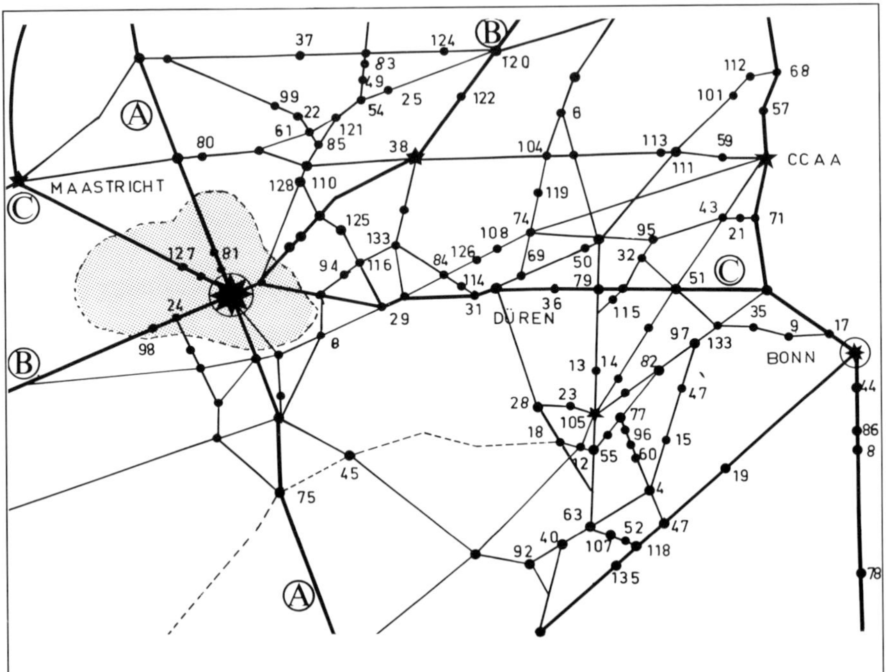

Figur 25
Das Netz der Verbindungswege in der Umgebung von Aachen ergibt sich aus den Ortsnamen im ehemaligen Land der Ubier, die auf -ich enden. Es stimmt gut mit bekannten Römerwegen überein und liefert darüber hinaus zusätzliche Informationen über die Infrastruktur. Aachen lag im Schnittpunkt dreier großer Straßen, die zu den Militärlagern am Rhein und im gallischen Hinterland führten.

Als zweite Hauptstraße (B) erkennt man den Weg von Neuss *(Novaesium)* über Jülich *(Iuliacum)* nach Aachen. Er setzte sich nach Südwesten hin über Gemmenich *(Gemeniacum)* nach Lüttich *(Leodiacum)* fort.

Die dritte Fernstraße (C) führte von Bonn *(Bonna)* über Düren *(Durum)* nach Aachen und von dort aus nach Maastricht *(Ad Mosam Traiectum).*

Entgegen einer häufig vertretenen Ansicht lag Aachen also offenbar nicht abseits der wichtigen Straßen im Hinterland. Zumindest gilt das nicht für jene frühe Periode des Aachener Legionslagers, als kürzeste Verbindungswege zu den wichtigen Militärstützpunkten Vetera, Neuss und Bonn am Rhein bestanden. Aachen besaß dazu eine direkte Anbindung an die Maas mit dem wichtigen Übergang über den Fluß. Von dort konnte leicht das Gebiet der Bataver am Niederrhein mit dem Hauptort Nijmegen *(Noviomagus)* auf Flußbooten erreicht werden. Darüber hinaus existierte eine direkte Verbindung in das gallische Hinterland zu den dortigen Stützpunkten an der Sambre und nach Süden hin in die Gegend von Trier und Reims.

Unter militärischen Gesichtspunkten ist ein solches Straßennetz eine Selbstverständlichkeit, wollte man die Aachener Legionen schnell an die Rheingrenze verlegen können. In Figur 2 hatten wir zudem ja schon gesehen, daß Aachen strategisch günstig lag. Ungefähr gleich groß war die Entfernung zu den alten gallischen Lagern und jenen neuen am Rhein.

Da wir nun wissen, welche großen Straßen nach Aachen führten, wollen wir nun untersuchen, wo diese Wege auf das Legionslager trafen. Betrachten wir zu diesem Zwecke die Figur 26. Sie zeigt uns die unmittelbare Umgebung von Aachen zur Zeit der Entstehung des Urkatasters, als zum ersten Mal eine genaue Vermessung des Landes durchgeführt wurde. Figur 26 liegt eine Landkarte zugrunde, die von preußischen Vermessungsingenieuren nach den Vorarbeiten der napoleonischen Landvermesser angefertigt wurde. Auf ihr ist das mittelalterliche Wegenetz noch weitgehend vollständig zu erkennen. Die römischen Hauptwege sind als Doppelstriche kenntlich gemacht, während die kleineren Verbindungswege zu den Landgütern durch dünnere Linien dargestellt sind. Die Zahlenangaben beziehen sich auf die Zusammenstellung im Anhang zum Buch. Wie ich schon früher erwähnte, treffen fast alle Wege unter Winkeln des Göttlichen Schnittes auf den Lagerwall. Das ist ein starker Hinweis darauf, daß sie aus der Zeit stammen, als das Tripellager geplant wurde.

Nach Nordosten führt eine Hauptstraße in Richtung Neuss und Köln (CCAA). Sie zieht auf der Trasse des **Grünen Weges** geradlinig durch die Soers und verzweigt sich bei Haaren. Hier biegt ein Ast nach Norden ab und führt über Würselen, Baesweiler, Linnich und Garzweiler nach Neuss.

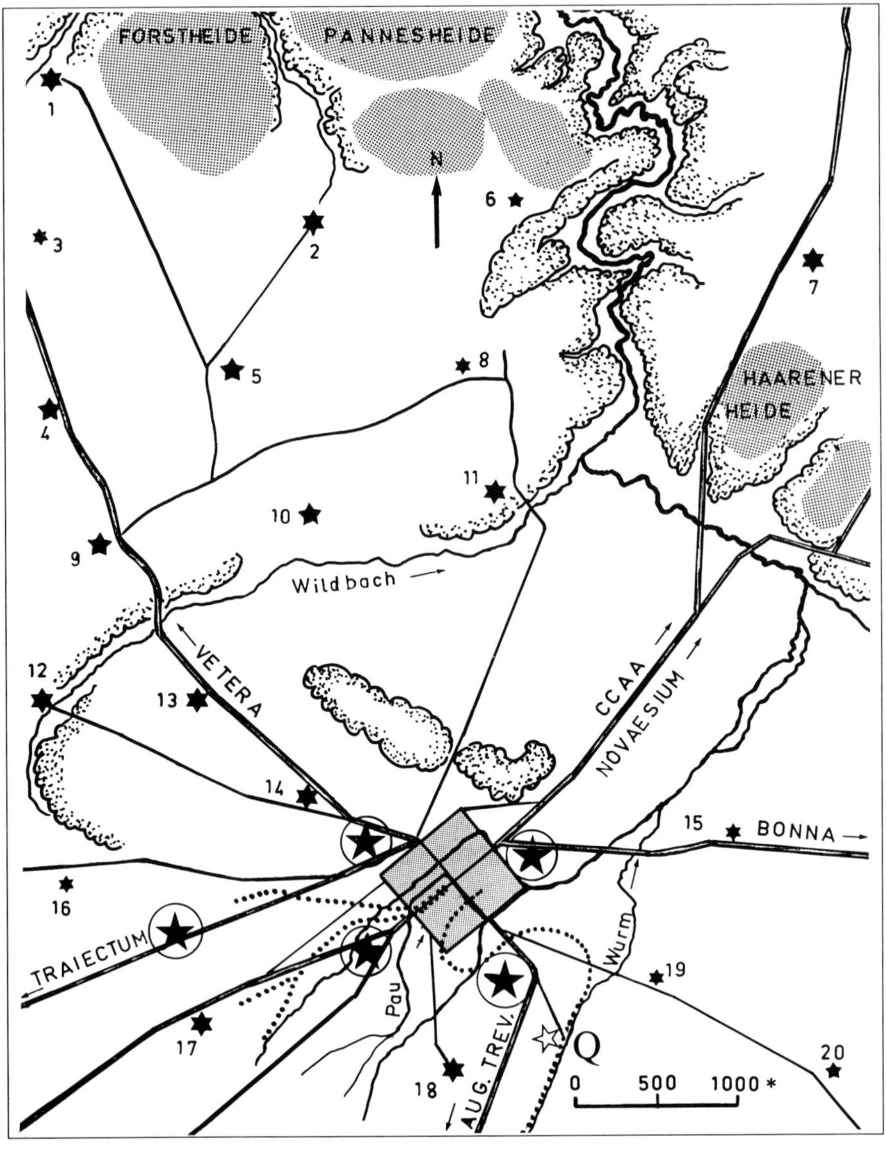

Figur 26
Die engere Umgebung des Aachener Tripellagers mit den nachgewiesenen Römerstraßen. Ehemalige Landgüter sind durch Sterne gekennzeichnet. An den Ausfallstraßen standen Wachttürme (eingekreiste Sterne). In Burtscheid (Q) existierte ein kleiner Badebezirk. Drei Wasserleitungen (gepunktete Linien) versorgten das Lager mit Frischwasser.

Der zweite Ast steigt zum Rande des Aachener Kessels hoch und verläuft über Broichweiden zum Übergang über die Rur bei Jülich. Von dort führte sie entweder weiter nach Garzweiler und Neuss oder auf geradem Weg nach Köln. Auf der Höhe von Weiden gab es eine Abzweigung, an der eine Strecke über Düren nach Bonn abging. Der Leser vergleiche dazu auch Figur 25.

An der **Hotmannspief** trifft diese Fernstraße auf eine kleinere, aber ebenfalls wichtige Straße, die nach Osten über Eilendorf zu den Ansiedlungen im Bergbaugebiet von Breinig und Gressenich führte. Dort befanden sich Bergwerke, in denen Kohle, Zink, Blei und Silber abgebaut wurden. Teilweise wurden die Erze dort an Ort und Stelle auch verhüttet. Diese Straße fand über Stolberg wieder Anschluß an die Trasse nach Bonn. Eine Abzweigung ging weiter südlich von diesem Wege über Forst nach Kornelimünster ab.

Als wichtigstes Lagertor gab es die *Porta Principalis Dextra* an der **Hotmannspief.** Das Tor schloß die Via Principalis nach Osten hin ab. Als Hauptachse führte die Via Principalis längs der heutigen **Kleinkölnstraße** zur Vorderseite des Lagerforums *(principia)* auf dem Markthügel. Von dort folgte sie der heutigen **Bendelstraße** nach Südwesten. Etwa in der Mitte der **Bendelstraße** lag die *Porta Principalis Sinistra* als Abschluß der Hauptstraße nach Westen. Auf der Höhe der Jakobskirche gabelte sich dann der Weg in Richtung Lüttich. Eine Nebenlinie führte über Hanbruch, der andere Ast als Gemmenicher Weg in das Bergbaugebiet von Kelmis und von dort weiter nach Lüttich zur Maas.

Im Inneren des Lagers waren die Straßen gut ausgebaut. Wir wissen aus den Untersuchungen der ausgegrabenen Straßenstücke im Bereich von Dom und am Johannisbach, wie sie angelegt waren. Auf einer 2' mächtigen Schicht aus Feuersteinkies waren Pflastersteine aus Blaustein oder aus Sandstein verlegt. Die Maße dieser Steine betrugen 1/2' x 1/2'. Die gewölbte Straßendecke wurde durch seitliche Gräben und Kanäle entwässert. In der Frühzeit des Lagers bestanden diese aus Holzrinnen, später dann aus Tonrohren.

Von Nordwesten kommend lief aus Richtung Heerlen die Straße von Vetera ein. Bei Laurensberg führte sie den steilen Hang hinunter und lief als **Grünstraß** auf der Trasse der **Süsterfeldstraße** direkt auf das Lager zu. Ungefähr auf der Höhe der heutigen **Schinkelstraße** traf sie auf den Weg von Seffent *(Septem Fontes)* und erreichte am **Templergraben** bei der Einmündung der **Wüllnerstraße** das nördliche Lagertor *(Porta Praetoria).* An gleicher Stelle endete auch der Weg, der von Westen geradewegs aus Maastricht kam.

Die Verlängerung der Straße aus Heerlen verlief innerhalb des Lagers als **Kortscheilgasse** – heute ist das die **Beginenstraße** – und dann als **Trichtergasse** nach Südosten. An der unteren **Franzstraße** stieß sie im weiteren Verlauf auf den Lagerwall. Das nördliche Lagertor an der Via Praetoria befand sich nordöstlich von der **Eilfschornsteinstraße.** Von dort führte die *Via Praetoria* durch die Mitte des Lagers, etwa zwischen **Eilfschornstein-** und **Pontstraße** verlaufend, zum heutigen Markt. Dort traf sie auf den Zentralen Bereich. Die Via Praetoria verlor nach Auflassung des Lagers ihre große Bedeutung, ist aber auf den alten Stadtplänen teilweise noch als schmale Gasse erkennbar. Im Zuge der heutigen **Hartmann-** und **Wirichsbongardstraße** verließ sie im Süden den Lagerbereich durch die Porta Decumana, um nun geradewegs über Burtscheid *(Porcetum)* in die Eifel zu führen.

An dieser Stelle behielt sie den alten Namen Hauptstraße = *Via Cardinis* noch in der später unverstandenen Form **(C)hardinis** bis ins Mittelalter bei. Unmittelbar hinter der *Porta Decumana* gab es einen Abzweig nach Osten, der vorbei am Landgut Kirberichshof nach Forst verlief. Die Straße nach Süden stieg den Berg hinauf bis zur Höhe des **Krugenofens,** von wo sie als Nebenstraße den Steilhang hinab an die heißen Quellen von Burtscheid führte. Die Hauptroute knickte auf der Anhöhe nach Südwesten ab, wo sie parallel zum Bergrücken in Richtung Walheim verlief.

Von Maastricht *(Ad Mosam Traiectum)* her kam die Verbindungsstraße zum gallischen Hinterland. Sie lief an dem Ufer der Geul entlang über Valkenburg bis Wittem. Danach begleitete sie den Senserbach. Bei Gut Neuenhof begann der Anstieg zum Hörnhang hinauf. Über Gut Muffet führte sie mit geradem Verlauf nördlich am Langen Turm vorbei zum Lager hinunter an die *Porta Praetoria.*

Zur Sicherung des Lagers gab es an den wichtigsten Weggabelungen Wachttürme. Sie dürften sich am **Krugenofen,** am **Templergraben** und bei der Jakobs- und der Peterskirche in den dort sich ausdehnenden Lagervorstädten befunden haben. In Figur 26 sind sie als fünfzackige Sterne gekennzeichnet.

In Sichtweite standen an den Ausfallstraßen Signaltürme. Sie dienten dem optischen Übertragen von Nachrichten mit Hilfe von Signalflaggen. Der Name von Gut Muffet lautete früher **Muppfert.** Er leitet sich durch Lautverschiebung von *mapparetum* her und enthält die lateinischen Wörter *mappa* für **Flagge** und *parere* für **vorzeigen.** Auch auf dem Schneeberg im Westen von Aachen fanden sich Überreste eines solchen Signalturmes.

Anders als in den späteren Jahrhunderten der römischen Vergangenheit Aachens waren also zur Zeit des Dreilegionenlagers die **Bendelstraße** und die **Kleinkölnstraße** als *Via Principalis* **die wichtigste Straßenachse** in Ost-West-Richtung. Die Nord-Süd-Achse dagegen verlief als heute nicht mehr erhaltene Straße zum Markt. Ihre Aufgabe wurde in späterer Zeit durch **Eilfschornstein-** und **Pontstraße** im Norden und durch die abgeknickte **Hartmannstraße** im Süden übernommen.

Es mag verwundern, daß es offenkundig aus der Frühphase des Lagers keinen wichtigen Römerweg gibt, der nach Osten auf geradem Wege zum ubischen Hauptort Köln führte. Der Grund dafür liegt darin, daß bei der Errichtung des Lagers noch gar keine Ubier auf linksrheinischem Gebiet angesiedelt worden waren. Der Ort, aus dem dann Kaiser Claudius im Jahre 50 n. Chr. die *Colonia Claudia Ara Agrippinensium* (CCAA) machte, war zu diesem Zeitpunkt noch gar nicht existent. Als er dann einige Jahre später während der Umsiedlungen als *Oppidum Ubiorum* gegründet wurde, hatte er zunächst keinerlei militärische Bedeutung. Daher gab es auch keinen trifftigen Grund für eine direkte Straßenverbindung vom Aachener Lager dorthin.

Nach der Errichtung des Lagers in Aachen machte die Erschließung des Gebietes zwischen Maas und Rhein schnelle Fortschritte. Sie erfolgte gleichzeitig von zwei Seiten her. Im Sommer rückte ein Teil der Truppe von den Sommerlagern in Vetera, Neuss und Bonn her in Richtung Aachen vor. Der andere begann wohl von Aachen aus mit dem Bau der benötigten Straßen. Sie führten möglichst auf geradem Weg durch das Gelände und nahmen wenig Rücksicht auf Steigungen. Der Grund dafür ist einsichtig: Die römischen Legionen bestanden aus Fußgängern, die mit ihrer Ausrüstung und Bewaffnung eine ziemliche Last zu schleppen hatten. Jeder unnötige Umweg bedeutete daher eine Verlängerung des Marsches.

Die durchschnittliche Straßenbreite betrug 5* für den Weg in der Mitte. Wo es möglich war, bedeckte den Unterbau aus grobem Schotter eine Schicht aus Kies und Geröll. Oft auch waren die Wege gepflastert. Mußte ein Bachlauf durchquert werden, so war die Straßendecke meist aus behauenen Quadern gemauert. In sumpfigen Gegenden verlegten die Legionäre Knüppeldämme, die sich im Hohen Venn noch bis in unsere Tage erhalten haben. An beiden Seiten des Weges lief ein Erddamm, der durch einen Graben vom Mittelweg abgetrennt war. Auf ihm zogen der Troß und die Reiterei parallel zu den marschierenden Soldaten. Meist lief man in Sechserreihen im Abstand von einem Schritt. Eine Legion als Marschkolonne zog also wie ein Lindwurm von gut zwei Kilometern Länge durch die Landschaft. Die durchschnittliche Marschleistung betrug in ebenem

Gelände zwei bis drei Meilen, also drei bis vier Kilometer pro Stunde. Alle zwei Stunden wurde gerastet, um Tiere und Menschen ein wenig ruhen zu lassen. An diesen Rastplätzen wurden Vorratshäuser *(mansiones)* und auch Stallungen für Pferde *(mutationes)* erbaut, da hier die schnellen reitenden Boten ihre Tiere wechselten.

An den Übergängen über Bäche und kleinere Flüsse dienten diese Einrichtungen gleichzeitig als Kontrollposten. Sie standen meistens unter der Aufsicht von ehemaligen Unteroffizieren, die solche Posten beim Ausscheiden aus dem aktiven Dienst als Belohnung *(beneficium)* erhielten. Sie wurden dann **Benefiziarier.** Im Laufe der Zeit siedelten sich an diesen Stellen auch Händler an, so daß die Posten oft zur Keimzelle einer größeren Siedlung wurden. Sie bewahrten, oft in veränderter Form, die römischen Namen. Heute können wir sie zur Festlegung der Straßenverläufe verwenden, wenn die Wege selber auch nicht mehr erhalten sind.

Parallel mit der Erschließung des Landes leitete Agrippa als Statthalter eine Umsiedlung des Stammes der Ubier auf das linke Rheinufer ein. Zunächst hatte er zwar den Fluß noch einmal überschritten, um den Germanen deutlich zu machen, daß sich durch die Ermordung von Caesar gar nichts an den Machtverhältnissen geändert hatte. Er erkannte jedoch als guter Stratege, daß auf längere Sicht ein entvölkertes Land dem Druck der germanischen Überbevölkerung nicht standhalten konnte. Ein weiterer Anlaß für die Umsiedlung war dadurch begründet, daß man auch Arbeitskräfte benötigte, die das landwirtschaftlich genutzte Militärterritorium bewirtschaften sollten.

Die Ubier hatten schon unter Caesar die erste germanische Reitertruppe gestellt und Roms Vorherrschaft anerkannt. Zunehmend geriet der Stamm deshalb unter den Druck derjenigen germanischen Stämme, die sich Rom keineswegs unterwerfen wollten. Die Umsiedlung der Ubier löste für Rom daher mehrere Probleme gleichzeitig. Einmal wurde eine neue heimische Führungsschicht etabliert, die Rom ergeben war. Sie konnte sich bei der Verteilung des Siedlungslandes leicht eine neue stabile Machtbasis schaffen. Zum zweiten stellten diese Ubier als tapfere Kämpfer eine geschätzte Hilfstruppe dar. Sie übernahmen nämlich zugleich die Aufgabe, den linksrheinischen Raum gegen nachrückende Germanen zu schützen. Der Name Caesars ging durch die Ubier in der Gestalt des Wortes **Kaiser** als eines der ersten Lehnwörter in den deutschen Wortschatz über.

Princeps Octavianus

Mit dem Jahre 37 v. Chr. übernahm Octavian selbst die Befehlsgewalt in den gallischen Provinzen. Seinem Vertrauten Agrippa übertrug er die Aufgabe, sich um den Bau einer Flotte zu kümmern, die für den Kampf gegen die Piraten des Sextus Pompeius gebraucht wurde. Agrippa beherrschte schnell dies neue Machtmittel und besiegte im Jahre 36 bei Mylae und Naulochos die Schiffsverbände der Seeräuber unter der Führung des Pompeius. Endlich war Schluß mit der Unsicherheit der Schiffahrtsverbindungen im Mittelmeer und den Unterbrechungen der Getreidelieferungen für die Hauptstadt Rom.

Im selben Jahr trennte sich Antonius von Octavia, der Schwester des Octavian, und heiratete die ägyptische Königin Cleopatra VII. Unter ihrem Einfluß begann er, in Ägypten ein orientalisches Sultanat zu begründen. Ja, er schreckte nicht einmal davor zurück, seiner neuen Gemahlin römisches Gebiet zu schenken. Damit zeichnete sich bereits ab, daß es sehr bald zu einer Auseinandersetzung zwischen Octavian und dem Hauptkonkurrenten Antonius um die Vorherrschaft kommen würde, nachdem dieser die familiären Bande zum iulischen Hause abgebrochen hatte.

Antonius verfügte zwar mit dem Besitz der reichen Provinz Ägypten über große Geldmittel und besaß auch aus den Partherkriegen kampferprobte Legionen, jedoch hatte er durch die Überstellung eines Teils seiner Flotte für den Pompeiusfeldzug die Vormachtstellung zur See aus seinen Händen gegeben. Zwischen beiden Rivalen wuchsen die Spannungen, wenngleich das Triumvirat im Jahre 37 noch einmal für weitere fünf Jahre verlängert wurde.

Octavian hielt sich konsequent an die Spielregeln, die sein Adoptivvater Caesar vorgegeben hatte: Er baute zunächst seine Machtbasis in Gallien aus. Gallien war ein reiches Land, doch mußten seine Schätze auch zugänglich gemacht werden. Im Jahre 37 wurde die erste Steuerschätzung *(census)* der steuerpflichtigen Nichtbürger durchgeführt, die sich von da ab alle fünf Jahre wiederholte. Dreizehnmal im Jahr mußten die Abgaben als monatliche Geldzahlungen oder in Form von Naturalabgaben entrichtet werden. Zusätzlich wurden Truppen ausgehoben.

Gallien *(Tres Galliae)* bestand zu jener Zeit steuerlich aus zwei Gebieten. Sie umfaßten den Süden mit der Provence und Aquitanien sowie den Norden mit *Gallia Lugdunensis* und *Belgica.* Verwaltungssitz wurde Lyon *(Lugdunum),* wo ein zentraler Tempel für alle gallischen Stämme entstand. Die steuerliche Erfassung ermöglichte eine schnelle Aufrüstung.

Im Jahre 31 v. Chr. wagte Octavian die Auseinandersetzung mit Antonius. Bei Actium trafen am 2. September 31 vor der griechischen Küste die

Flotten der Cleopatra unter Führung des Antonius und die von Octavian aufeinander. Sie wurde von Agrippa als Admiral befehligt. Er erwies sich als der bessere Stratege und verfügte über wendigere Galeeren. Schon bald wandte sich Antonius zur Flucht nach Ägypten, wohin ihn Agrippa verfolgte. Im August des folgenden Jahres wurde Alexandria eingenommen. Antonius und Cleopatra nahmen sich das Leben, und Ägypten wurde römische Provinz.

Nun war Octavian Alleinherrscher, da es ihm gelungen war, den dritten Mann des Triumvirates, Lepidus, bereits im Jahre 36 zum Rückzug aus der Politik zu bewegen. Allerdings gab es noch zwei größere Probleme, die es zu lösen galt. Zum einen besaß er durch den Sieg über Antonius wiederum eine Armee, die viel zu groß und zu teuer war, zudem viel zu gefährlich für den Herrscher. Allzuleicht konnten die Befehlshaber der Teilheere auf den Gedanken kommen, sich selber in die Politik in Rom einzumischen. Die römische Kaiserzeit ist voll von solchen Ereignissen! Zum zweiten war die Rolle des Adels nicht geklärt, der ja durch Caesars immerwährende Diktatur von den Staatsämtern ausgeschlossen worden war. Dieses ungelöste Problem hatte Caesar schließlich das Leben gekostet.

Octavian fand eine Lösung. Er schuf mit dem **Prinzipat** eine neue Verfassungswirklichkeit, die die Mängel der republikanischen Ordnung durch seine starke Führungsrolle beseitigte. Zugleich vermittelte sie aber den alten Familien auch das Gefühl, wieder an der Staatsführung beteiligt zu sein.

Am 13. Januar des Jahres 27 legte er vor dem Senat die Macht nieder und gab dem römischen Volk formal die Verwaltung des Staates in dessen eigene Hände zurück. Er selber wurde per Akklamation zum *Princeps* ernannt und erhielt den Titel *Augustus,* was wörtlich übersetzt **Mehrer des Reiches** bedeutet. Tatsächlich war es aber nur ein Titel, wie ihn schon Pompeius ***Magnus*** und Sulla ***Felix*** als Ausdruck überragender Vollmachten in ähnlicher Form getragen hatten. Dem Namen nach war Augustus so nur **Erster unter Gleichen.**

Für die nächsten vier Jahre übernahm er zwar „auf Drängen des Volkes" bald noch einmal das Amt des Konsuls im Gemeindestaat Rom und zugleich eine allgemeine Befehlsgewalt im Reich. Sie sicherte ihm den Oberbefehl über die Armee, die Führung der Außenpolitik und die Macht in den Provinzen *(Imperium proconsulare).* Im allgemeinen wurden die Ämter jedoch von römischen Senatoren bekleidet.

Augustus war auf diese Weise weder Diktator noch König, besaß jedoch de facto die ganze Macht im Staate, ohne die Ämter formal innezuhaben. Durch Senatsbeschluß ließ er sich auch für zehn Jahre die Statthalterschaft über die gallischen Provinzen übertragen. Die Herrschaft über die Provinz

Ägypten hatte er schon seit Actium für sich in Anspruch genommen. Es fehlte somit nicht an den finanziellen Mitteln, um die Armee zu finanzieren.

Der Balanceakt zwischen einer ausreichenden Truppenstärke der Armee zum Schutze des Imperiums einerseits, einer nicht zu mächtigen selbständigen zweiten Macht im Staate andererseits, wurde ebenfalls bewältigt. Zunächst verringerte Augustus die Zahl der Legionen durch Entlassungen wieder auf achtundzwanzig. Die Soldaten wurden als Kolonisten in den Provinzen angesiedelt. Das verbleibende Heer verteilte der Princeps weiträumig auf die Nordgrenze in Gallien, den Alpenraum und die Donaulinie. In Syrien und Ägypten sowie in Nordafrika und Spanien standen weitere Truppenteile. Gleichzeitig führte Augustus eine Heeresreform durch. Befehlshaber der Teilheere wurden Generäle, die an seiner Stelle kommandierten *(Legati Augusti Pro Praetore).* In den folgenden Jahren waren diese Posten meist das Sprungbrett für weitere hohe Staatsämter. Oft wurden sie von kaiserlichen Prinzen oder anderen Familienmitgliedern des Kaiserhauses bekleidet.

Nachdem sich Augustus so nach außen von der Bürde der Herrschaft in Rom befreit hatte, war es ihm möglich, sich im Sommer des Jahres 27 wieder nach Gallien zu begeben. Dort führte er eine neue Steuerschätzung durch und **ordnete Leben und Gemeinwesen der Bewohner,** wie es beim Geschichtsschreiber Cassius Dio heißt.

Am 1. Juli 23 verzichtete Augustus sogar auf die Weiterführung des Konsulats, übernahm aber die Vorsorge für die Getreideversorgung der römischen Bevölkerung und die Instandhaltung des Straßennetzes. Die römische Adelsgesellschaft war durch den hundert Jahre währenden Bürgerkrieg so sehr ermüdet und geschwächt, daß sich niemand mehr als Konkurrent in den Vordergrund drängte. Augustus herrschte unangefochten. So war es eigentlich nur natürlich, daß er im Jahre 19 doch wieder Konsul auf Lebenszeit und sieben Jahre später dann auch Oberster Priester wurde. Im Jahre 2 v. Chr. nahm er sogar den Titel Vater des Vaterlandes *(Pater Patriae)* an. Alle Macht im Staat war nun in seiner Person *(auctoritas)* gebündelt, war auf ihn zugeschnitten und bestimmte in dieser Form für Jahrhunderte die Struktur des römischen Imperiums.

In den Jahren 22 bis 19 mußte sich Augustus um die Provinzen im Osten kümmern. Er trat eine längere Orientreise nach Griechenland, Syrien und Ägypten an. Während seiner Abwesenheit kam es in Gallien zu erneuten Aufständen der Bevölkerung. Zu groß war die Steuerlast und zu streng die Art und Weise der Eintreibung der Steuern. Nun lebte auch das alte Problem der Germanen wieder auf, die von jenseits des Rheines nach Gallien eindrangen. Die Ansiedlung der Ubier hatte keine dauerhafte Befriedung bewirkt. Am Unterlauf des Rheines saßen noch immer die Usipeten und Tenkterer, mit denen sich schon Caesar vor einer Generation herumgeschlagen hatte. Sie übten Druck aus auf den Stamm der Cugerner, die zwischen Ruhr und Sieg siedelten. Immer wieder drangen bewaffnete Scharen über den Rhein und plünderten die Felder, stahlen das Vieh und destabilisierten die gallischen Stämme und Roms Herrschaft. Immer aufs neue suchten die Germanen in Gallien nach Land, verstärkt noch nachdem Rom mit der Ansiedlung der Ubier ein Exempel vorgegeben hatte.

Die unsichere Lage an den Nordgrenzen des Imperiums störte in starkem Maße die Illusion der römischen Bevölkerung, daß nun mit Augustus die Zeit des Krieges im Inneren und nach außen hin zu Ende sei. Die Lage in Nordostgallien bedurfte wieder einer energischen Hand in Gestalt des Agrippa, der als Statthalter seinen Princeps vertreten sollte.

Im Jahre 20 v. Chr. wurde Agrippa zum zweiten Mal Statthalter in Gallien. Für den Feldherren war zunächst einmal die schöne Zeit in Rom vorüber, während der er als Baumeister und Architekt den Tempel des Pantheons, die öffentlichen Bäder und die Aquädukte für die Wasserversorgung der Hauptstadt hatte errichten lassen. Vielleicht hatte ihn ja erst sein Aufenthalt bei den heißen Quellen von Aachen – als er im Jahre 39 das Dreilegionenlager erbauen ließ – auf den Gedanken gebracht, im Jahre 34 dem Volk von Rom die ersten öffentlichen Bäder zu übergeben.

Vordergründig gelang Agrippa offenkundig schnell eine Beruhigung der Situation. Die Durchführung des Baues von Fernstraßen aus dem Inneren Galliens in seinen Nordostteil konnte er bald den Legionen überlassen. Schon nach einem Jahr kehrte er nach Italien zurück. Im Jahre 18 berief ihn der Senat auf Wunsch des Augustus, wie sich Octavian nun nannte, zum Mitregenten mit gleichen Vollmachten wie der Princeps sie selbst besaß.

In Asien war es gelungen, sich mit den Parthern zu arrangieren, welche die letzten erbeuteten Legionsadler der Truppen des Antonius zurückgaben. Als Gegenleistung verzichtete Rom auf eine weitere Expansion im Osten. So konnte im Jahre 17 der Weltfrieden *(Pax Augusta)* ausgerufen werden. Dem römischen Imperium schien eine Epoche des Friedens und der inneren Stabilität bevorzustehen.

Leider trog der Schein, denn im Jahre 16 kam es am Rhein zu einem Zwischenfall, der eher „Schande denn Schaden“ für Rom bedeutete. Unter dem Legaten Lollius führte eine Legion auf dem rechten Rheinufer logistische Aufgaben durch. Dabei wurden einige kleinere Einheiten von den Cugernern überfallen und etliche Legionäre gekreuzigt. Germanische Reiter drangen gleichzeitig über den Rhein vor, besiegten in einem Scharmützel die römische Hauptstreitmacht und eroberten den Legionsadler. Das bedeutete eigentlich keine militärische Gefahr, machte aber doch sehr deutlich, daß der Rhein keine sichere und befriedete Grenze darstellte. Wollte man das Germanenproblem ein für allemal bereinigen, so mußte das Land auf dem rechten Rheinufer als Vorfeld unter militärische Kontrolle gebracht werden. Roms Truppen mußten einen Einmarsch in das freie Germanien *(Germania Magna)* vorbereiten, um die unruhigen germanischen Volksstämme seiner Herrschaft zu unterwerfen. Nur wenn das erfolgreich gelang, würde es Sicherheit für die gallischen Provinzen geben.

Teil II
Der Germanische Krieg

Noch im Jahre 16 eilte Augustus nach Gallien, um die Angelegenheit selbst in die Hand zu nehmen. Die Pax Augusta stand schließlich auf dem Spiel, so viel war dem Princeps klar. Gallien wurde neu geordnet und in die drei Provinzen *Aquitania, Gallia Lugdunensis* und *Belgica* gegliedert. Im Aufmarschgebiet des geplanten Eroberungsfeldzuges mußten zunächst einmal logistische Vorbereitungen getroffen werden, ohne die ein Einmarsch nach Germanien ein zu großes Risiko dargestellt hätte.

Eine dauerhafte Lösung des Germanenproblems mußte darüber hinaus auch die Alpengrenze sichern, die von den Barbaren als Einfallstor nach Italien benutzt werden konnte. Die beiden Stiefsöhne des Augustus, Tiberius und Drusus, erhielten den Oberbefehl über die Legionen, welche zunächst das Gebiet zwischen Donau und Oberitalien besetzten und die dort siedelnden Räter und Vindelicier besiegten und unterwarfen. Im Jahre 14 waren auch die bis dahin noch freien Ligurer dem Imperium einverleibt und die Nordgrenze Italiens endgültig durch die Beherrschung der Alpen gesichert. Tiberius und Agrippa übernahmen in den folgenden vier Jahren den Befehl über die Legionen VIII, IX, XV, XX und XXI in Pannonien, dem Gebiet des heutigen Ungarn. Sie sollten dort die Donau als Grenze dauerhaft etablieren. Drusus wurde im Jahre 13 zum Statthalter der drei gallischen Provinzen *(Tres Galliae)* und damit zum Oberbefehlshaber der dortigen Legionen ernannt. Im Aachener Lager standen die XVII., XVIII. und XIX. Legion, am Oberrhein in Straßburg die XIII., in Mainz die XIV. und die XVI. Legion. Im Jahre 12 begann der Germanienfeldzug des Drusus.

In den vorangegangenen Jahren hatten die Vorbereitungen stattgefunden. Am Niederrhein war in Nijmegen *(Noviomagus)* ein Standlager errichtet worden, etwa gleichzeitig mit einem Lager gegenüber der Lippemündung. *Castra Vetera* = **Altes Lager** wurde der Standort benannt, da an gleicher Stelle bereits Caesar ein Legionslager aufgeschlagen hatte. Damals im Jahre 55 hatte er mit den Usipiten und Tenkterern Krieg geführt, weil diese den Rhein auf der Suche nach Siedlungsland überschritten hatten. Auch nach Neuss wurde eine der Aachener Legionen ins Sommerlager verlegt. Somit befanden sich im Frühsommer des Jahres 12 drei Legionen als niedergermanisches Heer in vorgeschobenen Lagern am Rhein. Die Militärdomäne Aachen lieferte inzwischen die Versorgungsgüter für die Truppe, denn das Straßennetz war fertiggestellt, um den Nachschub an Nahrung und Waffen an die Front bringen zu können.

Weiter südlich war bei Mainz *(Mogontiacum)* ein Zweilegionenlager für die XIV. und XVI. Legion errichtet worden. Sie bildeten dort zusammen mit der aus Straßburg *(Argentodurum)* herbeigeführten XIII. das obergermanische Heer. Auf Rhein und Maas war eine Flotte stationiert, mit welcher der Vormarsch nach Germanien begann. Im Jahre 13 hatten die Pioniereinheiten einen Kanal vom Rhein ins Ijsselmeer *(Fossa Drusi)* gegraben, der es gestattete, mit den Kriegsgaleeren auf verkürztem Wege das offene Meer zu erreichen.

Zunächst wurden die Küstenstämme der Bataver, Friesen und Chauken am Niederrhein, beiderseits der Ems und an der Wesermündung unterworfen. So war der Rücken frei, um sich gegen den eigentlichen Gegner, die Usipiten und Tenkterer zu wenden, die nördlich der Lippe siedelten. Sie übten starken Druck auf die Cugerner aus, die als Folge davon über den Rhein drängten.

Der Vormarsch führte die römischen Legionen bis an die Weser. Erstmals konnte in Germanien ein festes Winterlager in Oberaden an der Lippe errichtet werden. Drusus hätte wohl auch noch die Weser überschritten, wenn nicht der Nachschub an Lebensmitteln ausgeblieben und der Winter hereingebrochen wäre.

Im Jahre 9 v. Chr. gelangte Drusus mit den obergermanischen Legionen, von Mainz aus durch das Land der Chatten marschierend, bis an die Elbe. Der Volksstamm der Chatten bedrängte von Süden her die Cugerner. Nachdem die Chatten vor den Römern in die Wälder geflüchtet waren, konnte Drusus davon ausgehen, daß der Druck auf die Rheingrenze nun erst einmal aufhören würde.

Die Unterwerfung der Chatten forderte das Leben vieler Legionäre, und die Moral der Truppe war nicht mehr die beste. Dennoch zog der Feldherr zum Land der Cherusker, das er völlig verwüstete. Nachdem er Siegeszeichen an der Elbe errichtet hatte, kehrte er mit seinen Soldaten um. Im selben Sommer rückte Tiberius mit seinem Heer in Richtung Norden über die Donau vor und brachte so das Vorrücken der Markomannen nach Süden zum Stillstand. Der Stamm siedelte sich daraufhin in Böhmen an.

Alles schien erfolgversprechend zu verlaufen, als Drusus vom Pferd stürzte und sein Oberschenkel dabei zerschmettert wurde. Der junge Feldherr starb während des Rückmarsches nach Mainz am Wundbrand. Augustus hatte innerhalb von drei Jahren zwei seiner wichtigsten Befehlshaber verloren, da Agrippa bereits im Jahre 12 in Pannonien erkrankt und an den Folgen der Krankheit gestorben war.

Der Princeps hielt sich gerade in Gallien auf und beauftragte umgehend Tiberius mit dem Oberbefehl in Germanien. Der traf den jüngeren Bruder dort noch lebend an und brachte den Leichnam anschließend nach Rom, wo er auf dem Forum aufgebahrt und verbrannt wurde. Drusus, posthum, und sein kleiner Sohn erhielten den erblichen Titel *Germanicus* verliehen.

Am 30. Januar 9 wurde ungeachtet des germanischen Feldzuges auf dem Marsfeld in Rom der Friedensaltar *(Ara Pacis Augustae)* eingeweiht. Es war absehbar, daß die Angelegenheiten an der Nordgrenze bald abgeschlossen werden mußten.

Noch einmal stößt Tiberius weit nach Germanien vor. Er trifft an der Unterelbe nach heftigen Kämpfen mit den Langobarden seine Flotte, die zum ersten Mal Jütland umrudert hatte und bis zur Ostsee vorgedrungen war. Hierbei erkannte Tiberius wohl schon deutlich, daß sich eine wirkliche Eroberung und Besetzung Germaniens nicht durchführen ließen. Das Land östlich des Rheins bot auch nichts, was des Eroberns wert gewesen wäre.

Zur endgültigen Stabilisierung der Grenze wurden stattdessen größere Umsiedlungsmaßnahmen getroffen. Etwa vierzigtausend Cugerner wurden, wie schon erwähnt, aus ihren angestammten Gebieten an der Sieg deportiert und nördlich der Ubier zwischen Rhein und Maas angesiedelt. In der Nähe von Castra Vetera wurde als Hauptort des Stammes *Cugernidurum* bestimmt. Knapp hundert Jahre später sollte aus ihm die *Colonia Ulpia Traiana* (CUT) werden. In das entvölkerte Land der Cugerner rückten die Tenkterer ein, deren Druck auf die Rheingrenze dadurch nachließ.

Weiter im Osten wurden in Thüringen die Hermunduren im Gebiet der nach Böhmen gezogenen Markomannen angesiedelt. Die germanischen Stämme westlich der Elbe waren auf diese Weise neu geordnet. Rom konnte meinen, die Lage sei damit dauerhaft stabilisiert. Die Lager an der Lippe wurden jedenfalls im Jahre 8 v. Chr. aufgelassen und die Legionen in ihre angestammten Winterlager am Rhein und in Aachen zurückverlegt.

Inzwischen hatte Augustus seinen Feldherren Tiberius im Jahre 11 v. Chr. gezwungen, die Ehe mit seiner schwangeren Frau Vipsania aufzukündigen und Iulia, die Witwe Agrippas, zu heiraten. Sie war das einzige leibliche Kind des Augustus und hatte mit Agrippa bereits fünf Kinder. Die Ehe gestaltete sich äußerst schlecht, da Tiberius von Iulia als nicht standesgemäß behandelt wurde. Es kam zu Spannungen mit den von Augustus zu Thronfolgern ausersehenen ältesten Söhnen der Iulia, Lucius Caesar und Gaius Caesar. Statt sich als Mitregent um die Neuordnung Armeniens zu kümmern, begab sich Tiberius lieber ins freiwillige Exil nach Rhodos.

Erst im Jahre 4 n. Chr. kehrte er auf Drängen des Augustus in die Politik zurück. Die beiden Söhne der Iulia waren inzwischen gestorben, und Augustus hatte keinen Nachfolger mehr. Iulia und ihr Sohn Agrippa wurden wegen unsittlichen Lebenswandels in die Verbannung geschickt. Wohl oder übel adoptierte der immer autoritärer regierende Augustus nun auch den eher ungeliebten Tiberius. Unter dem Namen Tiberius Iulius Caesar wird er zum Nachfolger bestimmt. Er „bezahlt“ mit einem neuen Kommando in Germanien, da sich dort die Verhältnisse als nicht dauerhaft stabil erweisen. Tiberius versucht mit Diplomatie zu einem Arrangement mit den Cheruskern zu kommen, die sich nicht der römischen Herrschaft unterwerfen wollen. Zugleich beginnt er mit der Sicherung des neugewonnenen Gebietes durch die Errichtung von neuen Legionslagern und den Bau von Straßen.

Offenbar paßt das aber nicht ins Konzept des Augustus. Schon bald wird Tiberius an die Donau beordert. Von dort soll in einer gemeinsamen Operation mit den Legionen des germanischen Heeres das Reich der Markomannen in einem groß angelegten Feldzug unterworfen werden. Als Reaktion auf die Angriffe Roms war es nämlich zur ersten germanischen Reichsgründung durch König Marbod in Böhmen gekommen.

Eine Reihe germanischer Stämme schließt sich unter seiner Führung zusammen. Marbod mobilisiert ein Heer von 70 000 Kriegern und 4000 Reitern, worauf sich Tiberius zu einem Zangenangriff gegen Marbod entschließt. Insgesamt zwölf Legionen mit ihren Hilfstruppen werden aufgeboten. Sie sollen in einer großen Bewegung vorrücken, um die militärische Front auf eine Linie Elbe – Böhmerwald – Donau zu verkürzen. Doch da bricht in Pannonien ein das ganze Land erfassender Aufstand los. Tiberius muß seine Truppen dorthin werfen.

Der Aufruhr bindet für die Jahre 6 bis 9 n. Chr. die militärischen Kräfte in einem solchen Ausmaß, daß sich auch im Gebiet zwischen Rhein und Elbe die germanischen Stämme unter der Führung der Cherusker gegen die römische Herrschaft erheben. Im Sommer des Jahres 9 n. Chr. kommt es im *Saltus Teutoburgiensis* zu jener folgenschweren Schlacht zwischen den Römern unter ihrem Feldherrn Varus und den Germanen unter ihrem Häuptling Arminius. Wie wenige andere Schlachten hat sie die Entwicklung der ganzen folgenden Jahrhunderte verändert. In ihrem Verlauf werden die XVII., die XVIII. und die XIX. Legion zusammen mit vielen Hilfstruppen aufgerieben. Das blieb nicht ohne Folgen für das Dreilegionenlager in Aachen.

Die Niederlage des Varus

Arminius, ein junger Fürst aus dem Stamme der Cherusker, hatte als römischer Hauptmann an der blutigen Niederwerfung des pannonischen Aufstandes teilgenommen. Er war in der römischen Kriegsführung geschult, sprach Latein und besaß das römische Bürgerrecht. Als er im Jahre 9 n. Chr. zu seinem Stamme zurückkehrte, war er mit der Ritterwürde ausgezeichnet. Er hatte den festen Entschluß gefaßt, sich an die Spitze derer zu stellen, die nicht gewillt waren, sich der römischen Herrschaft zu unterwerfen. Zu diesem Zwecke organisierte er einen Aufstand der Stämme zwischen Rhein und Elbe.

Sein Gegenüber auf römischer Seite war Quintilius Varus. Nachdem Tiberius nach Pannonien abberufen worden war, trat Varus seine Nachfolge als Statthalter an. Er war ein Verwaltungsfachmann, der lange Jahre im Auftrag von Augustus in Syrien tätig gewesen war und als Schwiegersohn des Agrippa allerhöchste Protektion genoß. Als Jurist hatte er sich das Ziel gesteckt, in Germanien nun nach der militärischen Niederwerfung eine zivile römische Verwaltung aufzubauen. Obwohl er bereits achtundvierzig Jahre alt war, besaß er keine große militärische Erfahrung.

Als Varus am Rhein erschien, herrschte in Germanien Ruhe. Märkte wurden eröffnet und friedlicher Handelsverkehr mit ihnen unterhalten. Die Aufgabe des neuen Statthalters war es, diesen Frieden dauerhaft zu gestalten und ein Entwicklungsland in eine zivilisierte Region zu verwandeln. Das bedeutete die Organisation einer Verwaltung, die Anlage von Gewerbebetrieben und die Ausbeutung der Bodenschätze. Vor allem hieß das aber auch die Einführung eines Maß- und Münzsystems, des römischen Rechtes und römischer Steuergesetze. Das ungeschriebene Recht der Germanen erschien Varus als eine Mischung aus Aberglauben und Willkür, an dessen Stelle es das ausgebildete Rechtswesen der Römer zu setzen galt.

Die Art und Weise allerdings, wie er das tat, wirkte wie ein Schlag ins Gesicht der freiheitsliebenden Germanen. Stockhiebe und Auspeitschungen in aller Öffentlichkeit, Folter und Hinrichtungen, das war für freie Krieger, die ihr Recht auf eigene Faust durchzusetzen gewohnt waren, der Tropfen, der das Faß zum Überlaufen brachte. Diese römischen Gesetze erschienen ihnen noch grausamer zu sein als die römischen Waffen. Neben der Rechtsprechung erbosten die Steuergesetzgebung und das Eintreiben der Abgaben so sehr, daß viele Stämme es schließlich vorzogen, lieber ihr Leben aufs Spiel zu setzen, als sich weiter das Blut aussaugen zu lassen. Es waren die gleichen Gründe, die den Balkan in Aufruhr versetzt hatten. Es war geschehen, weil „...ihr den Herden keine Hirten, sondern

Wölfe gabt“, wie ein Aufständischer auf die Frage nach dem Grund der Erhebung geantwortet haben soll. Ohne Arminius als Anführer des Aufstandes wäre Germanien vermutlich allerdings das Schicksal des Balkans beschieden gewesen. Seine taktische Einsicht, daß man die römischen Truppen weit vom Rhein weglocken müsse, um ihnen den Ort des Kampfes vorzugeben, brachte den militärischen Erfolg. In offener Feldschlacht waren die germanischen Krieger den disziplinierten römischen Kampfverbänden allemal unterlegen.

Mit der Nachricht, entfernt wohnende Stämme erhöben sich gegen Rom, ließ sich Varus leicht verlocken, mit den drei Aachener Legionen im Frühsommer des Jahres 9 in Richtung Elbe zu marschieren. In einem Sommerlager an der Weser fand sich Arminius bei Varus ein. Dort gelang ihm ein Meisterwerk der Täuschung. Er konnte nämlich Varus so verblenden, daß er seinen bittersten Feind für einen Freund hielt. Arminius nutzte die Eitelkeit des Varus aus und schmeichelte sich bei ihm ein, indem er die juristischen Fähigkeiten des Statthalters über alle Maßen lobte. Dieser empfing in seinem Lager Delegationen der verschiedenen Stämme, ermutigte die römerfreundlichen Parteien und versuchte, die römerfeindlichen abzuschrecken. Kurz vor Verlassen des Sommerlagers und der Rückkehr in das befestigte Winterquartier von Aachen meldete Arminius die Erhebung eines kleinen Stammes. Varus nahm den Köder auf. Nebenbei auf dem Rückweg sollte das Problem gelöst werden.

Die Hilfstruppen wurden in ihre überall im Lande verteilten Stützpunkte entlassen. Dann marschierten die drei Legionen mit einem besonders großen Troß im Gefolge los. Schließlich war man nicht im Kriege. Warum sollten die Offiziere da auf den gewohnten Komfort verzichten? Es wimmelte daher auch nur so von Sklaven und Freigelassenen, Dirnen, Marketendern und Händlern, die sich alle in den Zug der Soldaten mit hineindrängten, als er sich langsam und schwerfällig in völliger Ahnungslosigkeit dahinwälzte. Nicht einmal Gefechtsbereitschaft war befohlen worden, als der Todesmarsch der Legionäre begonnen hatte. Wozu auch, begleitete doch eine große Zahl germanischer Stammesfürsten den Zug? Sie schienen für die Sicherheit zu bürgen.

Nach einigen Tagesmärschen melden sie sich ab, um angeblich ihre Hilfstruppen zu holen. Mit denen wollen sie zu Varus stoßen, um den Aufstand niederzuschlagen. Diese Truppen begleiten jedoch bereits seit Beginn des Marsches wie eine Geisterarmee den Heerzug. Sie kennen genau das Gelände, warten nur auf den richtigen Ort und den passenden Zeitpunkt zum Losschlagen.

Die römischen Geschichtsschreiber stützten sich bei der Schilderung der Varusschlacht auf Augenzeugenberichte. Da nur wenige historische

Schlachten von so weitreichender Wirkung gewesen sind wie jene im Teutoburger Wald, soll der Geschichtsschreiber Cassio Dio zu Wort kommen:

„... Denn das Gebirge war reich an Schluchten und ungleichmäßig gestaltet, die Bäume dicht und übergroß, so daß die Römer, schon ehe die Feinde über sie herfielen, durch Fällen der Bäume, Bahnen von Wegen und Anlage von Brücken, wo es das Gelände erforderte, in arge Bedrängnis gerieten. Sie führten auch viele Wagen und Saumtiere mit sich, wie mitten im Frieden. Auch zahlreiche Burschen und Weiber und der übrige Troß folgte ihnen. Auch dieser Umstand veranlaßte sie, den Marsch in aufgelöster Ordnung zu machen. Dabei brach ein heftiger Regen und Sturm los und zersprengte die Kolonne noch mehr; der Erdboden wurde an den Wurzeln und den unteren Stammenden schlüpfrig, so daß sie fast bei jedem Schritt ausglitten. Baumkronen stürzten, vom Sturm zerschmettert, hernieder und brachten sie in Verwirrung. Während die Römer in dieser verzweifelten Lage waren, umzingelten sie die Barbaren plötzlich von allen Seiten, indem sie gerade aus dem dichtesten Gebüsch – kannten sie doch Weg und Steg – hervorbrachen...So brach der vierte Tag ihres Marsches an, da überfiel sie aufs neue ein Sturzregen und ein furchtbarer Sturm, so daß sie weder vorwärts marschieren noch festen Fuß fassen konnten, ja, das Wetter machte ihnen sogar den Gebrauch ihrer Waffen unmöglich, denn sie konnten weder ihre Pfeile noch ihre Wurfspieße oder auch nur ihre Schilde, die völlig durchnäßt waren, ordentlich gebrauchen. Den Feinden dagegen, die größtenteils leicht bewaffnet waren und ohne Gefahr die Möglichkeit zum Angriff und zum Zurückweichen hatten, war dies weniger hinderlich...Daher umzingelten sie mit geringer Mühe die Römer und hieben sie nieder...“

Die germanischen Kämpfer sind flink zu Fuß, ausgerüstet mit leichten Waffen führen sie kurze vernichtende Angriffe aus, bevor sie sich in das Dickicht zurückziehen. Ihr Ziel ist es, die römischen Verbände aufzusplittern und von der Straße wegzulocken.

Varus bleibt zunächst gelassen und läßt bei Einbruch der Dunkelheit ein Lager für die Nacht errichten. Das tausendfach bewährte Feldlager soll wieder einmal die Moral der Truppe heben. Zudem hofft Varus immer noch auf das Eintreffen von Arminius, der mit seinen Hilfstruppen dem Spuk ein schnelles Ende bereiten soll.

Dunkel hängen auch am anderen Morgen die Wolken über dem Lager. Varus befiehlt, die Wagen und das Gepäck zu verbrennen und setzt den Weg in Gefechtsordnung fort. Bald erreicht er offenes Gelände, in dem er auf eine Entfaltung der Kampfkraft seiner Kohorten hoffen kann. Doch die Germanen halten ihre Taktik bei und schwächen das Heer durch ständige Verluste. Die Katastrophe nimmt ihren Lauf, als die Legionen in sumpfiges Gelände geraten. Das Heer der Germanen hat inzwischen Zuzug erhalten von all denen, die nun Beute wittern. Von allen Seiten ertönt ihr Schlachtgesang. Die Römer wehren sich zwar mit dem Mut der Verzweiflung, aber all die Heldentaten der einzelnen Soldaten können nicht den Untergang des Heeres verhindern. Der letzte Widerstand erlischt, als die Reiterei ihr Heil in der Flucht sucht. Varus und die anderen höheren Offiziere stürzen sich in ihr eigenes Schwert. Nur ganz wenigen Legionären gelingt es, sich an den Rhein durchzuschlagen und Kunde zu geben vom Untergang der XVII., XVIII. und XIX. Legion.

Welch eine Ähnlichkeit im Verlauf der Schlacht mit der Vernichtung der XIV. Legion Caesars außerhalb des Lagers von *Atuatuka!*

Die Germanen begnügen sich jedoch nicht damit, die Hälfte der Rheinarmee zu vernichten und ihren Oberbefehlshaber zu töten, sondern gehen anschließend auch gegen die rechtsrheinischen Lager vor, die bis auf eines eingenommen werden.

Beim Kaiser in Rom breitete sich Bestürzung aus, als die Nachricht aus Germanien eintraf. Augustus erlitt einen Nervenzusammenbruch, schlug den Kopf gegen die Türpfosten und rief aus: „Quintilius Varus, gib mir meine Legionen wieder!“ *(„Vare, Vare, redde meas legiones!“)* Viele Jahre wurde der Tag der Niederlage als ein Tag der Trauer und des Unheils begangen.

Augustus war mit einem Schlag klargeworden, daß seine Germanienpolitik gescheitert war. Diese Schlacht dort in Germanien machte die Kriege all der vergangenen Jahre hinfällig. Die Hälfte der Rheinarmee war ausgelöscht worden, die Schatten der Cimbern und Teutonen aus dem Barbarensturm lagen wieder über dem Imperium. Augustus war alt geworden, verbraucht in mehr als fünfzig Jahren, seit er die Nachfolge seines Adoptivvaters Caesar angetreten hatte.

Man kann sich leicht vorstellen, welche historische Wende die Geschichte Mitteleuropas genommen hätte, wäre Varus der Sieger der Schlacht gewesen. Das römische Imperium hätte sich bis zur Elbe gedehnt, und eine einheitliche Sprache wäre dort gesprochen worden. Wahrscheinlich hätten römisch gedrillte Germanenheere die Reitervölker aus dem Inneren Asiens aufhalten können, unter deren Vormarsch das Imperium später zerbrechen sollte.

Der Kaiser reagierte auf die zunehmenden Schwierigkeiten immer empfindlicher. Gesetze wegen Majestätsbeleidigung wurden erlassen, die harte Strafen vorsahen für jegliche Form der Kritik. Der Bannstrahl traf auch die untergegangenen Legionen. Ihre Nummern wurden in der Folgezeit nie wieder vergeben. Es steht zu vermuten, daß der Name ihres Lagers

Castra Aquensia ebenso aus dem Gedächtnis getilgt wurde. Wahrscheinlich verhängte der Senat im Sinne des Kaisers den **Bann der Auslöschung aus dem Gedächtnis** über das Lager *(damnatio memoriae)*. Oft genug geschah das in der römischen Geschichte noch mit den Namen gestürzter Kaiser.

Zu deutlich wäre bei der Nennung des Namens *Aquis* die Erinnerung an die Niederlage der kaiserlichen Truppen in der Schlacht gegen die Barbaren aus dem Norden geblieben, und zu klar wäre immer wieder geworden, daß es sich bei dem augusteischen Frieden an den Grenzen von Euphrat, Donau und Rhein in Wirklichkeit nur um eine gewaltige Fiktion handelte. Hätte es in diesen Jahren nicht den Pragmatiker Tiberius als Stütze der Herrschaft gegeben, so wäre das Regiment des Augustus wohl zusammengebrochen. So legte sich nur der Mantel des Schweigens über die Niederlage des Varus. Die Spitzel des Systems sorgten dafür, daß er nicht angehoben wurde. Aachen durfte als Legionslager nicht mehr genannt werden. Auf diesem Ort schien ein Fluch zu lasten, dem nun schon vier Legionen zum Opfer gefallen waren. Dabei war doch gerade dieses Lager zu Ehren Caesars und der Götter errichtet worden!

Noch aber lagen die unbestatteten Gebeine der Gefallenen in den germanischen Wäldern. Sie mahnten stärker noch als ein Legionslager an die erlittene Katastrophe.

Der Rhein wird zur Grenze

Tiberius als Stütze des alten Kaisers tut zunächst das Notwendigste. In Eile wird die Rheinlinie verstärkt, indem die militärische Präsenz auf acht Legionen erhöht und gleichzeitig die Rheinarmee in zwei Heeresbezirke mit jeweils eigenen Befehlshabern neu gegliedert wird. Die *Legio V Alaudae* aus Spanien bezieht Quartier am Rhein. Zusammen mit der aus Raetien herangeführten *Legio XXI Rapax* belegt sie ein Doppellager in Castra Vetera. Dort wird das neue militärische Zentrum des niedergermanischen Heeresbezirkes eingerichtet. Eine *Legio I Germanica* wird eilends in Rom aufgestellt und mit der kampferprobten *Legio XX* von der Südfront in der Nähe von Köln stationiert. Das zweite Hauptquartier wird in Mainz *(Mogontiacum)* errichtet, dem späteren Hauptort der Provinz *Germania superior.*

Rom hat wieder einmal das Glück, daß die Germanen nicht die Gunst der Stunde nutzen, um nach der Varusniederlage den Rhein zu überschreiten und nach Gallien einzufallen. Marbod, der Führer der Markomannen, hält sich an die Vereinbarungen, die er mit Tiberius getroffen hatte. Er schickt sogar das Haupt des Varus an Augustus nach Rom, das ihm zusammen mit dem Koalitionsangebot des Arminius zugegangen war. Tiberius läßt zusätzliche Lager errichten, Verbindungsstraßen ausbauen und Vorräte anlegen. Im Jahre 12 n. Chr. kann die Rheingrenze wieder als stabilisiert gelten.

Der Feldherr kehrt daraufhin nach Rom zurück und übergibt den Oberbefehl an seinen Neffen Germanicus. Als im Jahre 13 Tiberius Mitregent des altersschwachen Kaisers wird, kann er das Gebiet im Norden unbesorgt dem militärisch noch unerfahrenen Sohn seines Bruders Drusus überlassen. Dieser wird für die nächsten drei Jahre Statthalter von Gallien und Oberbefehlshaber der Rheinarmee. Um die Nachfolge für das Kaiserhaus zu sichern, hat Tiberius seinen Neffen Germanicus in der Zwischenzeit adoptiert.

Der junge Heerführer ist der Überzeugung, daß sein Vater Drusus kurz vor der endgültigen Eroberung Germaniens stand, als er im Jahre 9 v. Chr. den Tod fand. Er glaubt weiterhin an die Macht der römischen Legionen. In einem erneuten Eroberungsfeldzug will er die Schmach der Niederlage tilgen und Germanien endgültig bis an die Elbe erobern. Doch da stirbt Augustus im Sommer 14 n. Chr. mitten während der Kriegsvorbereitungen.

Da die Truppen auf Augustus als Oberbefehlshaber vereidigt sind, die Nachfolgefrage in Rom aber zunächst ungeklärt ist, fürchten die Soldaten um ihren Sold, und es kommt zum Aufstand.

Zuerst meutern die Legionen in Pannonien. Sie wollen eine Solderhöhung und kürzere Dienstzeiten. Schnell greift der Aufruhr auf die niederrheinische Armee über. Das Imperium steht wieder einmal vor einer Staatskrise. Tiberius als Mitregent ziert sich zunächst, die Ämter und Titel des Augustus zu übernehmen, wird dann aber Oberbefehlshaber der Truppen. Er schickt seinen Sohn Drusus den Jüngeren nach Pannonien und beauftragt seinen Neffen Germanicus, sich um das niedergermanische Heer zu kümmern. Beide sollen als seine Vertreter die Armeen unter Kontrolle bringen. Das erweist sich jedoch als wesentlich schwieriger als angenommen.

In einem Sommerlager bei Neuss sind die vier Legionen des niedergermanischen Heeres zusammengezogen. Schnell weitet sich dort die Meuterei so sehr aus, daß man Centurionen erschlägt und die Kasse geplündert wird. Einige Soldaten drängen Germanicus gar, den Kaiserthron zu usurpieren. Doch der erweist sich als loyal gegenüber seinem Stiefvater. Nur mit großen finanziellen Zugeständnissen gelingt es ihm schließlich, den Aufstand niederzuschlagen. In einem gewaltigen Blutbad wird ein großer

Teil der aufrührerischen Soldaten von den eigenen loyalen Kameraden niedergemetzelt. Um die Moral der Truppe wiederherzustellen, führt Germanicus sodann die Truppen über den Rhein, wo sie gegen die germanischen Stämme siegen sollen, um die Schmach der Meuterei zu sühnen.

In den Augen des neuen Kaisers Tiberius hat Germanicus versagt. Zu hoch ist der Preis für die gemachten Zugeständnisse, unbezahlbar für Rom. Tiberius weiß zudem aus eigener Erfahrung als Befehlshaber in Germanien, daß es wohl besser ist, durch Diplomatie und Verträge das Vorfeld Galliens zu sichern als durch militärische, auf die Dauer erfolglose Unterwerfung. Das Ende des Versuches der Eroberung der *Germania Magna* steht unmittelbar bevor. Bevor die politische Lage in Rom jedoch dauerhaft geklärt ist, läßt Tiberius seinem Neffen zunächst noch freie Hand.

Germanicus setzt mit den Resten der vier niedergermanischen Legionen über den Rhein und stößt in das Gebiet der ahnungslosen Marser vor. Nach caesarischer Manier wird deren Land ausgeplündert, die Menschen werden niedergemacht. In der Zwischenzeit betreibt Germanicus die Vorbereitungen für seine große Offensive gegen Germanien weiter.

Sie begann im Jahre 15 und dauerte zwei Jahre lang. Die gesamte Rheinarmee mit acht Legionen stieß nach Osten vor. Der kaiserliche Prinz führte die vier Legionen des obergermanischen Bezirkes von Mainz aus durch das Gebiet der Chatten, während sich die anderen vier Legionen unter dem Befehl des Statthalters Caecina Severus von Vetera aus in Bewegung setzten. Die Armeen drangen tief nach Germanien vor, doch gelang es ihnen nicht, ihren Widersacher Arminius in einer offenen Schlacht zu besiegen. Die Germanen hatten inzwischen gelernt, daß man römische Legionen nur im Kleinkrieg angreifen durfte. Dann waren die Römer zu schlagen.

Am Ort der Varus-Schlacht errichtete Germanicus ein Mahnmal für die gefallenen Legionäre, bevor sich das Heer in verschiedenen Gruppen auf den Rückmarsch machte. Ein Teil wurde auf der Ems eingeschifft, um schneller in die Winterquartiere zu gelangen. Die ungünstige herbstliche Witterung ließ jedoch auf dem offenen Meer viele Schiffe sinken. Andere wurden nach Britannien abgetrieben. Noch schwieriger gestaltete sich der Rückmarsch des Caecina mit seinen Truppen. In moorigem Gelände wurden sie von den Cheruskern überfallen, und nur unter großen Verlusten konnte der Feldherr sein Heer an den Rhein zurückführen.

Das Jahr 16 begann mit einem großangelegten Flottenmanöver. Die Armee sollte auf Galeeren möglichst weit nach Germanien hinein gebracht werden, da sich in der Vergangenheit der mangelhafte Nachschub als das Haupthindernis bei der Kriegsführung herausgestellt hatte. Doch auch dieses Jahr brachte keine Entscheidung. Wieder geriet ein erheblicher Teil der Flotte in Seenot, und viele Schiffe sanken. Die Verluste des Heeres waren groß und standen in keinem Verhältnis zum Ergebnis. Obgleich Germanicus nach Rom meldete, das nächste Jahr werde sicher den endgültigen Sieg bringen, entschied Tiberius anders. Er kannte die Gegebenheiten in Germanien genau genug, um zu wissen, daß das Verhältnis von Aufwand und Gewinn nicht stimmte. Der Kaiser befahl den Abbruch der Offensive. Der potentielle Thronfolger wurde nach Rom gerufen, wo er als Bezwinger der Germanen einen Triumph feiern durfte. Danach wurde er mit einem Kommando nach Syrien abgeschoben.

Tiberius beabsichtigte nicht länger, Germanien zu erobern. Ihm reichte es, daß ein breiter Streifen östlich des Rheins als Vorfeld der gallischen Provinzen weitgehend bevölkerungsfrei war. Die Germanen konnte man seiner Meinung nach getrost ihren Ränken und Streitereien überlassen. Diese Ansicht erwies sich im Jahre 17 als richtig: Arminius und Marbod führten Krieg gegeneinander. Wenige Jahre später hatten die germanischen Stämme ihre fähigsten Führer für antirömische Unternehmungen verloren. Für rund zweihundert Jahre sanken sie wieder auf das Niveau von zerstrittenen Barbaren hinab.

Zwei Jahrhunderte lang war der Rhein in der Folge eine weitgehend sichere Grenze. Von ihr geschützt, konnte sich das Land links des Rheins entwickeln. Eine zunehmend romanisierte Bevölkerung erlebte wachsenden Wohlstand und Zivilisierung. Doch auch das ging nicht reibungslos vor sich. Immer wieder kam es noch zu Aufständen unter der Bevölkerung und zu Aufruhr bei der am Rhein stationierten Armee. Die Heere an den Grenzen des Imperiums stellten umso öfter die eigentliche Macht im Reiche dar, je schwächer und regierungsunfähiger die Regenten aus dem iulisch-claudischen Kaiserhaus und deren Nachfolger waren.

Mit dem Ende der Feldzüge des Germanicus verlor Aachen seine Bedeutung als großes Winterlager des niedergermanischen Heeres. Die vier am Niederrhein stationierten Legionen bauten die ursprünglich nur an vorgeschobener Front gelegenen Feldlager zu Standlagern aus. Nun wurden auch diese nach dem Muster von Aachen mit Hilfe des Göttlichen Schnittes angelegt.

Nicht länger mußte man auf militärische Gesichtspunkte Rücksicht nehmen, wie das bei den polygonalen Sommerlagern der Fall war, wo die Geländeform für eine optimale Verteidigung des Lagers genutzt wurde.

Allerdings wurde das Lager von Aachen nicht bedeutungslos. Schließlich spielte es mit seinen sicheren Werkstätten und seinen Landgütern fern von der Grenze eine wichtige Rolle bei der Versorgung der Rheinarmee mit Nahrungsmitteln und Waffen. Die Zink- und Kupfervorkommen für die Messingproduktion, die Kohlegruben und Kalkbrüche der Umgebung waren unersetzlich. Außerdem gab es ja noch die heißen Quellen, die den Ort als Heilbad interessant machten. Nichtsdestoweniger war es unvermeidlich, daß sich die Zentren von Niedergermanien in den Hauptort *Oppidum Ubiorum,* das spätere Köln, und nach Vetera verlagerten. Aus dem vorgeschobenen militärischen Knotenpunkt wurde daher ein Rüstungszentrum und ein Badeort in der Etappe. Er lag eher im Hinterland, abseits von den wichtigen Handelsstraßen. Sie verbanden bald darauf in den Jahrhunderten des Friedens die rasch wachsenden Städte im zunehmend romanisierten Gallien mit den aufstrebenden Orten an Rhein und Mosel.

Teil III
Frieden am Rhein

Im Umkreis des Lagers

Der nordöstliche Teil Galliens auf dem linken Rheinufer entwickelte sich nach dem Abbruch der Eroberung Germaniens sehr bald zu einem wesentlichen Bestandteil des römischen Imperiums. In der Umgebung der Militärlager und ihrer Lagervorstädte wuchs eine zunehmend lateinisch sprechende Mischbevölkerung aus Germanen, Kelten und Römern heran. Das umliegende Siedlungsgebiet der Ubier und Cugerner dagegen blieb sicher für Generationen noch ein eher wenig romanisiertes Land, in dem die Bevölkerung überwiegend ihren gewohnten germanischen Dialekt sprach.

Zunächst kamen Händler aus dem Süden und lieferten die Waren, derer die Soldaten bedurften. Handwerksbetriebe begannen aber schon bald damit, diese Produkte teilweise selber herzustellen und auch anzubieten. Nur das Militär verfügte über regelmäßige Einkünfte und damit auch über Geld. So dürfte sich der Handel im wesentlichen zwischen den Soldaten und den Händlern abgespielt haben. Zwischen der Landbevölkerung und derjenigen in der Umgebung der Lager allerdings wird es nicht zu mehr als einem geringfügigen Tauschhandel gereicht haben.

Aachen besaß sicher bald nach seiner Gründung Lagervorstädte *(canabae legionis)*. Wörtlich übersetzt heißt das **Barackensiedlung der Legion.** Hier kam es schnell zu einem Austausch von Kenntnissen bei der Erzverarbeitung zwischen den Überresten der vorwiegend keltogermanischen Landbewohner und den römischen Soldaten. In den fast fünfzig Jahren zwischen der Gründung des Lagers durch Agrippa 38 v. Chr. und der Niederlage des Varus 9 n. Chr. muß Aachen eine bedeutende Stellung als Waffenlieferant und als Versorgungsbasis der Rheinarmee gehabt haben. Der Grund dafür lag einmal in den reichen Vorkommen an Bodenschätzen in der unmittelbaren Umgebung des Lagers im Süden und Osten, andererseits aber auch in den fruchtbaren Böden im Nordwesten des Militärterritoriums.

Vom Lager führte eine römische Straße geradewegs über Eilendorf in Richtung Stolberg an die Inde. Schlangenberg und Breinigerberg besaßen dort ergiebige Erzvorkommen, die schon in vorrömischer Zeit abgebaut wurden. Neben dem für die Messingherstellung wichtigen Zinkerz Galmei (Zinkspat) gab es Blei-, Kupfer-, Silber- und Eisenerz. Diese Erze wurden sowohl im Schacht- als auch im Stollenvortrieb abgebaut. In unmittelbarer

Nähe zu den Bergwerken gab es Bergarbeitersiedlungen, in denen überwiegend einheimische Knappen untergebracht waren. Die umliegenden Laubwälder lieferten genügend Holz, das als Holzkohle der Verhüttung an Ort und Stelle diente. Das erschmolzene Rohmetall wurde dann zur weiteren Verarbeitung in die Werkstätten in Aachen gebracht. Auch viele Landgüter der Domäne spezialisierten sich im Laufe der Zeit auf die Produktion und die Bearbeitung der Erze.

Ein erheblicher Vorteil Aachens lag auch darin begründet, daß im Indetal Steinkohlevorkommen an die Oberfläche traten. So war es möglich, diese Lagerstätten im Stollenvortrieb auszubeuten. Mit Hilfe der Steinkohle konnte in Schachtrennöfen das Eisenerz bei Temperaturen bis zu 1300°C zu teigartigen Stahlklumpen (Luppen) geschmolzen werden. Die Öfen waren etwa einen Meter hoch, die gemauerten Wände wurden mit Ton ausgekleidet. Auf der Schachtsohle befanden sich ein Windkanal und mitunter zwei Stichlöcher, um das geschmolzene Metall und die Schlacken abfließen zu lassen. Die Eisenluppen ließen sich allerdings erst nach Öffnung der Ofenbrust herausnehmen. Durch die Verhüttung an Ort und Stelle vermied man den mühsamen Transport von taubem Gestein über längere Strecken.

Das Schmiedehandwerk war wie die meisten anderen Handwerksberufe stark spezialisiert. Die Eisenschmiede *(fabri ferrarii)* verstanden sich auf das Härten des Roheisens zu Stahl. Das war eine wichtige Fähigkeit, da die Lanzen der Soldaten nur eine gehärtete Spitze besaßen, an die sich ein ungehärteter Schaft anschloß. War die Lanze geworfen worden, so verbog sich unter der Wucht des Wurfes der nicht eingedrungene Lanzenteil. Der Gegner konnte daher die Lanze nicht aus seinem Schild herausziehen und zurückschleudern. Neben der teilweise schon seriellen Fertigung von Waffen aller Art produzierten die Eisenschmiede auch Werkzeuge und andere Geräte des täglichen Bedarfs. Im Holzkohlenfeuer schmiedeten sie Beschläge, Ketten und Schlösser, fertigten die Eisenreifen der Wagenräder und beschlugen die Hufe der Pferde.

Die Kupferschmiede *(fabri aerarii)* verarbeiteten vorwiegend leicht formbare, doch widerstandsfähige Bronzelegierungen aus Kupfer und Zinn. Verfügten sie dagegen über Zink – wie es hier mit dem reichlich vorhandenen Galmei der Fall war –, so hatte man je nach Legierung beliebige mechanische Eigenschaften des Messings zur Verfügung.

Fast alle Techniken der Metallverarbeitung waren zum Teil bereits aus keltischer Zeit bekannt. Die Schmiede beherrschten das Gießen, Treiben und Drücken, sie besaßen darüber hinaus die Fähigkeit zu löten, zu gravieren und zu ziselieren. So entstanden unter ihren geschickten Händen reich verzierte Helme, Panzer für Pferde und Reiter oder besonders wertvolle

Rüstungen. Daneben wurden aber auch in großen Mengen Weingefäße, Becher, Kannen oder anderes Geschirr aus Messing gefertigt. Neben diesen Gebrauchsgegenständen verstand man sich aber auch auf die Herstellung von Zierrat und von Schmuckstücken.

Die Werkstätten der Schmiede lagen möglichst außerhalb des Lagers in der Vorstadt, da die lodernden Essen eine ständige Brandgefahr für die aus Holzfachwerk gebauten Kasernen und Lagergebäude bedeuteten. Die Werkstücke wurden in einem Ofen zum Glühen gebracht, bevor sie auf einem Amboß mit Hammer, Stichel und Zange geformt werden konnten. In Aachen wurden die Überreste von Schmelzöfen nordöstlich vom Zentralbereich des Lagers gefunden. Da diese aber nicht aus der Frühphase des Lagers stammen, läßt sich nicht sagen, ob sie dort auch schon zur Zeit der Lagergründung angelegt waren. Der Ort wäre sicher gut gewählt gewesen, da er sich in der Nähe des dort verlaufenden Johannisbaches befunden hätte.

Mit den Galmeivorkommen von Kelmis besaß das Lager ein zweites Bergbaugebiet. Der Name des Ortes bewahrt noch heute die Erinnerung daran: *Apud Cadmias* = **An den Zinkgruben** wurde über Calmias zu Galmei und gab als lautverschobenes Wort **Kelmis** dem Ort seinen Namen. Neben Silber, das als Nebenprodukt bei der Blei- und Kupfergewinnung anfiel, stellte Gold eine zusätzliche wertvolle Basis für die Münzprägung dar. Es wurde an mehreren Stellen durch Waschen aus den Sanden der Eifelbäche gewonnen.

Als der Steinbau nach der Mitte des ersten Jahrhunderts die Errichtung der Gebäude aus Holzfachwerk zu verdrängen begann, wurde die Gewinnung von Kalk als Hauptbestandteil des Mörtels immer wichtiger. Den dazu notwendigen Rohstoff gab es im Süden von Aachen reichlich in Gestalt der üppigen Vorkommen von Kohlekalk. Sie wurden in Hergenrath, Walhorn, Raeren und Hahn abgebaut. Neben der Produktion von quaderförmigen Steinen als Baumaterial wurde Kalkstein auch als Rohmaterial für Kalkbrennereien gewonnen. Diese Betriebe unterstanden wie die Steinbrüche der Leitung des Militärs. Auch hier waren die Handwerker Spezialisten. Unter der Aufsicht des Brennmeisters *(magister calcariarum)* arbeiteten die Kalkbrenner *(calcarii),* Ingenieure waren für die Errichtung und Instandhaltung der Anlagen verantwortlich.

In Breinig, Venwegen und Raeren baute man verschiedene Marmorsorten ab, so schwarzen Blaustein, gelblichen Theresiamarmor oder rötlichen Rouge Royal. Bei Herzogenrath im Norden von Aachen gab es Sandgruben, in denen große Findlinge aus feinkörnigem Sandstein vorkamen. Aus ihnen wurde unterschiedliches Baumaterial gewonnen. In Form von Platten wurden die Steine bis weit in das steinlose Niedergermanien hinein transportiert, wo sie neben einheimischen und kostbaren Marmorsorten aus dem Mittelmeerraum Verwendung fanden. Dieses Material war aber auch für Steinmetzarbeiten geeignet. So sind beispielsweise die Säulen und die Bögen des Kultbezirkes **Am Hof** aus Nievelsteiner Sandstein gefertigt worden.

Für die Dächer der Bauten wurde in Schevenhütte Dachschiefer abgebaut, der dort in guter Qualität zutage lag. Dieses Material stand im Wettbewerb mit den tönernen Dachziegeln. Am Rande gepfalzte Leistenziegel (*tegulae*) und Hohlziegel *(imbrices)* zur Abdeckung der Pfalze wurden in den Ziegeleien hergestellt.

Die Ziegeleibetriebe hatten sich ebenfalls außerhalb der dichten Bebauung angesiedelt. Die rechteckigen Ziegelöfen arbeiteten wie Töpferöfen. Über einem Feuerraum gab es einen auf Stützen ruhenden Brennraum. Der Zwischenboden besaß Löcher, damit die heißen Gase des Feuers durch Brennkanäle an das Brenngut geführt werden konnten. Der Brennraum war nach oben durch ein Tonnengewölbe abgeschlossen, das an seinem hinteren Ende einen Kamin hatte. Mit Hartholz oder Steinkohle gefeuert, erreichten die Öfen Temperaturen von 900°C. Die Ziegel wurden zunächst als teigige Lehmmasse in Holzformen gestrichen. Ausgeformt trocknete man die mit Sand oder Holzspänen gemagerten Rohlinge in offenen Schuppen an der Luft. Dies geschah meist in den Wintermonaten, so daß im Sommer gebrannt werden konnte. Aus Aachen ist uns der Name eines Ziegelstreichers Victorinus bekannt. Er kennzeichnete, wie das üblich war, sein Produkt mit dem Namenszug und blieb so der Nachwelt als Person erhalten. Neben Privatziegeleien gab es jedoch vorwiegend Produktionsstätten unter direkter Leitung des Militärs. Seit Kaiser Claudius wurden deren Erzeugnisse grundsätzlich mit der Bezeichnung der Legion gestempelt. Auf diese Weise geben sie uns die genaueste Auskunft über die Stationierung der Truppen.

Auch die Töpfereien lagen außerhalb des eigentlichen Lagers in der Lagervorstadt. Überreste eines größeren Betriebes wurden an der **Franzstraße** bei Bauarbeiten aufgefunden. Hier gab es mit der Paunelle Wasser und dazu ausreichende Tonvorkommen von guter Qualität. Noch im Mittelalter wurde der dort später verlaufende Graben **Düppengraben** = Töpfergraben genannt. Offenkundig hatte sich die Tradition der Tonverarbeitung seit Römerzeiten erhalten.

Mit Sicherheit wurde zunächst nur einfache Gebrauchskeramik gefertigt, die den Bedarf des Militärs deckte. Gefäße von besserer Qualität für die Offiziere wurden aus Italien und danach in zunehmendem Maße auch aus Gallien eingeführt. Diese Geräte wurden in eine hohle Negativform aus Ton gestrichen, die man von einem Originalmodell gefertigt hatte. Nachdem der Abdruck herausgelöst und nachbearbeitet worden war, wurden die Gefäße getrocknet und danach wie die Ziegel gebrannt.

Der Ton wurde vorbehandelt, bevor er zu Gefäßen verarbeitet werden konnte. Man rührte ihn mehrfach mit Wasser zu einem dünnflüssigen Brei an, um Sand und kleinere Steine von der Masse zu trennen. Was sich als feinste Teilchen schließlich noch in den Becken absetzte, wurde für einen dünnen Überzug der Gefäße benutzt. Dadurch erhielt das Material eine glänzende Deckschicht, die der ganzen Ware den Namen *terra sigilata,* also **versiegelter Ton** gab. Überwiegend bestand die heimische Produktion aus Schalen und Schüsseln, Tonlampen und auch aus kleineren Figuren, die als Idole der Verehrung der Götter dienten. Als reinem Militärlager fehlte Aachen eben der Markt für höherwertige Töpferwaren. Anders als in Köln oder Mainz konnte sich hier keine städtische Bevölkerung bilden, die in jenen Orten zunehmend zu Wohlstand kam und als Käufer auftrat.

Im Aachener Kessel liegt vielerorts unter den eiszeitlichen Ton- und Kiesschichten weißer Quarzsand, der sich gut für die Glaserzeugung eignet. Zwar wissen wir mehr über die Glasherstellung in Köln, doch ergaben Ausgrabungen in der Nähe der **Minoritenstraße,** daß auch dort schon zu Beginn des ersten Jahrhunderts Glasmacherwerkstätten existierten.

Das römische Heer hatte einen gewaltigen Bedarf an jeglicher Art von Ledererzeugnissen. Nicht nur die Zelte waren aus Rindleder hergestellt, sondern auch die den Körperbau nachzeichnenden Muskelpanzer. Das Geschirr der Reitpferde und der Last- und Tragtiere erforderte ebenfalls erhebliche Mengen dieses Materials. Daneben gab es einen großen Bedarf an Leder für die Gürtel und die genagelten Schuhe der Soldaten.

Auf den Landgütern des Militärterritoriums wurde unter anderem eine intensive Rinderzucht betrieben. Die anfallenden Häute wurden gleich an Ort und Stelle gegerbt und zu Leder verarbeitet. In den umliegenden Wäldern konnte man leicht die nötige Menge an Eichenlohe durch Abschälen junger Bäume gewinnen. Den notwendigen ungelöschten Kalk zum Enthaaren der Häute gab es dazu überall reichlich. Das Rohmaterial fand dann seinen Weg in die Werkstätten beim Lager, wo spezialisierte Handwerker das Leder weiterverarbeiteten.

Besonders beliebt bei den Legionären waren kleine und größere Trinkgefäße aus den abgezogenen Hörnern von Rindern oder von Auerochsen. Sie wurden in der Lagervorstadt hergestellt. Besser verarbeitete Stücke besaßen einen Rand aus Silber. Die gewaltigen Wildrinder gab es damals in den Wäldern rings um Aachen noch in großer Zahl. Vor wenigen Jahren wurden beim Straßenbau im **Löhergraben** mehrere Abfallgruben mit den Hornknochen zahlloser Rinder angeschnitten. An ihrer Form und an den anhängenden Resten der Tierschädel ließ sich erkennen, daß es längst ausgestorbene Rassen gewesen sein müssen, denen man die Hörner samt zugehörigem Knochen gewaltsam abgeschlagen hatte. Darunter befanden sich auch mehrere, fast einen halben Meter lange Hornknochen von Auerochsen. Da diese Tiere bereits im frühen Mittelalter ausgestorben waren, scheint es nicht unwahrscheinlich zu sein, daß es sich bei den Knochen um die Überreste von Werkstätten zur Verarbeitung von Horn und Leder aus der Römerzeit handelte. Schließlich erinnert der Name **Löhergraben** ja noch heute an das Handwerk der Gerber.

Sehr bald werden Handwerker festgestellt haben, daß man das heiße Wasser der Aachener Quellen gebrauchen konnte, um die Wolle der Schafe zu waschen und zu Wolltuch zu verarbeiten. Wie die Produktionsverfahren zur Metallverarbeitung, so dürfte auch die Tuchherstellung in Aachen mit ihren Ursprüngen auf die Frühzeit des Lagers zurückgehen. Wegen der rauhen Witterung gab es schließlich einen großen Bedarf an warmen Stoffen. Vermutlich lagen die nötigen Werkstätten in der südöstlichen Lagervorstadt nahe dem Zusammenfluß von Johannisbach und Paunelle, wo es zusätzlich kaltes Wasser in ausreichender Menge gab. Sicher wurde auch Flachs im Militärterritorium angebaut und beim Lager zu Leinen verarbeitet.

In den Randzonen des Lagers werden die Mühlen gelegen haben, die verschiedenartige Aufgaben wahrzunehmen hatten. Sicher wurden sie nicht nur zum Getreidemahlen benutzt, sondern trieben auch Sägen an, mit denen Steine und Holz bearbeitet wurden. Die Mühlräder betrieb man „unterschlächtig“, wie wir dem Bericht Vitruvs entnehmen können. Das zufließende Wasser trifft dabei nur die untere Hälfte des Rades und nutzt die Energie des Wassers in geringem Maße aus. Diese Betriebsweise war daher nur bei ausreichendem Wasserangebot sinnvoll. Man kann deshalb annehmen, daß die Bäche teilweise aufgestaut wurden, um den Tagesbetrieb zu gewährleisten. Die Übertragung der Kraft erfolgte vom Kammrad an der Welle des Rades über ein Laternentriebrad auf die Mahlsteine. Im Ostteil der Lagervorstadt erinnert der frühere Straßenname **Molenstraße,** die heutige **Martinstraße,** noch an die Existenz von Wassermühlen, deren Namensursprung auf das lateinische Stammwort zurückgeht.

Eine Ansammlung von zwanzigtausend zahlungskräftigen Soldaten zog gleichsam wie ein Magnet Händler, Kneipenwirte, Bordellbetreiber, kurz den ganzen wilden Troß an, den es auch heute noch im Umfeld eines Truppenstandortes gibt. Diese Menschen mitsamt ihrem Dienstleistungsgewerbe fanden unmittelbar außerhalb des Lagers in der Vorstadt eine Unterkunft. Hier baute man Garküchen und Kneipen, in denen die Legionäre ihre karge Freizeit verbringen konnten. Dort auch werden die Masseure und Bademeister gewohnt haben, die in den Thermen des Lagers arbeiteten. Viele von ihnen hatten im Gegensatz zu den Legionären eine Familie. Oft genug nahmen sie eine Einheimische zur Frau und legten damit den Grundstein für eine dauerhafte Verschmelzung der Menschen, die eine so unterschiedliche Herkunft besaßen. Auf diese Weise hielt die römische Zivilisation sicher zuerst ihren Einzug in das Denken und Handeln der keltogermanischen Bevölkerung.

Irgendwo in diesen Vorstädten gab es auch die Werkstätten der Steinmetze, welche die Weihesteine der lebenden und die Grabsteine für die verstorbenen Soldaten herstellten. Möglicherweise lagen sie in der nordwestlichen Vorstadt, wo früher die **Mermelstraße** noch an die Verarbeitung von Marmor erinnerte.

Die Toten wurden außerhalb des Lagers an den Ausfallstraßen beigesetzt. Eins dieser Gräberfelder befand sich östlich der Porta Principalis Dextra in der Umgebung der Peterskirche. Es steht aber zu vermuten, daß es auch anderenorts an den Ausfallstraßen außerhalb des Lagers ähnliche Gräberfelder gegeben hat.

Heilige Quellen

Grundlage für die Errichtung des Aachener Lagers waren die heißen Schwefelquellen am Hang des Markthügels. Dort gab es eine Reihe von Quellvorbrüchen mit unterschiedlicher Ergiebigkeit. Die meisten von ihnen wurden mit Steinpfropfen verschlossen und durch eine Tonschicht vor Verschmutzung geschützt. Ein Grund war die dadurch bewirkte verstärkte Ausschüttung der Hauptquellen, ein anderer die bewußte Planung des Lagers mit der Bevorzugung zweier Quellen nach der Vorgabe des Göttlichen Schnittes. Wie wir schon in Figur 16 gesehen haben, gab es drei Thermenbereiche zur Zeit des Tripellagers von Aachen. Sie alle lagen innerhalb des Kultbereiches, und jedem war eine separate Quelle zugeordnet.

Die Menschen der Antike glaubten an die Heilkraft des Wassers durch das Wirken der Götter. In der Quelle war die Wohnung der Gottheit, der man opferte und Tempel erbaute. Gerade in den nördlichen Provinzen, und dort besonders beim Militär, vertrauten die Römer auf die heilende Kraft des Wassers. Nach der Erbauung der Agrippa-Thermen in Rom 35 v. Chr. kamen öffentliche Badeanlagen überall im Imperium in Mode.

Ein besonderes Geschenk der Götter an die Menschen bedeuteten Thermalquellen. Das galt erst recht, wenn sie sich im rauhen Norden fanden. Durch intensives Baden und durch Massagen konnten sich die verletzten Sehnen, die gezerrten Muskeln und die ausgerenkten Glieder wieder regenerieren. Schon Caesar erwähnt ja die große Zahl an Verwundeten und Kranken, die sich im Gefolge der *Legio XIV* in *Atuatuca* aufhielten. Hier im warmen Thermalwasser konnten die Legionäre ihre rheumatischen Beschwerden loswerden, die sie sich im ungewohnten feuchtkalten Klima geholt hatten. Beim Baden im heilenden lauwarmen Schwefelwasser konnten auch die Wunden schneller gesunden. Und all das ging ohne die mühselige Prozedur, die nötig war, wenn man kaltes Wasser erwärmen wollte!

Kultische und praktische Gründe führten dazu, daß die Thermenanlagen überall als architektonisch harmonische Anlage mit großer Funktionalität errichtet wurden. Mit wachsendem Wohlstand wuchs dann auch der Luxus der Ausstattung: Mosaiken und Marmorfliesen, bronzene Wasserspeier und Wandmalereien schmückten die Bäder aus. So wird es auch in *Aquis* gewesen sei, als die älteren Badeanlagen unter den flavischen Kaisern umgebaut wurden.

Aus den Grabungen unter dem Dom und am **Büchel** kann man recht gut die wesentlichen Teile der Thermen erkennen. Wollte ein Römer die Thermen besuchen, so betrat er die Anlage, um gleich hinter dem Eingang in der Garderobe *(apodytorium)* seine Kleidung abzulegen und in einem der Fächer über den Marmorbänken zu verwahren. Dann nahm er ein Dreistufenbad. Zuerst betrat er das Schwitzbad *(sudatorium),* von wo es ins Warmbad *(caldarium)* ging, um sich dort vom Schweiß mit Hilfe eines Schabeisens *(strigilis)* zu reinigen und ihn abzuspülen. Anschließend hielt man sich eine Weile im Warmluftbad *(tepidarium)* auf, ließ sich dort massieren und salben oder erholte sich im Gespräch mit anderen Badegästen. Den Abschluß der Prozedur bildete zur Abhärtung ein Sprung ins Kaltwasserbecken *(frigidarium).* Unerläßlich war es auch, daß man auf die bei den Thermen gelegenen Sportplätze im Freien *(palaestra)* oder in die Gymnastiksäle ging, die hinter einem überdachten Wandelgang *(porticus)* die Sportplätze umgaben. Das konnte vor dem Besuch des Caldariums oder nach dem des Frigidariums geschehen.

Bei jedem Wetter und auch im Winter konnten so viele Sportarten betrieben werden. Man übte sich im Ringkampf, trainierte das Boxen oder maß seine Fähigkeiten beim Fechten. Gar mancher Ärger, der sich während des Dienstes angestaut hatte, wurde sicher durch sportliche Betätigung in Schweiß verwandelt und unschädlich gemacht. Aber auch viele verschiedene Ballspiele erfreuten sich großer Beliebtheit. So spendeten die Thermen Gesundheit, Wärme und Vergnügen für Körper und Geist. Nach der Auflassung des Lagers wurden die Thermalbäder sicher bald zum Mittelpunkt des gesellschaftlichen Lebens der im Heilbad Aquis zur Kur weilenden Legionäre der Rheinarmee.

Die Bäder wurden morgens geheizt, gegen Mittag konnte man dann die Anlagen benutzen. Bis nach Einbruch der Dunkelheit waren die Thermen geöffnet. In den dunklen Wintermonaten spendeten hunderte von Öllampen bis in die Nacht hinein ein warmes Licht. Der abendliche Betrieb war notwendig, da die Größe der Einrichtungen nur eine relativ geringe Zahl von Badegästen zur gleichen Zeit zuließ. Der flackernde Schein der Lampen wird die mit mächtigen Tonnengewölben überspannten Badesäle eindrucksvoll beleuchtet haben. Wenn draußen der kalte Wind im Winter den Schnee über die Bauten des Lagers wehte, dann wußte der Soldat erst wirklich die von unten beheizten Ziegelböden (Hypokausten) und das wärmende Thermalwasser zu schätzen, das ihm den Aufenthalt in dieser nördlichen Provinz ein wenig angenehmer machte.

Der Badebetrieb erforderte die Zufuhr einer ausreichenden Wassermenge. Schon für das caesarische Lager wurde ein Bach teilweise in Richtung Markthügel umgeleitet. Er erhielt den Namen Pau, während der ursprüngliche Bach als **Paunelle = Kleine Pau** zum Südrand des Lagers in seinem alten Bett weiterfloß.

In ihrem offenem Bachbett verlief die Pau durch die **Jakobstraße,** wo sie an der **Klappergasse** zum Zentralen Bereich abbog. Schon bald genügte die Qualität dieses Bachwassers nicht mehr den gewachsenen hygienischen Ansprüchen. Daher wurden zur Versorgung des Lagers drei Wasserleitungen für Frischwasser verlegt. Die erste führte das Wasser einer Quelle am Gemmenicher Weg heran. Sie speist heute den Weiher im Westpark. Die zweite kam von den Quellvorbrüchen am Hang des Königshügels unterhalb von Gut Muffet. Beide Leitungen waren als Eichenrohre mit einem Querschnitt von 1' x 1' und 3* Länge ausgeführt. Diese Stämme wurden in den Sägemühlen mit langen Eisenbohrern in Längsrichtung durchlöchert und durch eiserne Muffen miteinander verbunden. Nach dem Eintritt ins Lager lagen die Rohre unter der Via Principalis, der heutigen **Bendelstraße.** Vor wenigen Jahren wurden dort in gut erhaltenem Zustand Stücke der Wasserleitung beim Straßenbau ausgegraben. Mit einem Gefälle von einem halben Prozent führten die Rohre zu einer Verteileranlage, einem **Wasserschloß,** das sich auf dem höchsten Teil des Markthügels zwischen Rathaus und **Kockerellstraße** als Hauptverteiler befand. Es diente als Vorratsbehälter zum Sammeln und Klären des Wassers, das während der Nacht durch die beiden Wasserleitungen aus dem Gebiet westlich vom Lager herangeführt wurde.

Das Wasserschloß bestand aus einem doppelwandigen Schacht aus Eichenbohlen, 5* x 5* groß, in den ein zweiter quadratischer Holzkasten eingelassen war. Zwischen beiden Wänden gab es eine sorgfältige Abdichtung aus Ton. Eine ähnlich gebaute Anlage als Unterverteilung in Gestalt eines kleineren Beckens, ebenfalls aus Eichenbohlen gebaut und durch Holzsplinte und Ton nach außen abgedichtet, fand sich am Ende eines Frischwasserkanals im Quadrum des Münsters. Es wurde vom höher gelegenen Hauptsammler gespeist.

Wie man in Figur 26 erkennen kann, transportierte eine dritte Wasserleitung als **Kalterbach** von Burtscheid her durch die **Bachstraße** und die **Lothringerstraße** Frischwasser zur Bücheltherme. Sie wurde im Rahmen der Baumaßnahmen für die dortige Therme in der zweiten Hälfte des ersten Jahrhunderts n. Chr erneuert und das Wasser nun in Tonröhren geführt. Tonrinnen mit einem quadratischen Querschnitt von 1' x 1' steckten mit Nut und Feder ineinander. Seitlich waren sie mit wasserdichtem Putz und Mauerwerk zur Stabilisierung umkleidet und besaßen nach oben eine Abdeckung aus Tonplatten. Auf einer leicht geneigten Höhenlinie mit einem halben Prozent Gefälle überquerte die Wasserleitung im weiteren Verlauf die **Theaterstraße** und den **Alexianergraben,** um an der Büchelthermé zu enden. Die verbauten Ziegel tragen die Stempel der *Legio VI Victrix Pia Fidelis,* die zwischen 70 und 120 in Neuss und Xanten gelegen hat. Sie erhielt die Auszeichnung „Kaisertreue" aber erst 89 n. Chr. durch Kaiser Domitian. Ob es sich also bei der Verwendung dieser Ziegel um einen Neubau oder um eine Reparaturarbeit aus Phase IV handelt, läßt sich bei dieser Wasserleitung leider nicht entscheiden. Die Ziegelstempel dieser Einheit waren auch auf die Steine aufgedruckt, die beim Neubau der Münstertherme gegen Ende des ersten Jahrhunderts verwendet wurden.

Zusätzlich waren gleichzeitig Bautrupps der in den achtziger Jahren von Domitian geschaffenen *Legio I Minervia* und der *Legio X Gemina* tätig, die seit den siebziger Jahren in Noviomagus lagen.

Außer in den Thermen im Tripellager gab es auch schon sehr bald einen Badebetrieb im etwa zwei Kilometer entfernten Burtscheid. Er war größtenteils im Bereich des Schwertbades angesiedelt, wo auch das zugehörige Quellhaus angeschnitten wurde.

Die Straßenfluchten im historischen Kernbereich von Burtscheid verlaufen unter demselben Winkel von 37° zur Nord-Süd-Richtung, wie das die Wege im Aachener Tripellager taten. Daher läßt sich folgern, daß auch ihre Richtungen durch den Göttlichen Schnitt vorgegeben wurden. Neben einigen Weihesteinen, Statuen und anderen Kleinteilen fand man in Burtscheid auch Denare des Augustus. Sie zeigen, daß die dortige Therme wohl gleichzeitig mit der Aachener Anlage in Betrieb genommen worden ist. Sie war dem Heilgott Apollo geweiht. Das zugehörige Quellnymphäum mit 3* x 3* Abmessung wurde vor wenigen Jahren durch Zufall bei Bauarbeiten entdeckt, bevor es dem Bagger zum Opfer fiel. Man liegt wohl richtig mit der Annahme, daß Einheiten aus dem Tripellager nach Burtscheid ausrückten, um dort ein Bad zu nehmen. Auf diese Weise konnte die Kapazität der Aachener Thermenanlagen erheblich erweitert werden. Nach Auflassung des Lagers entwickelte sich dann in Burtscheid wohl ein eigenständiger Badebetrieb, der sich nicht sehr von dem in anderen kleinen Heilbädern unterschieden haben dürfte.

Landwirtschaft

Im Aachener Tripellager selbst waren etwa 25 000 Soldaten untergebracht, in den Lagervorstädten lebten noch einmal einige tausend Menschen. Sie alle mußten aus den Erträgen der Landgüter ernährt werden. Neben der Nutzung der heißen Quellen und der Ausbeutung und Verarbeitung der Bodenschätze war eine gut organisierte und ertragbringende Landwirtschaft die wesentliche Voraussetzung für einen funktionierenden Armeestandort.

Die Grundlagen hierfür waren nicht schlecht. Zwar begann im Süden von Aachen in kaum zehn Kilometern Entfernung die damals noch mit Urwald bedeckte Eifel mit ihren kargen Kalkböden und eiszeitlichen Sand- und Schotterterrassen, doch erstreckte sich im Nordwesten ein Ausläufer der fruchtbaren Lößböden der Jülicher Börde. Auch dieses Land war großenteils noch mit Wäldern aus Eichen, Ahorn, Rotbuchen, Linden und Eschen bestanden. Eingelagert aber fanden die Römer bei ihrer Ankunft schon größere gerodete Flächen vor, auf denen die Atuatuker bereits Landbau betrieben hatten. Nach germanischem Brauch ließen diese im Wechsel der Jahre immer einen Teil der Felder brachliegen, damit der Boden sich erholen konnte.

Im Nordosten des Militärterritoriums lag das mit Bruchwäldern bestandene Tal der Wurm. Ausgedehnte Auwälder mit Erlen, Pappeln und Weiden dehnten sich auch entlang des Wildbaches, des Senserbaches, der Gülp und der Geul. Fischreich und sauber waren damals noch alle Gewässer. Das Klima in Aachen war nicht ungünstig. Durch die Nähe zum Meer gab es meist milde Winter, das Frühjahr begann zeitig, und selbst Weinreben konnten hier gedeihen. Im Sommer sorgten ausreichende Niederschläge für gute Erträge.

Die Erschließung des umliegenden Landes durch das Militär begann also zunächst mit der Rodung der Wälder, deren Nutzholz beim Aufbau des Lagers verwendet wurde. Die kahlgeschlagenen Flächen brannte man sodann ab, um dem Boden eine Grunddüngung zu geben. Sie hielt allerdings nicht lange vor. Sehr bald ging man zur Steigerung der Erträge deshalb dazu über, den Boden mit reichlich vorhandenem Kalkmergel und dem Mist aus den Stallungen zu düngen.

Das gerodete Land wurde von den Landvermessern in ein rechtwinkliges Raster aufgeteilt, wobei man sehr wohl die topographischen Gegebenheiten berücksichtigte. In der Nähe von Quellen, meist auf einem kleinen Hügel gelegen, wurden dann die Gebäude der Landgüter *(villae rusticae)* errichtet. In einem von einer Mauer oder von dichten Hecken umschlossenen Geviert entstanden das Wohnhaus, die Gesindehäuser und Stallungen. Daneben gab es Remisen für die Wagen, Speicher und Schuppen sowie Werkstätten, Backhäuser und Getreidedarren. In der frühen Phase des Lagers waren alle diese Gebäude wohl als Fachwerkbauten errichtet, deren Zwischenräume mit Flechtwerk, Steinen und Lehm verfüllt waren. Erst mit steigendem Wohlstand baute man prächtigere und komfortable Herrenhäuser aus Stein. In ihnen waren die Wände mit Kalkputz bedeckt und in manchen Räumen auch ausgemalt. Die Böden wurden oft mit Mosaiken geschmückt. Die Güter besaßen Badeanlagen, die oft so prächtig waren wie die in den Häusern der Städte an Rhein und Mosel. In der Zeit des Friedens und des Wohlstandes wohnten die Eigentümer meist nur noch im Sommer auf ihren Besitzungen, hielten sich dagegen im Winter in ihren prächtigen Stadthäusern auf.

Auf drei Säulen ruhte die Wirtschaft der Güter: Ackerbau, Gemüsebau und Viehzucht. Verglichen mit den keltogermanischen Gehöften waren die Landgüter Musterbetriebe. Und das sollten sie auch wie die Klöster des Mittelalters sein.

Ochsen zogen die Hakenpflüge mit eiserner Pflugschar, und mit Eggen wurde der aufgebrochene Boden zerkleinert. Auf den Streifenfeldern wurden im jährlichen Fruchtwechsel neue Getreidearten angebaut, die aus dem Mittelmeerraum eingeführt wurden. Dinkel, Einkorn, Emmer und Hirse als Sommergetreide – Gerste, Hafer und Roggen als Wintersaat wechselten einander ab. Außer als Grundlage für Brot und Getreidebrei wurde das Korn, vorwiegend in der Form von Gerste, für die Pferde gebraucht. Mit Sensen und Sicheln, später sogar schon mit ochsenbespannten Erntemaschinen, wurde das Getreide geerntet. In feuchten Jahren fuhr man es zur Darre, wo es vor dem Dreschen getrocknet wurde. Durch Worfeln im Wind wurden Korn und Spelz getrennt. Auf den fruchtbaren Lößböden wurde bald so viel geerntet, daß die Versorgung des Lagers aus eigenen Erträgen sichergestellt war.

In der Nähe der Gebäude waren die Gemüsegärten angelegt. Viele Kulturpflanzen fanden durch sie ihren Weg in den Norden. An Hülsenfrüchten wurden Bohnen, Erbsen, Linsen und Wicken als Vorräte für den Winter angebaut. Möhren, Rüben, Kohl, Sellerie, Feldsalat und Kürbis erweiterten die Speisekarte. Auch Zwiebeln, Knoblauch, Gurken und Spargel wurden im Laufe der Zeit kultiviert und in die Küchen der Vorstadt des Lagers geliefert. Besonderen Wert legte man auf die Zucht von Kräutern wie Dill, Fenchel, Kümmel, Thymian, Bohnenkraut, Portulak und Minze. Sie machten an Stelle von importierten Gewürzen das Essen schmackhaft. Aber auch Heilkräuter wurden in größeren Mengen für den Bedarf der Ärzte im Lager gezogen.

Im umfriedeten Geviert wuchsen bald auch die Obstbäume und trugen Pflaumen und Pfirsiche, Kirschen und Quitten, Birnen und Walnüsse als Früchte. An den Feldrainen wuchsen Brombeeren und Himbeeren. Auch heimische Apfelbäume wurden kultiviert. Daneben reifte der Wein an den Reben. Ein Teil der Früchte wurde für den Winter getrocknet oder in Honig eingelegt.

Neben der Schafwolle war Leinen das zweitwichtigste Material für die Herstellung von Stoffen. Flachsfelder blühten hellblau, bevor sie im Spätsommer abgeerntet, der Flachs gedörrt und gehechelt wurde. Aus dem Leinsamen preßten die Ölmühlen das wichtigste Fett der römischen Küche. Auch aus Mohn gewann man Öl, da Olivenöl als teure Importware aus dem Mittelmeerraum kaum erschwinglich war.

Das Züchten von Bienen für die Gewinnung von Honig war ein italischer Import. Große Heideflächen schlossen das Territorium an drei Seiten ein und boten Nahrung für die Bienen, die bei Sommerbeginn mit ihren geflochtenen Körben dorthin gebracht wurden. Durch Honig wurde der saure Wein gesüßt und der Getreidebrei schmackhafter gemacht.

Auf jenen Ödflächen sprangen auch die Ziegen und Schafe. Sie sorgten durch ihren Verbiß dafür, daß die *terra inculta* ein Ödland blieb. Aus der

Milch wurde Käse erzeugt, der neben der Frischmilch der Rinder für die Versorgung mit Eiweiß sorgte. Der Genuß von Fleisch war dagegen im Sommer eher eine Seltenheit bei festlichen Anlässen. Erst im Herbst wurden die Schweine geschlachtet, die im Sommer meist in die Auwälder getrieben wurden, wo sie sich an Wurzeln, Eicheln und Kastanien mästeten. Ihr Fleisch wurde zu Würsten und Schinken verarbeitet, die geräuchert als Delikatesse bis nach Italien exportiert wurden und dort in hohem Maße begehrt waren. Die Rinder lieferten vorwiegend die Häute, mit denen der gewaltige Bedarf an Leder gedeckt wurde. Daneben waren sie als Ochsen die unersetzlichen Zugtiere der Landwirtschaft. Gänse, Stockenten und Hühner wurden auf dem Gut gezüchtet, um Eier, Federn und Fleisch zu liefern. Tauben gurrten auf den Dächern. Eine große Bedeutung hatte auch die Pferde- und Eselzucht. Als Reittiere und zum Transport der Lasten waren sie für das Militär wichtiger als viele andere Dinge. Sie erzielten daher meist höhere Preise als selbst gute Sklaven.

In römischer Zeit waren die meisten der heute gebräuchlichen ertragreichen Gräser noch nicht bekannt. Das hatte zur Folge, daß nur eine Heumahd im Jahr möglich war. Erst nach dem Schnitt, meist Mitte Juni, konnte das Vieh auf die Weide getrieben werden. Es mußte also einen großen Teil des Jahres im Stall verbringen. Daher traf man Vorsorge für diese Zeit, indem neben Heu noch große Mengen Laub getrocknet und das Stroh der Felder eingefahren wurde.

In der Frühphase der Romanisierung wurden die Landgüter von den Veteranen *(veterani)* der Legionen nach ihrer aktiven Militärzeit bewirtschaftet. Die Demobilisierung der großen Bürgerkriegsheere hatte es erforderlich gemacht, riesige Landflächen zur Verfügung zu stellen. Später wurde das Land knapper. Die Flächen der einzelnen Güter wurden verkleinert, und einheimische Pächter *(peregrini)* traten als Bauern neben die römischen Veteranen. Das Land blieb immer Eigentum des Staates, der dafür eine Pacht in Form von Geld aus den Verkäufen der Landwirtschaftsprodukte oder in Gestalt von Naturalien verlangte. Sie wurden an den Fiskus geliefert. Für Aachen bedeutet das, daß die vierrädrigen Ochsenkarren in mehrstündigen Fahrten zum Lager rollten, wo sie bei den vorwiegend im nördlichen Lagerteil gelegenen Speichern ihre Last abluden.

Als keine Truppen mehr dauerhaft in Aachen stationiert waren, blieb die Landwirtschaft weiter Lieferant des Heeres. Auf den gut ausgebauten Straßen *(viae publicae)* übernahmen nun allerdings private Getreidehändler den Transport des Korns. Einen von ihnen kennen wir, er hieß C. Licinius Fuscus, der Rothaarige. Der Erinnerungsstein seines Grabes wurde 1873 in einem Haus der **Krämerstraße** im Mauerwerk des Kellers gefunden. Da die Zahl der Soldaten an der Rheingrenze in der Friedensperiode stark abnahm, konnten zunehmend mehr Produkte an die Städte geliefert werden, wo es eine kaufkräftige Bevölkerung gab.

Ihre Ernährung war sehr variabel. Darüber geben uns überlieferte Rezepte Auskunft. Fisch und Fleisch standen auf der Speisekarte des zu Reichtum gekommenen Mittelstandes. Vorwiegend waren das Hechte, Zander und Rheinsalm, Schnecken und Flußmuscheln, aber auch als besondere Kostbarkeit die in Lake eingelegten Austern. Als Fleisch aß man meist Rind-, Lamm- und Schweinefleisch. Zunehmend fanden auch Oliven, Datteln, Feigen, Reis oder Kichererbsen als Handelsgüter den Weg nach Norden. Daneben erfreute sich das Ketchup der Römer, eine aus gesalzenen Sardellen gepreßte Fischsoße *(garum)*, besonderer Beliebtheit. In speziellen Amphoren kam sie aus Spanien und Nordafrika. Neben zahlreichen Gemüsesorten war aber nach wie vor ein Brei aus gemahlenem Getreide oder ein aus Dinkel gebackenes Brot das allgemeine Grundnahrungsmittel der Menschen.

Innerhalb der städtischen Bevölkerung verbreitete sich zunehmend eine arbeitsteilige Spezialisierung des Handwerks. Bäcker mahlten das Korn und backten das Brot, andere fertigten Pasteten und Kuchen, Metzger stellten Würste her, Händler vertrieben die manigfachsten Güter.

Über diesem idyllischen Bild sollte man allerdings nicht vergessen, daß das Leben auf dem Land auch zu jener Zeit hart und voller Entbehrungen war. In manchem Winter, besonders nach schlechten Ernten, wird Schmalhans Küchenmeister gewesen sein.

Der Bataveraufstand

Etwa bis zur Mitte des dritten Jahrhunderts dauerte der Frieden des Augustus, der den Menschen am Rhein in zunehmendem Maße Wohlstand bescherte. Nachdem Tiberius den Rhein zur Grenze gegen Germanien gemacht und auf dessen Eroberung verzichtet hatte, wurde die Ruhe nur einmal erheblich gestört. Das iulisch-claudische Herrscherhaus regierte zwar noch bis zum Jahre 68 n. Chr., doch zeigte sich zunehmend, daß der Prinzipat auf die Fähigkeiten eines Augustus zugeschnitten gewesen war. Seine Nachfolger verstanden nicht die Kunst der Machtbalance zwischen den verschiedenen Gruppen im Staat.

Bis zum Jahre 68 hatte am Rhein eigentlich Ruhe geherrscht. Nicht viel hatte sich in dieser Phase der Konsolidierung im linksrheinischen Gebiet ereignet, außer daß Köln *(Oppidum Ubiorum)* als ***C**olonia **C**laudia **A**ra*

Agrippinensium und Trier *(Oppidum Treverorum)* als *Colonia Augusta Treverorum* unter Kaiser Claudius im Jahre 50 als Städte das volle römische Bürgerrecht erhalten hatten.

In Rom entwickelte sich allerdings sein Nachfolger Nero (54-68) immer mehr zum kaiserlichen Tyrannen, der Minderheiten verfolgte und mit Terror alle Gruppen des Volkes unterdrückte. Anfang 68 putschte der gallische Statthalter Vindex, doch wurde diese Erhebung noch relativ schnell durch die aus Mainz herbeigeeilten Legionen unterdrückt. Vindex hatte sich jedoch mit dem spanischen Statthalter Galba und den dortigen Legionen verbündet. Als dann auch noch die Palastgarde meuterte, floh Nero und ließ sich von einem Sklaven töten.

Dieser bis dahin einmalige Vorgang stürzte den Staat in eine schwere Krise. Galba wurde von der Prätorianergarde zum neuen Kaiser ausgerufen, doch erhob sich dagegen das niedergermanische Heer. Sein Befehlshaber war Aulus Vitellius, der erst Ende 68 sein Amt in Köln angetreten hatte. Am 2. Januar 69 überbrachte der Adlerträger der *Legio IV* aus Mainz die Botschaft, daß die Truppen des obergermanischen Heeres von Galba abgefallen seien. Vitellius verstand den Wink. Er rief seine Legionen in die Stadt und ließ mitteilen, es sei das beste, mit seiner Person einen neuen Kaiser zu wählen. Als erste begrüßte die Bonner *Legio I Germanica* Vitellius als neuen Caesar. Sie drückten ihm das im Kölner Marstempel aufbewahrte Schwert Caesars in die Hände und trugen ihn johlend durch die Straßen. Damit begann das sogenannte Vierkaiserjahr. Die teure Zeche für diese Kaiserakklamation mußte neben dem italischen Mutterland vor allem Niedergermanien zahlen.

Die Statthalter aus Spanien, Gallien und Britannien schlugen sich sogleich auf die Seite des Vitellius, während sich die im Osten stationierten Einheiten einen eigenen Kandidaten für die Rolle des Kaisers in der Person des von den Prätorianern unterstützten Otho erkoren. Diesem gelang es schnell, Galba zu besiegen. Damit war das Reichsheer gespalten. Wie beim Ende der Republik gab es keine einheitliche politische Führung mehr. Vitellius, der Kaiser von Germanien, suchte die Entscheidung und zog mit zwei getrennten Heeressäulen nach Italien. Große Teile der im Norden stationierten Legionen schlossen sich an. Unter den insgesamt 70 000 beteiligten Soldaten waren auch acht Bataver-Kohorten, die aber vor dem siegreichen Einmarsch in Rom von Vitellius in ihre Standorte zurückgeschickt wurden.

Der Usurpator hatte anfangs Erfolg. Er konnte seinen Gegenspieler ausschalten, und Rom akzeptierte ihn als neuen Kaiser. Da tauchte im Juli mit Vespasian ein neuer Prätendent für die Kaiserwürde auf, der von den östlichen Legionen favorisiert wurde. Vespasian zog nach Rom und besiegte dort Vitellius. Als Zeichen seines Sieges ließ Vespasian ihn an einem Strick um den Hals durch die Stadt schleppen und anschließend in den Tiber werfen. Es begann die Zeit des flavischen Kaiserhauses. Damit war das Vierkaiserjahr beendet, nicht aber die Folgen, die sich daraus für Niedergermanien ergeben hatten.

Der Abzug der meisten Truppen von der Rheingrenze war bei den Germanen nicht unbemerkt geblieben. Die niederrheinischen Bataver hatten die Gunst der Stunde genutzt, um sich gegen die römische Herrschaft zu erheben. Ein Kohortenführer namens Civilis sammelte die batavischen Truppen, unter anderem auch die acht Kohorten, die Vitellius zurückgeschickt hatte. Er wiegelte seine Landsleute auf, sich von Rom unabhängig zu machen. Die großen Legionsfestungen Vetera, Neuss und Bonn wurden zerstört. Zeitweilig beherrschten die Rebellen den gesamten Raum zwischen Nordsee und Mosel. Alle römischen Ansiedlungen wurden niedergebrannt, auch das aus Holz gebaute Lager in Aachen ging wohl in Flammen auf. Es schien, als könnte sich die Idee von einem **Gallischen Sonderreich** realisieren lassen.

Doch die Romanisierung war wohl schon zu weit fortgeschritten. Schneller als nach diesen Anfangserfolgen zu vermuten war, gelang es den aus Italien herangeführten Truppen unter Einsatz von neun Legionen den früheren Zustand wiederherzustellen. Reihenweise liefen die abgefallenen Einheiten zu Vespasian über. Die geschlagenen und dezimierten Bataver kehrten entmutigt auf ihre Äcker zurück.

Nach dieser Episode begann am Rhein eine fast zweihundertjährige Epoche des wirklichen Friedens. Die zerstörten Lager, Städte und kleineren Ansiedlungen wurden neu aufgebaut. Das erfolgte nun überwiegend in Stein statt in Holzfachwerk. Bald funktionierte auch die Verwaltung wieder. Unter dem Schutz des Militärs konnte sich das Land erholen. Im Jahre 89 wurde als sichtbares Zeichen dafür das Gebiet westlich des Rheins in zwei neue Provinzen gegliedert: In Niedergermanien *(Germania Inferior)* mit der Provinzhauptstadt *Colonia Claudia Ara Agrippinensium* und in Obergermanien *(Germania Superior)* mit Mainz *(Mogontiacum)* als Sitz des Statthalters. Für fast zweihundert Jahre bildete fortan der Rhein die Schutzwehr des Reiches, hinter der sich nach einheitlichem Willen und nach den gleichen Gesetzen eine römisch bestimmte Zivilisation entwickeln konnte.

In Aachen wurde der Zentrale Bereich mit seinen Thermen auf den Trümmern des niedergebrannten Tripellagers neu erbaut, wieder wurden dem Apollo und den anderen Göttern in den Tempeln Opfer dargebracht. Aquis wurde zum Heilbad des niedergermanischen Heeres, dessen vier

Legionen fortan in Bonn, Neuss und Vetera stationiert waren. Abseits der Straßen und fern der Grenze gelegen, blieb Aachen, was es schon länger gewesen war: ein Militärgebiet mit heißen Quellen, Werkstätten und Landgütern. Auf diese Weise nahm es an den Entwicklungen des Imperiums teil, ohne jedoch als Zivilsiedlung je größere Bedeutung zu erlangen.

Weiterhin wurden in Aachen kleinere Truppenkontingente und auch schon einmal ganze Legionen für jeweils einige Jahre stationiert. Sie wurden dort ausgerüstet oder nahmen zivile Bauaufgaben wahr. Die Verwaltungsgebäude wurden nur noch in verkleinerter Form neu errichtet, doch gab es immer noch einen Lagerkommandanten, der für die Verwaltung des Militärterritoriums zuständig war. Die Aufgabe der Domäne bestand nun darin, für die Versorgung der Truppen am Rhein den Nachschub zu liefern. In den Tempeln sorgten weiterhin Priester für die Durchführung des Kaiserkultes. Eine weitere Aufgabe war aber durch die politischen Veränderungen hinzugekommen: Noch einmal sollte sich ein Ereignis wie der Bataveraufstand nicht wiederholen. Zu gefährlich war eine Armee, die keine Kriege mehr führte und keine Siege an die Fahnen heften konnte. Deshalb mußten Abwechslung geschaffen und Erleichterungen beim Dienst eingeführt werden. Zu diesem Zwecke wurde das ehemalige Tripellager zum Erholungsbad der Rheinarmee ausgebaut.

Teil IV
Niedergang und Ende

Die Germanen kommen

Eine Wiederholung der Ereignisse des Vierkaiserjahres war auch in den folgenden Jahrhunderten nicht ausgeschlossen. Da alle Macht auf den jeweiligen Herrscher konzentriert war, blieb es nicht aus, daß die Kaiser immer häufiger nach Art griechisch-orientalischer Machthaber regierten. Die Hervorhebung seiner Person im Kaiserkult erzeugte Despotie und autokratische Willkürherrschaft. Zwar gelang es zunächst noch eine Weile, das System des Prinzipats zu stabilisieren. Die Adoption besonders geeigneter Nachfolger durch den jeweiligen Herrscher sorgte an Stelle einer dynastischen Erbfolge für Kontinuität und sicherte so das System. Marcus Aurelius als Kaiser beendete jedoch diesen Brauch und ernannte seinen despotischen Sohn Commodus zum Mitregenten. Als dieser sich in Wahnvorstellungen als Inkarnation der Götter Herkules und Mithras sah, wurde seine unerträgliche Willkürherrschaft dadurch beendet, daß man ihn im Bade erwürgte. Im Jahre 192 wiederholten sich nun die Vorgänge des Jahres 69, diesmal jedoch in Gestalt eines Fünfkaiserjahres. Schließlich setzte sich im Jahre 197 Septimius Severus endgültig gegen die anderen Thronanwärter durch. Ihn hatten die Legionen an der Donau zum Kaiser ausgerufen.

Diesmal hatten die germanischen Provinzen von Anfang an auf den richtigen Mann gesetzt. Septimius Severus stützte sich vom Beginn seiner Regentschaft an ganz auf die Macht des Militärs. Als Gegenleistung erlaubte er den Soldaten, mit ihren Frauen in den Lagervorstädten zu wohnen und erleichterte den niederen Rängen den Aufstieg in die militärische Führung. Vor allem erhöhte er den Sold. Sein Sohn und Nachfolger Caracalla ging noch weiter, indem er allen Reichsangehörigen das römische Bürgerrecht zusprach. Damit entfiel allerdings ein wesentlicher Grund für den Dienst im römischen Heer. Als Folge hiervon nahm die Qualität der Truppen sehr stark ab.

Zunehmend führten die Aufwendungen der Armee durch steigenden Sold für die Soldaten zur Verschlechterung der wirtschaftlichen Lage der übrigen Bevölkerung. Immer mehr Bürger in den Städten versuchten sich der wachsenden Steuerlast dadurch zu entziehen, daß sie lieber als Abhängige (*coloni*) auf die Landgüter zogen, statt weiterhin erdrückende Steuern zu zahlen. Handel und Verkehr nahmen ab, und der überwiegende Teil der Stadtbevölkerung verarmte.

Mit den **Alemannen** kamen äußere Feinde an der Rheinfront hinzu. Als germanischer Stammesverband waren sie von der Elbe an den Oberrhein gezogen. Sie durchbrachen die Grenzbefestigungen und verwüsteten die nahegelegenen Provinzen an Rhein und Donau. Zwar konnten noch einmal die anrückenden Heere der Alemannen zurückgetrieben werden, doch 260 gingen die Kastelle in Flammen auf, die als oberrheinische Grenzbefestigung *(limes)* das Imperium verteidigen sollten. Erstmals in der Geschichte des Imperiums mußten Gebiete dauerhaft aufgegeben werden.

Kaiser aus dem Soldatenstand folgten nun einander als Herrscher in rascher Folge. Die verschiedenen Armeen des Reiches setzten sie ein und wieder ab oder ermordeten sie, wenn ein anderer General besseren Sold versprach. Die sich daraus ergebende politische Handlungsunfähigkeit blieb den Germanen natürlich nicht verborgen.

Im Jahre 257 überschritt mit den **Franken** ein neuer, besonders kriegerischer germanischer Volksstamm zum ersten Mal den Niederrhein. Plündernd und mordend zogen seine Scharen bis weit nach Gallien hinein, eine Spur der Verwüstung hinter sich lassend. Dabei machten sie die erstaunliche Erfahrung, daß es keinen Widerstand mehr gab, sobald einmal die Befestigungen an den Grenzen selber durchbrochen waren. Wollten die römischen Truppen die plündernden Horden verfolgen, so mußten sogar noch mehr Truppen von den Grenzbefestigungen abgezogen werden. Damit war es für die nachdrängenden Germanen um so leichter, nach Gallien einzudringen.

Eine Heeresreform sollte Abhilfe schaffen. Das Heer wurde in mobile Verbände und in Truppen an der Grenze aufgeteilt. Eliteeinheiten sollten als bewegliche kleine Reitereinheiten *(numeri)* eventuell durchgebrochene Angreifer im Hinterland stellen und vernichten. Zunächst war diese Taktik auch erfolgreich.

Nachdem die ersten Frankeneinfälle überstanden waren, putschte wieder einmal ein General am Rhein. Er baute in Köln die CCAA als neue Hauptstadt aus, prägte eigenes Geld und hielt sich sogar einen eigenen Senat. Als Gründer dieses **Gallischen Sonderreiches** konnte Postumus acht Jahre die Grenzen gegen die Franken halten. Dann erschlugen ihn die Soldaten, die ihn auf den Thron gehoben hatten. Postumus hatte sich nämlich geweigert, die Stadt Mainz zur Plünderung freizugeben! Seine Nachfolger residierten noch einige Jahre in Trier, doch bald ging es mit dem Sonderreich bergab, und im Jahre 273 war Gallien wieder Bestandteil des Imperiums. Nichts konnte allerdings verbergen, daß die Provinzen zunehmend ein Eigenleben führten. Die Macht verlagerte sich von Rom an den Rand des Reiches.

Kaum war das Zwischenreich von der politischen Bühne verschwunden, da drangen 276 wieder fränkische Heerscharen über den Niederrhein. Sie überrannten jeglichen Widerstand, auch den im Hinterland, und fielen wie ein Heuschreckenschwarm über die blühenden Anwesen und Städte in Gallien her. Wieder wurden die Lager am Rhein zerstört. Der Frieden war endgültig dahin. Immer wieder drangen in der Folge Franken und Alemannen an den Rhein vor, wurden zurückgeschlagen, dezimiert und kamen doch erneut. Unerschöpflich schien die Zahl der germanischen Krieger zu sein, die sich aus dem Inneren Germaniens auf der Suche nach Beute und Siedlungsland heranwälzte. Am Ende erwiesen sich die Germanen mit ihrer unverbrauchten Kraft als die Stärkeren, wenngleich es noch Jahrhunderte bis zum endgültigen Erlöschen des Imperiums dauerte.

Die Kaiser und Feldherren Roms haben einen zähen Abwehrkampf geführt. Noch viele Siege wurden errungen, und noch mehrmals gelang es mit der Unterstützung vorwiegend germanischer Hilfstruppen, das drohende Ende abzuwehren. Die Versuche, die Wirtschaft des Imperiums zu reformieren, waren am Ende jedoch so wenig erfolgreich wie die politischen Reformen, bei denen man versuchte, die Macht auf mehrere Schultern zu verteilen. An immer neuen Teilen der Reichsgrenzen erschienen die Völker aus dem Osten und Norden. Schließlich brachen alle Dämme. Als im Jahre 408 der in römischen Diensten stehende vandalische Feldherr Stilicho die letzten Legionen vom Rhein abzog, um Italien vor den anrückenden Goten unter deren König Alarich zu schützen, da gab es nicht länger eine römische Rheingrenze.

Was da in so wenigen Sätzen gesagt ist, war ein Drama für die betroffenen Bewohner des Imperiums. Ungezählte Tote, Elend und Hunger waren die äußeren Zeichen für das Ende einer fünfhundert Jahre dauernden römischen Herrschaft in diesem Teil Europas. Nicht weniger einschneidend als die äußeren Veränderungen war aber auch das Zerbrechen einer Jahrhunderte alten Kultur und Zivilisation.

Die Geschichte kennt allerdings kein Vakuum, und an die Stelle der Römer traten die germanischen Franken, Goten, Burgunder und Vandalen. Sie gründeten Königreiche auf dem ehemals römischen Territorium und übernahmen an Stelle von Rom die Macht im Westen des untergegangenen Imperiums. Im Osten dagegen existierte das Römische Reich mit der Hauptstadt Konstantinopel weiter und hatte unter der Herrschaft seiner Kaiser noch fast weitere tausend Jahre Bestand.

Wir wissen nicht, in welcher Gestalt das Legionsbad *Aquis* die Verheerungen beim Untergang des Limes am Niederrhein überlebte. Allerdings zeigen die in der Nähe des Rathauses aufgefundenen Ruinen, daß die dort stehenden Gebäude des Lagerpräfektoriums durch eine Wehrmauer mit dicken Rundtürmen befestigt wurden. Die Anlage hatte wohl die Aufgabe, wenigstens als Rückzugsposten für den Weg an die Maas und in die Eifel zu dienen.

In dem Jahrzehnt zwischen 350 und 360 folgt ein Einfall der Franken dem nächsten. Zudem wird das Imperium durch immer neue innenpolitische Krisen erschüttert: Kaiser und Gegenkaiser lösen einander ab. Die fränkischen Heerscharen können ziemlich ungehindert ihre Beutezüge bis an die Maas ausdehnen und das Land ausplündern. Köln wird belagert, schließlich entsetzt, wiederum belagert und im Dezember 355 von den Franken eingenommen und geplündert. Auch Bonn fällt in die Hand der Germanen. Wie weitgehend das Land zerstört wird, das erkennt man an der Tatsache, daß seit 359 Getreide aus Britannien importiert werden muß, um die Ernährung der städtischen Bevölkerung sicherzustellen. Vermutlich liegen zu diesem Zeitpunkt auch die Landgüter von Aquis in Schutt und Asche. Jedenfalls finden sich aus dieser Zeit keine Ruinen mehr in Aachen, die auf einen Wiederaufbau nach den Frankeneinfällen hindeuten. Das Ende der römischen Herrschaft kommt langsam aber sicher. Eine Kupfermünze des Kaisers Gratian (375-383) aus einer Latrine der Bücheltherme ist das letzte sicher datierbare Überbleibsel der mehr als vierhundertjährigen römischen Herrschaft in Aachen.

Länger als anderthalb Jahrhunderte war das Imperium dahingesiecht. Uns erscheint diese Zeitspanne wie durch einen Zeitraffer verkürzt, wenn man die wenigen Zeilen betrachtet, die dieser Vorgang in einem Geschichtsbuch einnimmt. Tatsächlich handelte es sich aber um ein langsames Sterben des Römischen Reiches. Im Bewußtsein der Menschen von damals wechselten wohl eher ruhigere Perioden mit denen eines schnellen Wandels zum Schlimmeren ab. Immerhin überlebten Bewohner im ehemals glanzvollen Tripellager, gingen ihren Beschäftigungen nach und produzierten wohl gerade in den unruhigen Zeiten besonders viele Waffen. Römer waren sie inzwischen ja alle geworden. So war es auch schwer, jemanden einer der vielen Volksgruppen zuzuordnen, denn alle sprachen eine gemeinsame Sprache. Es war sicher kein schöner lateinischer Dialekt, wenn man ihn mit der Sprache der gebildeten Römer zur Zeit des Augustus vergleicht. Etwas anderes war allerdings auch kaum zu erwarten, wenn man bedenkt, daß Aquis als Militärlager schon von Beginn an ein Schmelztiegel so vieler Völker war.

Als die Franken die Römer beerbten, übernahmen deren Heerführer auch den Landbesitz des römischen Fiskus als sogenanntes Königsgut. Das traf auch für Aachen zu, wo man deshalb im lateinisch sprechenden Völkergemisch zunehmend fränkische Laute hörte.

Neue Wege

Wir wissen wenig über diesen Zeitraum, doch ist etwas als Nachhall in Form des veränderten Verlaufes von Straßen geblieben: Wege änderten nämlich ihre Richtung, als sich die Lebensumstände und die Bedürfnisse der Bewohner änderten. Man kann den Katasterplan der Stadt genauer analysieren und auf Abweichungen hin untersuchen, wenn man weiß, wie das Wegenetz in der frühen Römerzeit aussah. Die Figur 27 zeigt als Ausschnitt den Bereich des Tripellagers mit den aus römischer Zeit überkommenen Straßen. Sie liegen im wesentlichen im Gebiet der späteren inneren Stadtmauer. Schwarz eingezeichnet erkennt man Straßenstücke, die in ihrem Verlauf vom alten rechtwinkligen Raster abweichen. Es handelt sich um Abkürzungen, die man als stillgelegte Straßenstümpfe noch teilweise heutzutage nachweisen kann. So erkennt man etwa in der mittleren **Pont-** und in der **Eilfschornsteinstraße** noch die ehemaligen Verkürzungen der Straßen am Abknicken des heutigen Straßenverlaufes.

Die alten Hauptwege zum Lager sind weitgehend verschwunden und nur noch teilweise als sogenannte **Grünstraßen** erhalten. Einzig die Wege von Maastricht und Lüttich folgen noch in etwa ihrem alten Verlauf, wenn sie auch auf kürzerer Strecke zum Innenbereich führen. Sie machen deutlich, daß sich der Schwerpunkt der Ereignisse vom Rhein nach Westen verlagert hatte, und daß in Kelmis weiterhin Bergbau betrieben wurde.

Schon nach der Auflassung des Standlagers hatte sich die Nutzung einzelner Bereiche verändert. Wahrscheinlich hatte sich bald danach Zivilbevölkerung im ursprünglichen Lager gesiedelt, da Teilgebiete nicht länger durch das Militär genutzt wurden. Dadurch verschob sich das Zentrum des Bades mehr in Richtung nach Südosten in das Gebiet des heutigen Elisengartens. Aus dem ehemaligen Lagerforum wurde ein Marktplatz. Noch heute kann man das an der Ausbuchtung der Jakobstraße gegenüber dem heutigen Rathaus erkennen. Wie man in Figur 27 sieht, führten nun alle Wege auf kürzeren Trassen (**Annastraße, Kleinmarschierstraße und Adalbertstraße**) zum Zentralen Bereich.

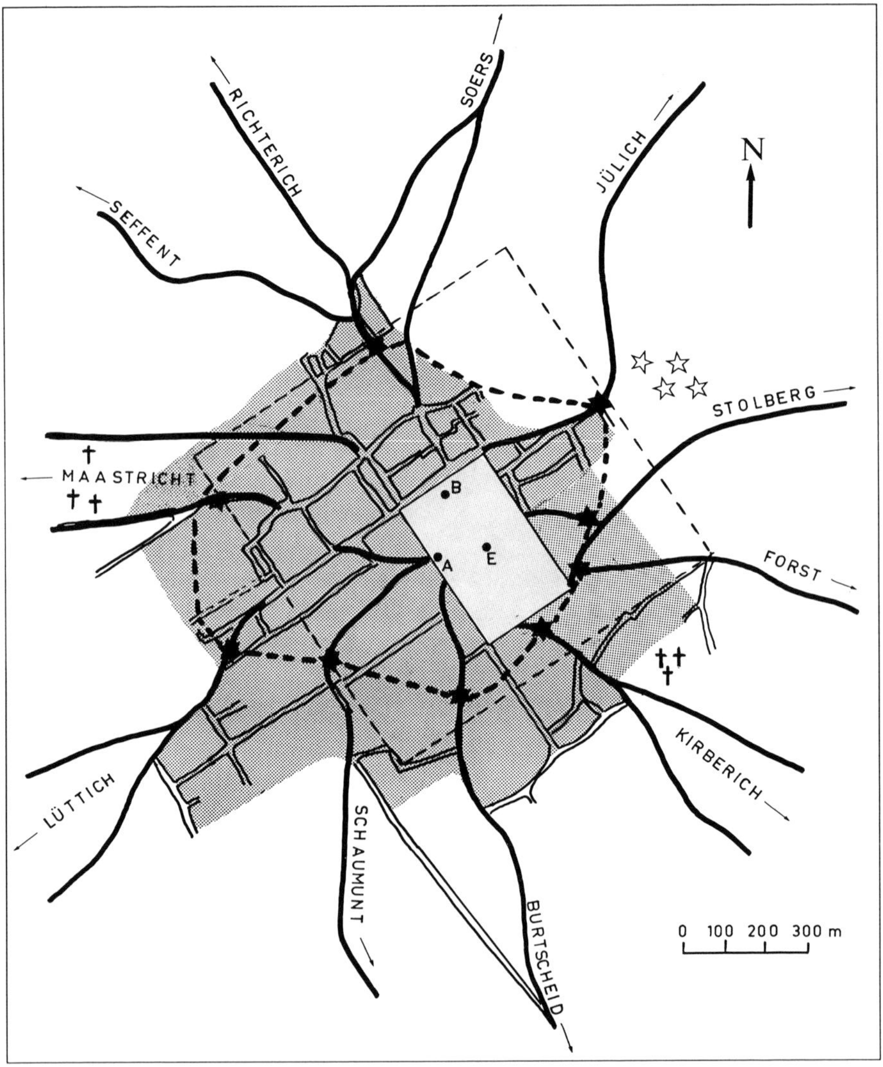

Figur 27
Als fränkisches Königsgut existierte Aachen in verkleinerter Form weiter. Durch die veränderten Bedürfnisse der Bewohner wurden Teile des Lagers und alte Straßen aufgegeben. Die Straßenführungen wurden verkürzt und führten nun auf direktem Wege zum Kernbereich bei den Thermen. Man erkennt gut, daß die innere Stadtmauer aus der Stauferzeit ihre neun Tore (Sterne) an den Schnittpunkten der verkürzten Straßen mit dem Wall des ehemaligen Lagers besaß. Die Begräbnisstätten lagen zu dieser Zeit noch immer am Rande der besiedelten Fläche.

Erhalten geblieben sind nur die Fahrwege zu den Landgütern in der Nähe: Die Straßen nach Seffent, Richterich, Soers, Kirberich und Schavemunt gehören dazu. Die Routen nach Stolberg und Forst zeigen, daß die Erzgewinnung dort offenbar noch immer betrieben wurde. Auch Burtscheid diente wohl weiterhin als Badeanlage. Wo die Werkstätten und Fabriken für die Waffenproduktion und die anderen Güter standen, die überwiegend an den Bächen lagen, da erhielt sich im wesentlichen das alte römische Straßenraster aus der Frühzeit des Lagers.

Wie man in der Zeichnung erkennen kann, ist der Umfang des Ortes fast gleich groß geblieben. Er wird sich auch bis weit über die Epoche des Übergangs von der römischen zur fränkischen Herrschaft hinaus in dieser Form erhalten haben. Man erkennt das gut an der Tatsache, daß die neun Tore der inneren Stadtbefestigung des zwölften Jahrhunderts – in Figur 27 sind sie durch Sterne kenntlich gemacht – gerade dort liegen, wo die verkürzten Wege auf das ehemalige Lagergebiet stießen. Zu dem Zeitpunkt, als Aachen Kaiserresidenz von Karl dem Großen wurde, gab es dann eine starke Veränderung der Straßenführungen im Kernbereich der Stadt.

Es gibt einen weiteren Grund anzunehmen, daß in spätrömischer und in frühfränkischer Zeit der Ort die alte Ausdehnung im wesentlichen beibehalten hatte: In der Nähe der **Harscampstraße** und am **Königshügel** lagen nämlich die frühfränkischen Gräber aus jener Zeit. Wie schon in all den Jahrhunderten zuvor wurden die Toten immer noch unmittelbar außerhalb der Siedlungen beigesetzt. Auch das römische Gräberfeld an der Peterskirche liegt ja knapp außerhalb der Porta Principalis Dextra.

Einige wenige Grabsteine aus römischer Zeit fanden sich in Mauern verbaut wieder. Die Gedenksteine wurden meist von den im Testament bedachten Erben zur Besänftigung der Totengeister *(dis manibus)* errichtet, um etwa an den verstorbenen Getreidehändler Licinius Fuscus oder den Veteranen Celer von der *Legio X Gemina* zu erinnern.

Die Toten der Gräber aus spätrömischer Zeit waren schon in Ost-West-Richtung gebettet mit Blick nach Westen hin zur untergehenden Sonne. Möglicherweise zeigen sie dadurch, daß sie im Leben dem christlichen Glauben angehangen hatten. Es gibt weitere Gründe für die Annahme, daß es schon im vierten Jahrhundert eine kleine christliche Gemeinde in Aquis gegeben hat.

Götter und Tempel

Die Römer waren gekommen, ein Land zu erobern, zu zivilisieren und auszubeuten. Sie waren aber nicht gekommen, um zu missionieren. Schon ihre eigene Götterwelt hatten sie großenteils von den Griechen übernommen und sie für sich interpretiert *(interpretatio romana).* Sie setzten die fremden mit ihren eigenen Gottheiten gleich und erweiterten damit die Zahl ihrer Götter.

Der gesamte römische Alltag war in allen Dingen in sehr starkem Ausmaß von der Bindung der Menschen an die göttlichen Mächte bestimmt, mehr als das in unserer heutigen Welt der Fall ist. Da man glaubte, daß alles Geschehen durch den Willen der Götter gelenkt und regiert werde, blieb kein Bereich des privaten und des öffentlichen Lebens ausgespart. Sorgfältig mußte vermieden werden, den Zorn der Götter zu erregen. Das geschah durch Verehrung in Form von Gebeten, Opfern und Weihegaben.

Der Kult der gemeinsamen Götterverehrung war streng geregelt. Über seine Einhaltung wachte eine hierarchisch aufgebaute Priesterschaft, die in Kollegien organisiert war. Wenn die Menschen sich gegenüber den Göttern richtig verhielten, waren diese ihrerseits verpflichtet, das Erbetene auch zu erfüllen. Es gab also eine Art von juristischem Vertrag zwischen Menschen und Göttern nach dem Prinzip: Ich gebe, damit du gibst *(do ut des).* Erwiesene Wohltaten hielten den Menschen als Gegenleistung dazu an, den gelobten Dank meist in Form von Weihesteinen abzustatten.

Im Mittelpunkt des offiziellen Kultus stand die Dreiheit der obersten Gottheiten. *Iupiter Optimus Maximus,* der Beste und Größte als Welterhalter, seine Gattin *Iuno* als Schützerin der Familie und *Minerva* als Schutzgöttin des Handwerks und der Wissenschaften waren die obersten Gottheiten. Die Verehrung des Iupiter war für alle Reichsangehörigen Verpflichtung. Daneben trat unter dem iulisch-claudischen Kaiserhaus der Kaiserkult, der durch die Verehrung des Kaisers und der Mitglieder der kaiserlichen Familie die Loyalität des Bürgers zum Staat zum Ausdruck brachte. Die Kultstatuen der Kaiser standen in allen Lagerheiligtümern und in den Staatstempeln. Als *Castra Aquensia* als sichtbares Zeichen der Vergöttlichung des Iulius Caesar erbaut wurde, war es mit Sicherheit einer der ersten Orte, an denen eine Kultstatue von ihm aufgestellt wurde.

Der Kaiser verkörperte die Staatsidee, die als einigendes Band den Vielvölkerstaat zusammenhalten sollte. Wer sich dem allen gemeinsamen Kult entzog, weil er entweder nicht opfern wollte oder – wie die Christen – aus Überzeugung nicht konnte, der entlarvte sich dadurch als Staatsfeind. Gegen ihn ging man mit aller Härte vor.

Alle Bereiche des täglichen Lebens standen zusätzlich unter dem Schutz bestimmter Götter. Wo man es nicht so genau wußte, verehrte man den Schutzgeist des Ortes, den *genius loci*. Da Aachen zunächst ein Militärlager war, bevor es die Funktion eines Heilbades wahrnahm, wird es sicher einen Tempel des Kriegsgottes *Mars* und der Göttin des Sieges *Victoria* gegeben haben. Aus der inneren Logik der Anlage kann man schließen, daß in dem Marsheiligtum das Schwert des Gaius Iulius Caesar verwahrt wurde. Nach der Auflassung des Lagers wurde es wahrscheinlich in den Marstempel nach Köln gebracht. Wie wir schon erfahren haben, wurde es dem Vitellius bei seiner Ausrufung zum Kaiser im Jahre 69 als sichtbares Zeichen seiner Würde in die Hand gedrückt. Es spielte damit die Rolle eines Kennzeichens der militärischen Macht, wie das in späterer Zeit das Schwert Karls des Großen tat. Es ist schwer zu sagen, wo sich der Marstempel genau befand, sicher aber stand er im Kultbezirk. Im Zentralheiligtum wurde außerdem noch dem Genius der Legion, der Abteilung oder der Feldzeichenträger gehuldigt. Heilung im Krankheitsfalle brachten der göttliche Arzt *Asclepius* und seine Begleiterin *Salus*. Hauptsächlich wurde aber *Apollo* als Heilgott verehrt. Er war eigentlich der Schützer der Musen und Künste, konnte aber durch seine weitreichenden Pfeile auch Krankheit und Verderben über die Menschen bringen. Wer krank machen konnte, der besaß auch die Fähigkeit zum Heilen, so glaubte man damals.

Als Aachen Jahrhunderte später zur Residenz des christlichen Kaisers Karl ausgebaut wurde, da verschwanden alle äußeren Erinnerungen an die ehemals heidnische Welt der antiken Götter. Nur wenige Weihesteine blieben aus römischer Zeit erhalten, weil sie als Spolien in das Mauerwerk der Pfalz eingebaut wurden.

Eine Votivtafel ist dem *Mercurius Susurrionis* geweiht, dem **auf leisen Sohlen sich nähernden Führer der Seelen.** Ein weiterer Merkurstein ist an den Attributen des Gottes erkennbar, einem Hahn und einer Schildkröte. *Mercurius* war der Gott, der auch für Handel und Gewerbe zuständig war und damit in Aachen am rechten Orte verehrt wurde. Ein anderer Weihestein wurde zu Ehren der *Fortuna* und der *Salus* von einem Priester des Kaiserkultes errichtet. Beide werden darauf als Beschützerinnen des Ortes bezeichnet. *Fortuna* war die Göttin des Staatswohles, *Salus* die des persönlichen Wohlergehens. Wie man daraus erkennen kann, gab es also in Aachen mit Sicherheit einen Staatstempel für den Kaiserkult und die obersten Gottheiten, wenngleich sie als Bauten nicht nachgewiesen sind.

Der Fund eines Apollosteines im Gebiet der ehemaligen Thermen von Burtscheid zeigt, daß die Verehrung des Heilgottes sicher von zentraler Bedeutung war. Das Relief der Vorderseite zeigt den thronenden Gott mit

Köcher und Bogen auf dem Rücken. Er hält in der linken Hand die Leier und in der rechten das *Plectrum,* einen kurzen Stab aus Elfenbein zum Anschlagen der Saiten. Der Kopf des Gottes ist absichtlich zerstört worden, als eifernde Christen glaubten, damit der Gottheit ihre magische Kraft zu nehmen.

Die Inschrift des Steines nennt als Stifter des Altares einen hohen römischen Offizier, Lucius Latinius Macer, der Bürger von Verona war. Ehemals diente er als ranghöchster Centurio *(Primus Pilus)* der *Legio IX Hispana* und stand als *Praefectus Castrorum* dem Lager vor. Er stiftete den Altar für sich und seine Angehörigen in Erfüllung eines Gelübdes, wie der Gott es verdient hatte: ***V****(otum)* ***S****(olvit)* ***L****(ibens)* ***M****(erito),* wie es auf den meisten Weihesteinen heißt. Heute findet sich ein Abguß dieses Altares im Eingang des Restaurants im Rathauskeller.

Nach der Auflassung des Tripellagers unter Augustus stellten offenkundig verschiedene militärische Einheiten den Kommandeur *(Praefectus Castrorum)* der Militärdomäne. Meist dürften dies Offiziere der in den Standlagern am Rhein stationierten Legionen gewesen sein. Allerdings lagen in späterer Zeit vorübergehend auch andere Einheiten in Aachen, so wohl zeitweise die *Legio IX.* Diese Truppe hatte unter Kaiser Claudius an der Eroberung Britanniens teilgenommen. Um 115 n. Chr. befand sie sich noch einmal kurzzeitig im Legionslager von *Noviomagus,* bevor sie in den Osten des Reiches an die dortige Front verlegt wurde. Es gibt daher zwei Möglichkeiten für die Datierung des Steines: Er stammt aus dem Jahre 43 n. Chr., als die *Hispana* unter Kaiser Claudius nach *Eburacum* (York) in England verlegt wurde. Claudius hielt sich nämlich vor dem Feldzug nach Britannien einige Zeit in Niedergermanien auf und verlieh dabei unter anderem Köln und Trier den Status einer Stadt. Außerdem ließ er das Lager Neuss ausbauen. Die Truppe könnte vorher zur Ausrüstung in Aachen gelegen haben.

Die Einheit kann aber auch erst später vor der Verlegung von England in den Orient in Aachen ausgestattet worden sein. Dann würde der Stein in die Zeit um 115 n. Chr. zu datieren sein.

Besonders wichtig war es für einen Römer, am richtigen Ort die richtigen Gottheiten anzurufen und um das Richtige zu bitten. Irgendein Gott scheint in *Castra Aquensia* auf jeden Fall vergessen und übergangen worden zu sein. Wie sonst wäre zu erklären, daß so viele Legionen von hier den Marsch in den Tod angetreten haben.

Die römischen Soldaten suchten auch guten Kontakt zu den einheimischen Göttern, denen sie ebenfalls die Ehre erwiesen. Zusätzlich wurde das Kabinett der Gottheiten durch die Kulte jener Gottheiten erweitert, die vom Militär vorwiegend seit dem zweiten Jahrhundert aus dem Orient eingeführt wurden. Das Bevölkerungsgemisch am Rhein bot einen guten Nährboden für die Verbreitung jener Glaubensrichtungen, die als Kult der *Isis* und der *Kybele*, des *Attis* und des *Mithras* Erlösungsreligionen darstellten. Sie konnten besser als die interpretierten einheimischen oder die römischen Staatsgötter den aus der Unsicherheit und der Angst geborenen Wunsch nach Erlösung befriedigen. Diese Kultgemeinschaften bereiteten den Boden für die Ausbreitung des Christentums.

Wo das erste Vaterunser im Rheinland gesprochen wurde, das ist unbekannt. Aus spärlichen literarischen Quellen wissen wir jedoch, daß es schon im zweiten Jahrhundert am Rhein christliche Gemeinden gegeben hat. Mit den Toleranzerklärungen Kaiser Constantins I. in den Jahren 311 und 313 erfuhren die christlichen Gemeinden **die** staatliche Förderung, die für die Ausbreitung ihres Glaubens nötig war.

Die beiden nächstgelegenen Bischofssitze waren Tongeren und Köln. Dort gab es bereits sehr früh nachweisbare größere christliche Glaubensgemeinschaften. Die Zugehörigkeit von Aachen zum Bistum Lüttich spricht sehr stark dafür, daß Aachen nicht nach Köln, sondern nach Tongeren im Westen hin orientiert war. Die östliche Grenze der Diözese Lüttich lag nämlich an der Wurm, bevor unter Napoleon 1801 eine Neuordnung der Kirchenprovinzen erfolgte.

Wegen der Beseitigung der meisten römischen Mauern beim Bau der Kaiserpfalz von Aachen wissen wir nur wenig über die Tempel des Badeortes. Vieles spricht dafür, daß sich das Heiligtum der höchsten römischen Staatsgötter schon seit der Existenz des caesarischen Lagers immer am Punkt **F** befunden hat. Die Verehrungsstätte für den Kaiserkult lag dagegen wohl in den Principia beim heutigen Rathaus. In den beiden Tempeln bei **D** und **E** dürften *Apollo* und *Salus* beziehungsweise *Fortuna* ihre hauptsächliche Verehrung erfahren haben. Sie waren beide als sogenannte gallo-römische Umgangstempel mit einer Cella in der Mitte errichtet.

Die alte Namensform **Tempeltergraben** statt **Templergraben** leitet sich von *Via templi et turris* ab. (Der Leser findet zu den Herleitungen nähere Einzelheiten im Anhang zum Buch.) Der ursprüngliche Name erinnert noch daran, daß sich in der Nähe der Porta Praetoria des Lagers ein Wachtturm an der Stelle befunden hat, wo die Straßen von der Maas und von Vetera beim Lager eintrafen. Hier wachten die *Triviae* und *Quadruviae* als Gottheiten, denen man an den Wegkreuzungen Altäre errichtete. Tempel und Turm gaben dem Ort den Namen. Auch der Straßenname **Venn,** in der alten Schreibweise als **Fein** geschrieben, erinnert über die Form *Via Fani* = Tempelstraße noch an die Existenz eines Tempels, der wie sicher noch manche andere in den Lagervorstädten gestanden hat.

Aus Köln wissen wir heute, daß sich die dortige frühchristliche Bischofskirche genau an der Stelle befand, wo es zuvor einen römischen Mercurius-Augustus-Tempel gegeben hatte, der dem christlichen Bauwerk weichen mußte. Ein solcher Sachverhalt trifft auch für viele andere frühchristliche Gotteshäuser zu.

In Aachen fand man ebenfalls im Bereich des heutigen Hauptaltars des Domes **drei christliche Vorgängeraltäre.** Der älteste stammt aus einer Epoche, bevor in Aachen die **Hofschule** als geistliches Zentrum des Frankenreiches errichtet wurde. Seine Anordnung gehorcht noch völlig dem Verlauf der Fluchtlinien des römischen Straßenrasters und bildet mit der Nord-Süd-Richtung einen Winkel von etwa 35°. Dieser Altar wurde über einer Grube mit kreuzförmig verlegten Steinen errichtet. Vieles deutet darauf hin, daß hierdurch in frühchristlicher Zeit eine Umweihung des alten heidnischen Heiligtums zum Ausdruck gebracht wurde. Die Nachfolgealtäre wurden jedenfalls sämtlich auf höherem Niveau an derselben Stelle erbaut.

Schaut man sich den Ort genauer an, so liegt er im Bereich der Münstertherme außerhalb der eigentlichen Badeanlage. Wie ich schon früher beschrieben habe, wurde in der Bauphase II des Agrippa-Lagers der Ausgangspunkt **A** für die Vermessung des Geländes um zweieinhalb Schritte verlegt. Als später unter Septimius Severus der Kultbereich neu geplant wurde, kam zur Verschiebung noch eine Drehung der Lagerachsen um rund 3,5° hinzu. Die Figur 28 zeigt, welche Konsequenzen das für die Lage des Altares **F** im Tempel der Göttlichen Trias hatte: Er verschob sich um insgesamt vier Schritt nach Südosten. Aus diesem Grund mußte auch die Apsis des Tempels anschließend neu gebaut werden.

Die Mauerfluchten im Bereich der Münstertherme lagen in Bauphase V unter einem Winkel von 40,5° zur Nord-Süd-Richtung. Als unter Kaiser Constantin I. das Christentum Staatsreligion wurde, übernahmen die Priester dieses Kultes die alten Tempel der Staatsgötter. Am Punkt **F** wurde damit eine Umweihung nötig, die an den kreuzförmig verlegten Steinplatten am Altarplatz erkennbar ist.

In merowingischer Zeit wurde ein Neubau der nun christlichen Anlage erforderlich: Dabei wurde die Kirche gleichzeitig aus kultischen Gründen mit ihrer Symmetrieachse nach Osten ausgerichtet. Aus der Kenntnis heraus, daß die römischen Straßenverläufe durch den Göttlichen Schnitt aus der Nord-Süd-Richtung gewonnen worden waren, ging man jetzt offenbar den umgekehrten Weg: Man legte die Ost-West-Richtung mit einem Winkel von 37°, dem Winkel des pythagoreischen Dreiecks, gegen die Mauerfluchten fest. Fälschlicherweise wiesen diese jedoch einen Winkel von 40,5° auf. Somit kam es zwangsläufig zu einer Mißweisung von rund 3,5°

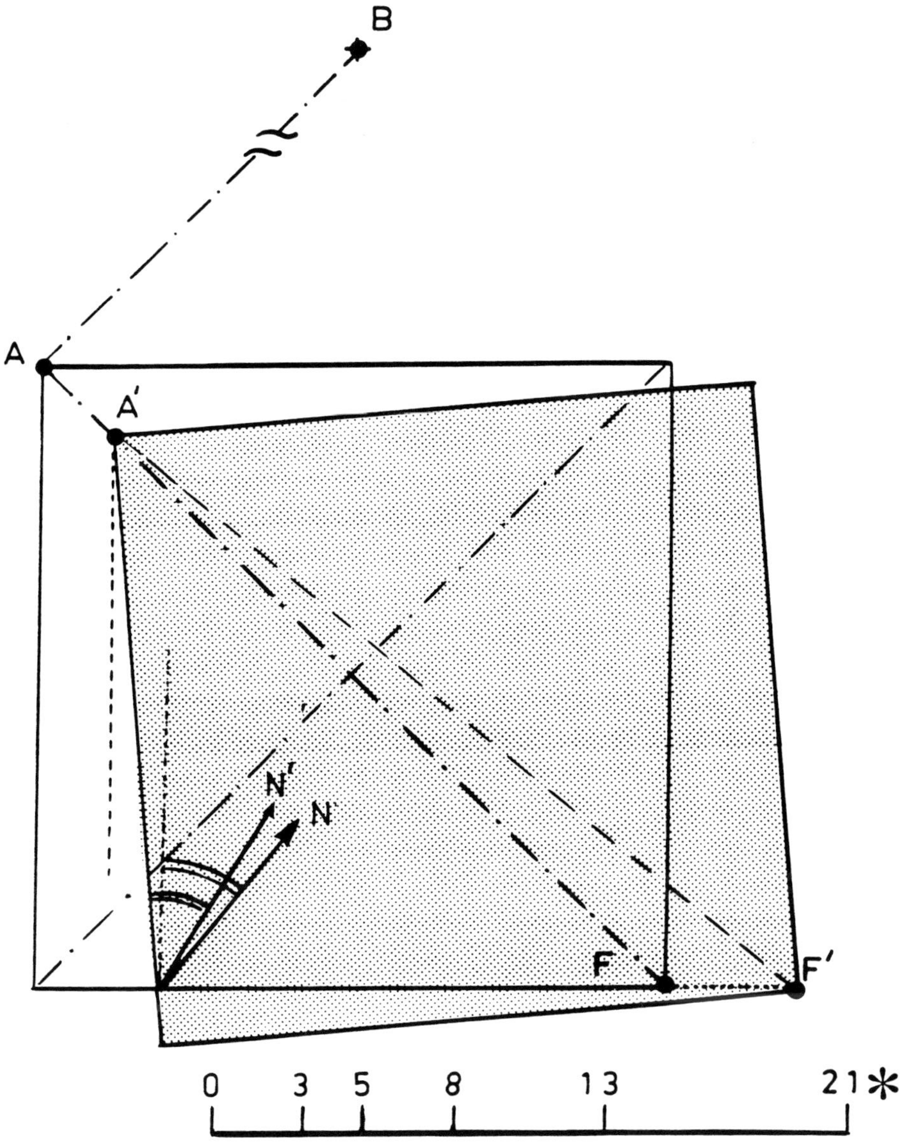

Figur 28
Bei der Vermessung während der letzten römischen Bauphase gegen Ende des zweites Jahrhunderts wurde das Raster um 3,5° beim Fixpunkt (A) gedreht. Als Folge davon verschob sich die Lage des Altars (F) im Haupttempel.

gegenüber der tatsächlichen Haupthimmelsrichtung. Noch heute läßt sich diese Abweichung an den vorkarolingischen Mauern in Aachen beobachten. Erst die exakt nach der neu festgestellten NS-Richtung ausgerichtete karolingische Palastanlage machte die Richtungsabweichung dann wieder rückgängig.

Als um 775 in Aachen die **Hofschule** der Franken errichtet wurde, legten die Bauleute noch immer die fehlerhafte Ostrichtung zugrunde. Als Planungsgrundlage für das Bauwerk diente diesmal jedoch eine Variante des Göttlichen Schnittes, die der Autor **Idealschnitt** genannt hat. Dabei handelt es sich um ein ähnliches Verfahren zur Erzeugung von Maßen wie beim Göttlichen Schnitt. Die Ausgangslänge, aus der alle anderen Baumaße gewonnen wurden, betrug dabei 51,5'. Dieses merkwürdige Maß läßt sich aus der Teilung eines Quadrates von 300' Ausgangslänge gewinnen. Dann ergibt sich aber die Frage, warum man gerade diese Länge benutzte.

Mit der Kenntnis der römischen Vergangenheit in Aachen ist die Erklärung einfach: Der christliche Altar lag seit heidnischer Zeit an einem Rasterpunkt, der die Ecke eines Quadrates von 21* Seitenlänge darstellte. Die Verbindung von dort zum Punkt **A** war die Diagonale des Quadrates, die eine Länge von $\sqrt{2}$ x 21* = 29,7* oder 148,5' besitzt. Orientiert man nun diese Strecke in die Ost-West-Richtung, so wird sie als Projektion der Diagonalen auf diese Richtung verkürzt. Der maßgebliche Winkel für die Projektion beträgt dabei

$$45° - 37° + 3{,}5°(\text{Drehung}) = 11{,}5°$$

und ergibt eine verkleinerte Strecke von 145,5' als neue Diagonale.

Das Längenmaß des heidnischen Tempels betrug mit 10,5* gerade eine halbe Seite des 21*-Quadrates. Eine halbe Länge als Maß behielt man, allerdings verkürzt durch die Projektion in Ost-West-Richtung, auch für die Abmessung der christlichen Basilika aus der Merowingerzeit bei. Sie ist die Seite eines Quadrates mit der Diagonalenlänge 145,5' : 2 = 72,7'. Es ergab sich deshalb als Baulänge der merowingischen Kirche eine Strecke von 51,4', denn zu einer Diagonalen von 72,7' gehört eine Quadratseite von

$$\mathbf{72{,}7' : \sqrt{2} = 51{,}4'}.$$

Schöner läßt sich kaum eine Kontinuität des Bauens an einem Ort nachweisen, als es hier in Aachen möglich ist, weil jedesmal ein mathematischer Plan Grundlage des Planens war!

Quellen

Wer zu den Quellen will, muß gegen den Strom schwimmen!

Möglicherweise handelt es sich bei diesem Satz um ein altes chinesisches Sprichwort. Zumindest könnte das so sein. Auf jeden Fall passen die **Quellen** als Motto zu diesem Buch. Stellt man sich Aachen ohne seine heißen Quellwässer vor, so hätte das sicher einen anderen Verlauf der Geschichte ergeben. Kein römischer Legat hätte je auf dem Markthügel ein Lager abgesteckt, kein Agrippa wäre auf die Idee gekommen, ein Dreilegionenlager an gleicher Stelle zu errichten. Wohl kaum hätte es achthundert Jahre später den Bau der karolingischen Kaiserpfalz in Aachen gegeben.

Und **gegen** den Strom schwimmen?

Wäre ich als Kunsthistoriker oder Archäologe auf den Gedanken gekommen, in Aachen nach einem römischen Militärlager zu suchen? Wohl kaum hätte ich den Mut dazu besessen, da mir die Mittel gefehlt hätten, eine solche Hypothese auch plausibel zu begründen, geschweige denn zu verifizieren. Ein Physiker kann da mutiger sein, da er gewohnt ist, auf die Richtigkeit der mathematischen Zusammenhänge zu vertrauen.

Es war sicher ein glücklicher Umstand, der mich über die Beschäftigung mit der Mathematik des Goldenen Schnittes und damit verwandter Teilungsverfahren zu der Erkenntnis führte, daß hier in Aachen eigentlich alles vorhanden war, um die Auswirkungen dieses Prinzipes zu erforschen. So erkannte ich bald, daß im Zentrum von Aachen zweimal nach einem mathematischen Plan gebaut worden war.

Beim ersten Mal benutzte man den **Göttlichen Schnitt** für die Umsetzung der Symbolik einer **Doppelrolle als Gott und Herrscher** bei der Planung des Agrippa-Lagers für den vergöttlichten Caesar.

Gut achthundert Jahre später wurde für den fränkischen Herrscher Karl den Großen in Aachen wiederum ein Symbolbau mit der **Kaiserresidenz** verwirklicht. Karl sah sich als Begründer eines neuen Kaiserreiches zugleich in der Nachfolge der römischen Caesaren stehend. Beim Bau seiner Residenz in Aachen hatte er das Problem, die **Doppelrolle als geistliches und weltliches Oberhaupt** in seinem Reiche in der Architektur des Bauwerks sichtbar zu machen. Hierbei verwendete der Baumeister den **„Idealschnitt“** als Planungsgrundlage. Ich habe in dem kleinen Buch „Kreis,

Quadrat und Oktogon" beschrieben, mit welcher Präzision sich ein solcher mathematischer Plan mit den spärlichen Hilfsmitteln jener Zeit in Stein umsetzen ließ.

Sicher ist es eine eher spekulative Überlegung, ob beim Bau der Kaiserpfalz von Aachen noch Erinnerungen an die Symbolik des Agrippa-Lagers aus der Zeit des Augustus vorhanden gewesen sein könnten. Fest steht aber wohl, daß das Problem der Kaiserarchitektur mit der Umsetzung der Doppelrolle des Kaisers als weltliches und geistliches Oberhaupt **das** zentrale Thema der offiziellen Bauten der römischen Klassik war. Der römische Kaiser war durch seine Person die symbolische Verkörperung des Imperiums, und die meisten größeren Bauwerke entstanden als Staatsaufträge. Die Kenntnis von der Lösung dieser Aufgabe zu Zeiten des *Imperium Romanum* war sicher beim Baumeister Paulus Diaconus aus der Lombardei noch bei der Errichtung der Kaiserresidenz lebendig.

Zweimal hat jedenfalls Aachen mit seinen Bauten stilbildend gewirkt. Beim ersten Mal ergab sich durch die Beschäftigung mit dem Göttlichen Schnitt das Wissen von einer Rasterplanung, in der alles zwangsläufig „passend" ist. Wie ich im Anhang zu diesem Buch zeige, wurden über Jahrhunderte die Standlager an Rhein und Donau nach diesen Erkenntnissen geplant. Die Säulenarkade aus der Spätzeit des Legionsbades macht darüber hinaus deutlich, daß auch die Proportionen oberirdischer Bauten dem Göttlichen Schnitt gehorchten.

Die Bauten der nach dem „Idealschnitt" errichteten Kaiserresidenz prägten mit ihren Proportionen die Nachfolgebauten der romanischen Kirchen und Klöster. Selbst die Sonderrolle unter allen europäischen Städten, die Aachen als Krönungsort der „Könige des Heiligen Römischen Reiches Deutscher Nation" während des Mittelalters spielte, gründet sich wohl auf der zu Stein gewordenen Symbolik des Kaiserpalastes.

Ich bin kein Kunsthistoriker, kein Architekt und kein Archäologe. Sollten mir hier und da kleinere Fehler bei der Interpretation von Mauerverläufen unterlaufen sein, so mögen mir die Fachleute diese nachsehen. Nach so langer Zeit bleibt immer vieles im Ungewissen, und ich wollte ja auch **gegen** den Strom schwimmen!

Auch behaupte ich nicht, daß meine Schilderungen die tatsächlichen historischen Abläufe in allen Details wiedergeben. Zumindest könnte es sich aber so ereignet haben, und wer weiß schon wie etwas wirklich war! Geschichte ist keine „tote" Angelegenheit, sondern der Phantasie offen.

Ich habe historische Quellen benutzt, die allgemein zugänglich sind. Sie las ich allerdings mit anderen Augen. Es sind:

Tacitus: **Annalen.** Übers.: Walther Sontheimer. Reclam, Stuttgart 1991.
C. Iulius Caesar: **Der Gallische Krieg**. Übers.: O. Schönberger. DTV München 1991.
Vitruvius: **Zehn Bücher über Architektur.** Deutsch v. C. Fensterbusch. Darmstadt 1976.
Michael Grant: **The Twelve Caesars.** Weidenfels & Nicholson, London 1975.
John Buchan: **Augustus.** Hodder & Stoughton, London 1937.
Rudolf Pörtner: **Mit dem Fahrstuhl in die Römerzeit.** Econ, Berlin 1961.
A. & R. Schmid: **Die Römer an Rhein und Main.** G. Lübbe Verlag, Bergisch Gladbach 1977.
Ch.-Marie Ternes: **Römisches Deutschland – Aspekte seiner Geschichte und Kultur.** Reclam, Stuttgart 1986.
H. G. Horn (Hrsg.): **Die Römer in Nordrhein-Westfalen.** Theis, Stuttgart 1987.
H. Cüppers u.a.: **Aquae Granni – Beiträge zur Archäologie von Aachen.** Aachen 1982.

Einzelheiten über den Bau der Aachener Kaiserpfalz finden sich in:

A. Hausmann: **Kreis, Quadrat und Oktogon.** Meyer & Meyer Verlag, Aachen 1994.

Sollte der Leser nun Lust bekommen haben, der römischen Vergangenheit weiter nachzuspüren, so empfehle ich ihm anstelle von Literaturstudien zunächst einen oder mehrere Tage im Museum zu verbringen. Es bieten sich besonders an:

Römisch Germanisches Museum Köln
Rheinisches Landesmuseum Bonn
Regionalmuseum Xanten
Clemens-Sels-Museum Neuss
Museumszentrum Krefeld

Geschichte ist eine anschauliche Angelegenheit! Im Museum kann man lernen, manche Dinge anders zu betrachten, als sie in vielen Büchern geschildert werden.
Also schwimmen Sie **gegen** den Strom!

Zeittafel

387 v. Chr.	Schlacht an der Allia
	Rom durch Gallier im 1. Keltensturm zerstört
133-121	Reformbewegung der Gracchen
113	Cimbern und Teutonen ziehen nach Italien
	Niederlage von Noreia
107-100	Konsulate des Marius
105	Niederlage von Arausio im zweiten Keltensturm
	Panik in Rom
104	Heeresreform des Marius
102	Niederlagen von Aquae Sextiae
101	und Vercellae
100	Gaius Iulius Caesar geboren
77-71	Pompeius vernichtet die letzten Marianer in Spanien
73-71	Sklavenaufstand
71	Suebische Heere überschreiten den Rhein
70	Pompeius Magnus und Crassus Konsuln
68-67	Seeräuberkrieg
64	Neuordnung des Orients durch Pompeius
63	Octavius und Agrippa geboren
60	1. Triumvirat zwischen Caesar, Pompeius und Crassus
59	Caesar Konsul
	Caesar erhält die Provinzen Gallien und Illyrien
58-51	Gallischer Krieg
58	Helvetier unter Ariovist werden besiegt
57	Versklavung der Atuatuker
56	Erneuerung des Triumvirates
55	Pompeius und Crassus Konsuln
	1. Rheinübergang Caesars
	Usipeten und Tenkterer besiegt
54	Aufstand der Treverer, Nervier und Eburonen
	Dürre in Gallien
	XIV. Legion in Atuatuka vernichtet
53	2. Rheinübergang
	Ausrottung der Eburonen
52	In Rom herrscht Anarchie
	Pompeius einziger Konsul
51	Eroberung Galliens abgeschlossen
	Der Rhein ist Grenze

49-46	Bürgerkrieg zwischen Pompeius und Caesar
48	Schlacht von Pharsalus
	Tod des Pompeius
46	Neuordnung des Staates durch Caesar
44	Ermordung Caesars
	Gründung der Colonia Raurica
43	2. Triumvirat zwischen Octavian, Antonius und Lepidus
42	Caesar wird vom Senat zum Gott erhoben
	Caesarmörder bei Philippi von Antonius besiegt
39-38	Agrippa Statthalter in Gallien
	Tripellager von Aachen
37	Octavian erhält von Antonius eine Flotte
36	Sextus Pompeius von Agrippa besiegt
31	Niederlage des Antonius bei Actium
30	Tod des Antonius
	Ägypten römische Provinz
30 v. Chr.-68 n. Chr.	**Iulisch-Claudisches Herrscherhaus**
30 v. Chr.-14 n. Chr.	Octavian Alleinherrscher
27	Wiederherstellung der Republik
	Prinzipat
	Annahme des Titels Augustus
19	Gründung des Oppidum Ubiorum bei Köln
	2. Statthalterschaft des Agrippa
	Umsiedlung der Ubier auf das linke Rheinufer
14	Niederlage des Lollius
16-13	Augustus und Agrippa am Rhein und in Gallien
	Die Eroberung von Germanien wird vorbereitet
15	Drusus und Tiberius erobern das Voralpenland
13-9	Unterwerfung Pannoniens durch Tiberius und Agrippa
12	Tod des Agrippa
	1. Germanenfeldzug des Drusus
	Augustus wird Pontifex Maximus
11	2. Drususfeldzug nach Germanien
10-9	Kriege gegen die Chatten
9	Einweihung des Friedensaltares auf dem Marsfeld
	Tod des Drusus in Germanien
	Tiberius Oberbefehlshaber
8-7	Tiberius erreicht die Elbe
6	Tiberius geht nach Rhodos ins Exil

5	Das Oppidum Ubiorum (Köln) wird Ara Ubiorum
7-9 n. Chr.	Der pannonische Aufstand wird durch 15 Legionen niedergeschlagen
9	Niederlage des Statthalters Varus mit 3 Legionen
10	Tiberius wieder am Rhein
12	Germanicus, Sohn des Drusus, Oberbefehlshaber am Rhein
14	Tod des Augustus
	Tiberius (14-37) wird Nachfolger
	Meuterei der Heere in Germanien und Pannonien
15	Niederschlagung der Militärerhebung
	Marserfeldzug
16	Abberufung des Germanicus
um 20	Umbau von Aachen zum Legionsbad
43	Kaiser Claudius am Rhein
	Invasion Britanniens
	Neuordnung der Rheinverteidigung
50	Gründung der Colonia Claudia Ara Agrippinensium (CCAA) in Köln
68	Selbstmord von Kaiser Nero
69	Vierkaiserjahr (Galba, Otho, Vitellius, Vespasian)
69-96	**Flavisches Kaiserhaus**
69-70	Bataveraufstand
	Zerstörung der Rheinlager, vermutlich auch des Lagers von Aachen
70-250	200jähriger Frieden am Rhein
83	Limes als Grenzbefestigung gegen die Chatten
	Legio I Minervia in Bonn
89	Germania Superior (Hauptstadt Mainz) und Germania Inferior (Hauptstadt Köln) werden Provinzen
96-192	**Adoptivkaiser**
um 90	Neubau der Thermenanlagen in Aachen
100	Trajan gründet die Colonia Ulpia Traiana (Xanten)
121	Hadrian in Germanien
	Legio XXX Ulpia Victrix in Vetera
180	Marcus Aurelius bricht mit dem Brauch der Adoption und macht seinen Sohn Commodus zum Kaiser
192	Commodus ermordet
193	Fünfkaiserjahr
193-235	**Severisches Kaiserhaus**
193	Septimius Severus
	Militärreform

um 200	Bau des Portikus in Aachen
212	Alle freien Reichsuntertanen werden römische Bürger
	Bauernmilizen
213	Einfall der Alemannen am Oberrhein
235	Alemannenkämpfe
235-305	**Soldatenkaiser**
239	Erster Frankeneinfall am Niederrhein
258	Einfall der Franken in Gallien
	Plünderung Kölns
258-270	**Gallisches Sonderreich des Postumus**
	Säuberung Galliens von Franken und Alemannen
274	Aurelian stellt die Reichseinheit wieder her
	Trennung von Militär- und Zivilgewalt
275-276	60 Städte in Gallien durch Sachsen und Franken zerstört
286	Aufteilung des Imperiums in vier Herrschaftsbereiche
305-363	**Konstantinisches Kaiserhaus**
306-337	Konstantin I.
	Absolutismus
313	Gleichberechtigung der Christen
	Abschaffung des Kaiserkultes
	Hofzeremoniell
330	Constantinopel neue Reichshauptstadt
337-340	Constantin II. Kaiser in Trier
355	Köln verwüstet
365	Alemannen in Gallien
379	Theodosius macht den Katholizismus zur Staatsreligion
390	Verlegung des Regierungssitzes von Trier nach Mailand
391	Verbot aller heidnischen Kulte
395	**Reichsteilung**
405	Rheingrenze wird aufgegeben
	Salische Franken dringen bis an die Wurm vor
	Aachen wird fränkisches Königsgut
455	Linksrheinische Gebiete und das Moselland von ripuarischen Franken besetzt
476	Der letzte Kaiser des Westens, Romulus Augustulus, wird vom Heeresmeister Odoaker abgesetzt

Anhang

Der Göttliche Schnitt

Die römischen Militärlager an der Nordgrenze von Rhein und Donau wurden viele Jahrhunderte lang nach dem gleichen System angelegt, das auf dem **Goldenen Schnitt** (GS) beruht. Dabei handelt es sich um eine geometrische Konstruktion, die als besonders harmonisch empfundene Proportionen für Längen- und Flächenmaße liefert. Der Name stammt allerdings erst aus dem neunzehnten Jahrhundert. Die ursprüngliche Bezeichnung lautete *Divina Proportio* = **Göttlicher Schnitt** und weist auf ihre kultische Bedeutung hin. Noch während der Renaissance benutzte man daneben auch die Bezeichnung *Proportio habens medium et duo extrema* = **Die Teilung, die ein mittleres und zwei äußere Teilstücke besitzt**. Diese etwas merkwürdige Kennzeichnung leitet sich her von einer Konstruktion, mit der man ein Quadrat in der Weise aufteilen kann, daß die Teilstücke der Seiten und seine Teilflächen zueinander im gleichen Verhältnis **g** stehen.

Mit dem Göttlichen Schnitt lassen sich die Seiten und Flächen von Dreiecken, Quadraten und Rechtecken mit einem ganz bestimmten Verhältnis **g** = 1,61803... aufteilen. Der Wert von **g** ist numerisch durch den Ausdruck $(\sqrt{5} + 1):2$ gegeben und stellt die **irrationalste** aller Zahlen dar. Das heißt, **g** läßt sich am schlechtesten von allen Zahlen durch einen Bruch annähern. Das Verhältnis **g** läßt sich sowohl auf eine **geometrische Weise** mit Lineal und Zirkel als auch durch einfaches Abzählen mit gewissen **ganzen Zahlen** wiedergeben.

Die geometrische Konstruktion führt man am leichtesten bei einem Dreieck durch. Dazu muß es rechtwinklig sein, und die beiden kürzeren Seiten, die Katheten, müssen wie in Figur 29 ein Längenverhältnis von 2:1 aufweisen. Subtrahiert man die kleinere Kathete KK von der Hypothenuse H (das ist die größte Dreiecksseite) und trägt dann den verbleibenden Rest auf der größeren Kathete GK ab, so wird diese dadurch in zwei Stücke geteilt. Man nennt das größere Teilstück gewöhnlich *Maior,* das kleinere *Minor.* Die längere Teilstrecke verhält sich nun zum kleineren Teilstück wie die ungeteilte große Kathete zum größeren Stück. Man kann daher schreiben

$$(H - KK) : (GK + KK - H) = GK : (H - KK) = \text{Maior} : \text{Minor} = \mathbf{g}.$$

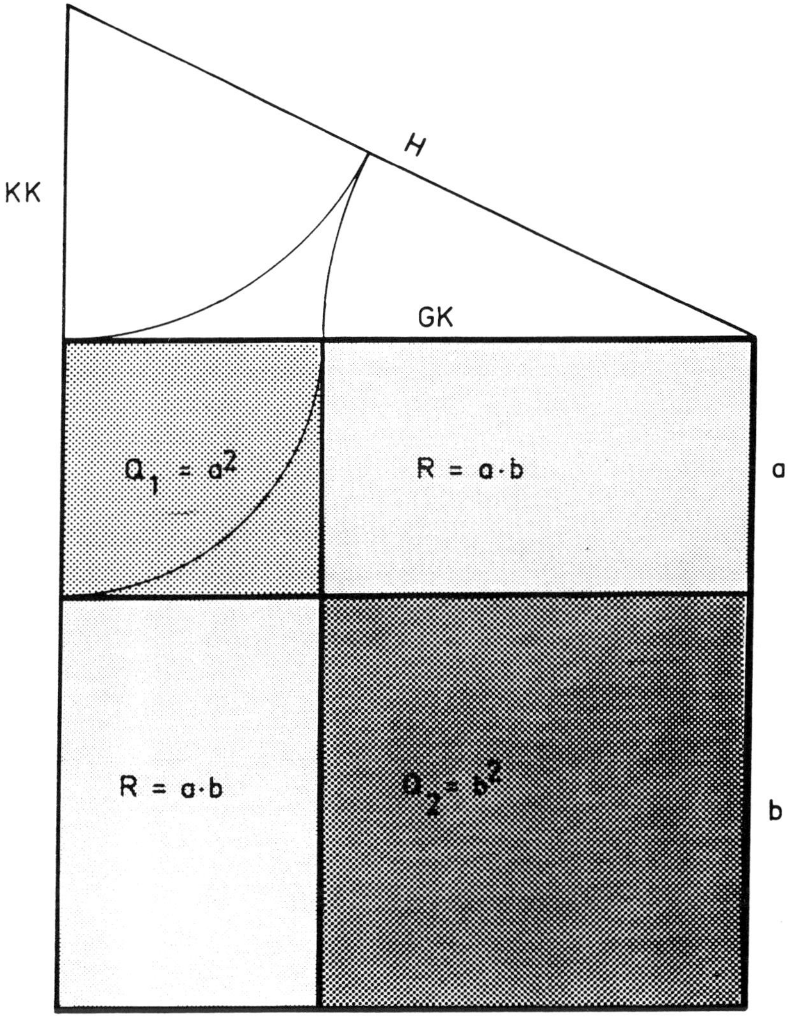

Figur 29
Der Göttliche oder Goldene Schnitt teilt die große Kathete GK eines rechtwinkligen Dreiecks im Verhältnis **g,** *wenn die kleine Kathete KK genau halb so lang ist wie GK. Dann verhält sich b zu a wie (a+b) : b =* **g.** *Mit dieser Konstruktion läßt sich die Fläche eines Quadrates so unterteilen, daß auch die Teilflächen im selben Verhältnis zueinander stehen.*

Diese Relationen sind die Folge der gemachten Voraussetzung GK = 2 x KK und des **Lehrsatzes des Pythagoras.** Er sagt aus, daß die Gesamtfläche aus den beiden Quadraten über den Katheten gleich ist der Quadratfläche über der Hypothenuse:

Also gilt $(KK)^2 + (GK)^2 = H^2$. Wir dürfen zu Recht vermuten, daß sich die Kenntnis vom Goldenen Schnitt aus der Beschäftigung mit dem Pythagorassatz ergeben hat.

Der GS liefert also eine sehr spezielle Unterteilung einer Länge, hier der großen Kathete eines rechtwinkligen Dreiecks. Offenbar stellte man sich in der Antike nun die Aufgabe, auch die Fläche eines Quadrates in eben demselben Verhältnis zu unterteilen. Die Figur 29 zeigt uns, wie das ebenfalls mit Hilfe der Dreieckskonstruktion erreicht wird. Man erhält eine Teilung der Quadratfläche in zwei Quadrate Q1, Q2 und in zwei gleiche Rechtecke R. Nennt man den Maior a und den Minor b, so gilt für die Fläche des Quadrates $a^2 + b^2 + 2ab = (a + b)^2$. Dies ist die **binomische Formel.** Das Verhältnis der Teilflächen zueinander beträgt jetzt ebenfalls **g.** Allerdings ist diese Flächenteilung nicht symmetrisch. Das läßt sich bewirken, indem man den Maior b noch einmal im Verhältnis **g** teilt. So erhält man dann die Längen a und b - a = c und es gilt nun auch a : c = **g.**

Die Figur 30 zeigt das Ergebnis: In dem ursprünglichen Quadrat wurde durch die Konstruktion ein neunteiliges Raster aufgespannt, das aus vier Quadraten der Fläche a^2, aus vier Rechtecken der Fläche ac und aus einem Quadrat mit dem Flächeninhalt c^2 besteht. Wie sich sofort nachprüfen läßt, betragen die Verhältnisse der Teilflächen wieder **g,** genau wie die der Teilstücke der Seiten. An Figur 30 kann man auch erkennen, wie der Name **„Teilung im mittleren und zwei äußeren Verhältnissen"** entstand. Die Aufteilung der Seiten des Aachener Lagers in Stücke von 233*, 144* und 233* ist ein Beispiel für ein solches Raster.

Es existiert eine zweite symmetrische Flächenaufteilung nach dem Göttlichen Schnitt, bei der aber die Flächenteilung nicht das Verhältnis **g** ergibt. Man erhält diese Anordnung mit ebenfalls neunteiligem Raster, wenn man vier nach Art der Figur 29 unterteilte Quadrate zu einem neuen Quadrat zusammenfügt. Die Seitenlänge des Zentralquadrates beträgt in diesem Fall 2 x b. Diese Aufteilung kann man am Lazarett von Vetera (Figur 9) und beim caesarischen Winterlager mit 2 x 144* Seitenlänge finden. Mit diesem Verfahren erhält man auch die Grundlage zur Konstruktion eines regelmäßigen Zehnecks, wie das in Figur 31 I gezeigt ist. Hier werden einem Quadrat, das nach dem GS unterteilt wurde, zwei regelmäßige Zehnecke mit parallel verlaufenden Seiten einbeschrieben. Vermutlich wurde das Grabmal des Gotenkönigs Theoderich in Ravenna nach einer solchen Planung erbaut.

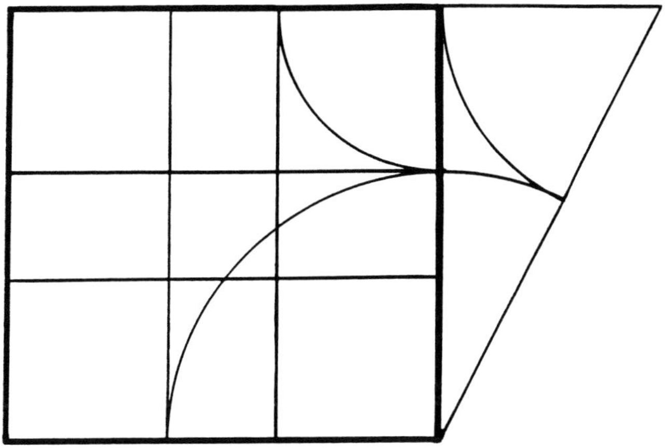

I

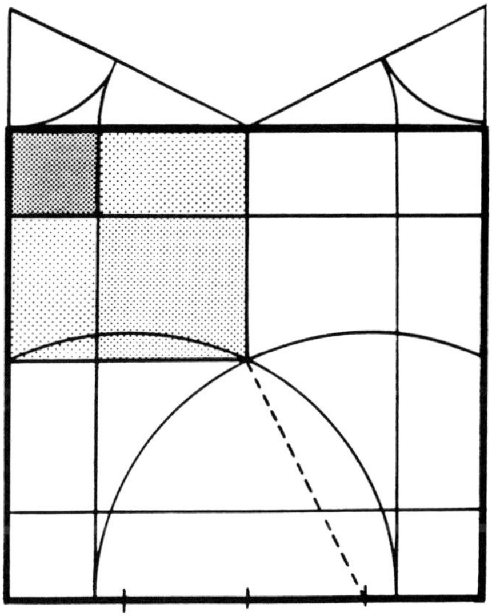

II

Figur 30
Die symmetrische Unterteilung eines Quadrats mit dem Göttlichen Schnitt liefert ein neunteiliges Raster. Bei Teilfigur I stehen die Flächen im Verhältnis von ***g,*** *bei Teilfigur II dagegen im Verhältnis von 2****g*** *zueinander.*

Die Figur 31 II stellt dar, wie man aus einem Quadrat ABCD ein Goldenes Rechteck AEFC erzeugt. Um die Seitenmitte G des Quadrates schlägt man dabei einen Kreis, dessen Radius die gleiche Länge besitzt wie die Verbindung von der Mitte G zu einer gegenüberliegenden Ecke A oder B. Aus dieser Konstruktion folgt, daß CF : AC = **g** ist. Ebenso gilt AC : BE = **g.** Das Rechteck BEFD ist daher ebenfalls ein Goldenes Rechteck. Der Winkel ß hat den Wert atan(1/2) = 26,6°.

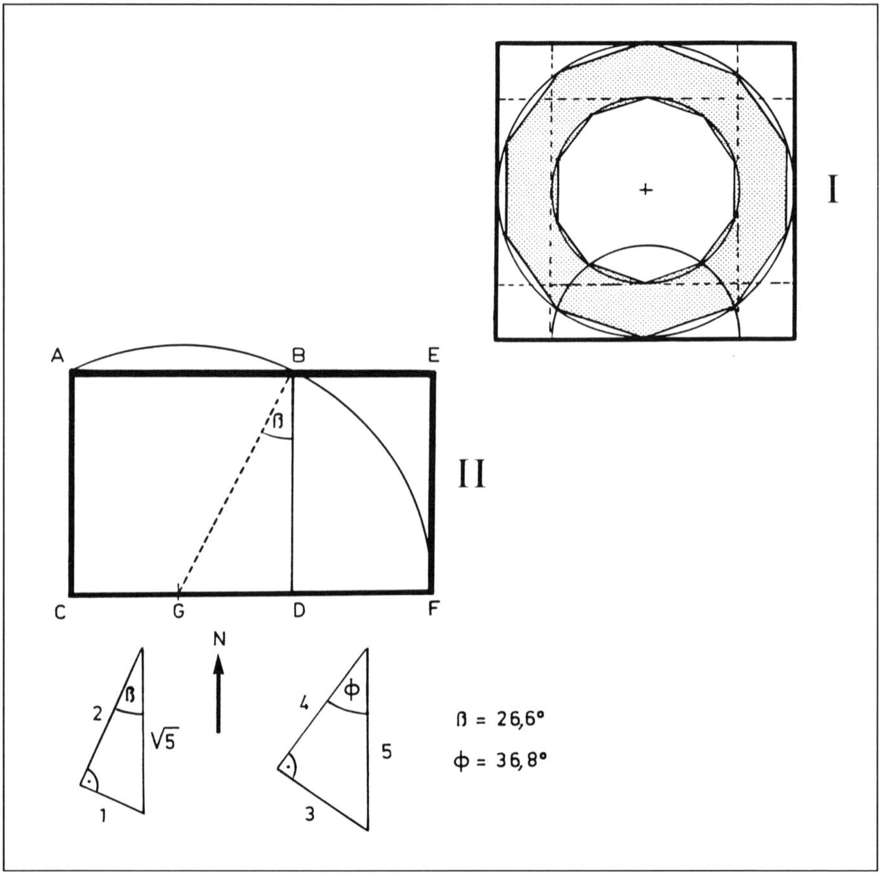

Figur 31
In das gemäß Figur 30 II unterteilte Quadrat lassen sich zwei regelmäßige Zehnecke mit den Seiten 1 : 2g und 1 : 2g² mit Zirkel und Lineal einzeichnen. Die Teilfigur II zeigt die Konstruktion eines Goldenen Rechtecks mit dem Seitenverhältnis g. Das rechtwinklige Dreieck mit dem Kathetenverhältnis von 1 : 2 ergibt einen Winkel von 26,6°, jenes mit dem Verhältnis 3 : 4 liefert 36,8°. Die Hypothenuse weist in Nord-Süd-Richtung.

Vor zweitausend Jahren beschränkte sich die numerische Mathematik auf die Verwendung von **Natürlichen Zahlen** und von deren Verhältnissen. Man benutzte also nur ganze positive Zahlen zum Rechnen mit den vier Grundrechenarten. Offenkundig wollte man damals herausfinden, für welche Quadratseiten sich ganzzahlige Vielfache der benutzten Längeneinheit ergaben, wenn man gemäß dem Göttlichen Schnitt teilte.

Wählt man etwa die Quadratseite 13 Einheiten lang, so ergibt sich mit dem GS eine Unterteilung in recht genau 5 und 8 Einheiten. Es verhält sich nämlich annähernd

$$8 : 5 \approx 13 : 8 \approx \mathbf{g}, \text{ wobei } 13 = 8 + 5 \text{ ist.}$$

Man kann nun probieren, ob weitere Zahlen existieren, für die sich das gleiche Verhältnis **g** ergibt. Das ist der Fall für alle jene Paare von ganzen Zahlen m und n, für die gelten würde:

$$n^2 - m^2 = n \times m.$$

Tatsächlich gibt es Zahlenpaare m und n, bei denen die Relation

$$n^2 - m^2 \pm 1 = n \times m \text{ erfüllt ist.}$$

Es sind dies die aufeinanderfolgenden Fibonacci-Zahlen. Sie tragen den Namen des Mathematikers Leonardo Pisano, der im zwölften Jahrhundert in der Toscana lebte. Besser bekannt ist er allerdings unter dem Namen **Fibonacci,** Sohn des Bonacci. Für drei solcher Zahlen l, m, n gilt $m^2 \pm 1 = l \times n$. Die Fibonacci-Zahlen bilden deshalb nur annähernd eine geometrische Folge, für die gelten würde $m^2 = l \times n$.

Aus der Kenntnis der Quadratzahlen läßt sich somit eine Folge von Fibonacci-Zahlen oder **Göttlichen Zahlen** bestimmen, bei denen der Quotient n/m aufeinander folgender Zahlenpaare m, n die Proportion des Göttlichen Schnittes immer besser wiedergibt. Diese Zahlen sind:

1; 2; 3; 5; 8; 13; 21; 34; 55; 89; 144; 233; 377; 610;...

Man erkennt an der Zahlenfolge sofort, daß jede Zahl die Summe der beiden vorhergehenden darstellt. So ist etwa 144 = 55 + 89. Der Quotient zweier aufeinander folgender Zahlen nähert mit wachsenden Zahlen das geometrisch vorgegebene Verhältnis **g** des GS mit immer größerer Genauigkeit an: 144 : 89 = 1,618 ≈ **g.** Die Abweichung beträgt hierbei nur noch

3×10^{-5}. Man sagt deshalb auch, die Quotientenfolge konvergiere gegen den Grenzwert

$$\mathbf{g} = (\sqrt{5} + 1) : 2 = 1{,}61803...$$

Neu ist wohl die hier gewonnene Erkenntnis, daß diese Zahlenfolge schon in antiker Zeit bekannt gewesen ist und in der Baukunst benutzt wurde.

Verwendet man nämlich die Göttlichen Zahlen als Vielfache der Längeneinheit für die Quadratseite, so ergibt sich nun von selber eine Unterteilung aller Teilflächen des Quadrates nach dem Goldenen Schnitt. Bleiben wir bei dem obigen Beispiel, so gilt für ein Quadrat mit dreizehn Einheiten als Seitenlänge für die Flächen wieder als gute Näherung:

$$(13 \times 13) : (8 \times 13) = (8 \times 13) : (8 \times 8) \approx (8 \times 13) : (5 \times 13)$$
$$= (8 \times 8) : (8 \times 5) = (8 \times 5) : (5 \times 5) = 8 : 5 \approx \mathbf{g}.$$

Die Flächen, die sich bei dieser Art von Unterteilung eines Quadrates ergeben, nennt man wegen des konstanten Verhältnisses **einander selbstähnlich.** Weiter erkennt man, daß sich alle größeren Flächen als Summe der kleineren darstellen lassen. So gilt etwa

$$13^2 = 8^2 + 5^2 + 2 \times (8 \times 5).$$

Eine vorgegebene Quadratfläche läßt sich aber auch durch Verwendung der Fibonacci-Zahlen im Verhältnis **g vergrößern,** denn sowohl die Summen als auch die Differenzen der Göttlichen Zahlen ergeben wieder Werte aus der Zahlenfolge.

Die Verwendung der Fibonacci-Zahlen für die Länge der Quadratseite oder der Rechteckseite gewährleistet eine Aufteilung von deren Flächen im Verhältnis des Göttlichen Schnittes. Voraussetzung ist allerdings, daß schon die Ausgangsfläche rechteckig oder quadratisch ist, und daß als Seitenmaße Strecken verwendet werden, die sich als Produkt aus Längeneinheit und Fibonacci-Zahlen darstellen lassen. Offenkundig haben die römischen Vermessungsingenieure diese Eigenschaften des GS bereits erkannt und sie für die Rasterplanung beim Lagerbau der römischen Legionen verwendet.

Vitruv schreibt im ersten Kapitel des dritten Buches sinngemäß:

Die Formgebung beruht auf Symmetrie. Diese wird von der Proportion erzeugt. Proportion liegt vor, wenn den Gliedern am ganzen Bau und dem Gesamtbau ein berechneter Teil (modulus) als gemeinsames Grundmaß zu Grunde gelegt ist. Aus ihr ergibt sich das System der Symmetrien. Das

Verhältnis der Glieder zueinander soll die Verhältnisse des wohlgeformten menschlichen Körpers wiedergeben. Daher sind auch die Maßberechnungen dem menschlichen Körper entlehnt. Finger, Handfläche, Fuß, Elle und die ausgestreckten Arme legten daher die Längeneinheiten fest.

Das größte römische Körpermaß für Längen war der *Passus* = 1* = 1,48 Meter. Meist wird dies Maß in mißverständlicher Weise mit **Schritt** übersetzt, obwohl es den Abstand der gespreizten Arme wiedergibt. Ich halte mich ebenfalls an diese Bezeichnung und kennzeichne im vorliegenden Buch Längenangaben in **Schritt** mit einem Stern (*).

Teilt man die in Metern gemessenen Längen der Bauten und Insulae in den Legionslagern durch 1,48, so erhält man die Strecken in der Einheit Schritt. Es zeigt sich, daß nur durch die Fibonacci-Zahlen gegebene Werte auftreten wie

1*; 2*; 3*; 5*; 8*, 13*; 21*; 34*; 55*; 89*;
144*; 233*; 377*; oder 610*.

Die erste Untereinheit des Schrittes war der **Fuß.** Ein Fuß (1') mißt 0,2 Schritt, das heißt, fünf Fuß zu 0,296 Meter gehen auf einen Schritt. Für die Ausmessung der Lagerfläche war diese Einheit ein zu kleines Maß, so daß sie hierbei als Länge nicht anzutreffen ist. Bei den Maßen von Bauteilen wurde sie jedoch als Untereinheit benutzt, etwa für Bodenplatten oder Wasserrinnen. Auch beim Bau der Kaiserpfalz von Aachen gegen Ende des achten Jahrhunderts war der römische Fuß von 29,6 Zentimetern Länge noch das gültige Baumaß.

Es ist interessant zu untersuchen, wie groß die Genauigkeit der Strecken im Gelände war. Zwischen der Mitte des heutigen Rathauses (Punkt **B**) und dem Punkt **A** am Ende des heutigen Domhofes (Figur 16) beträgt die Entfernung nach Maßgabe des Grabungsplanes von 1914 150,2 Meter oder 101,5*. Diese Strecke stellt im römischen Straßenraster die Diagonale eines Quadrates mit der Seitenlänge 72* dar und müßte deshalb die Länge $\sqrt{2} \times 72^* = 101{,}8^*$ besitzen. Sie ist also im Gelände rund 0,3 % zu kurz. Dieser Fehler ist allerdings teilweise durch die Entnahme der Maße aus der Karte des Planes bedingt. Die Genauigkeit bei kürzeren Strecken ist besser und liegt meist in der Größenordnung von 0,1 %. Daraus muß man schließen, daß die römischen Vermessungsingenieure über sehr genaue Instrumente verfügt haben, um Längen und auch Winkel im Gelände abzutragen.

Wir wissen aus den Büchern des Vitruv, aber auch aus Fundstücken, daß die römischen Feldvermesser tatsächlich über solche Geräte verfügten. Für Längenmessungen wurde eine Art Zirkel benutzt, bei dem die Strecke zwischen den beiden Zirkelspitzen genau einen halben Schritt maß. Eine der beiden Spitzen wurde am Beginn einer zu vermessenden Strecke in den Boden gesteckt und durch wechselweises Drehen der Schenkel die Länge sodann abgetragen. Winkel konnten auf etwa ein halbes Grad Genauigkeit mit einem Winkelmeßgerät, dem *Diopter,* festgelegt werden. Rechte Winkel wurden mit der *Groma* abgesteckt. Selbst das Nivellieren im Gelände konnte mit einem *Chorobat* extrem genau ausgeführt werden. Das Gerät bestand aus einem zwanzig Fuß langen Richtscheit. An dessen Ende waren gleichmäßig gefertigte Schenkel im Winkel von 90° mit eingezapften Streben angebracht. Sie wiesen lotrechte Linien auf, die mit den Schnüren von Bleiloten zur Deckung gebracht werden mußten. Eine mit Wasser gefüllte Rinne zeigte zusätzlich die waagerechte Lage an.

Das Verfahren der Teilung mit dem Göttlichen Schnitt und die Anwendung der Göttlichen Zahlen durch die Feldmesser der römischen Armee erweist sich als die früheste bekannte Methode einer Rasterplanung. Sie ist vergleichbar mit der Aufteilung von Papierbögen im DIN A-Format bei den Standardpapierformaten. In diesem Fall erfolgen allerdings die Vergrößerung und die Verkleinerung der Bögen durch Verdoppeln beziehungsweise durch Halbieren. Beide Verfahren sind mathematisch übrigens eng verwandt. Man kann die Bildung der Göttlichen Zahlenfolge vergleichen mit einer Strickanleitung, bei der man beim Stricken immer in festen Reihenabständen eine bestimmte Maschenzahl zu- oder abnimmt. Kennt man die Strickanleitung, so lassen sich beliebig größere oder kleinere Stücke Stoff herstellen, die sich in ihrer Struktur immer ähnlich sind. Jede Planung mit dem Teilungsverfahren des GS war demnach zwangsläufig **„passend“,** wenn man unter Benutzung der Göttlichen Zahlen durch einfaches Abzählen den Goldenen Schnitt verwirklichte. Große numerische Kenntnisse benötigt man nicht.

Eine ganz wichtige Konsequenz der Mathematik des Göttlichen Schnittes ist die Eigenschaft, daß man wegen der Selbstähnlichkeit der Größen alle größeren und kleineren Teile und Vielfache berechnen kann. Dabei kann man mit einem beliebigen Stück beginnen.

Daher ist es auch möglich, eine Rekonstruktion zu wagen, wie ich das für die Römerbauten in Aachen getan habe.

Der Zahlenwert von **g** ist die positive Wurzel der quadratischen Gleichung $g^2 = g + 1$. Daher gilt auch für alle Potenzen g^n, daß sie sich als Summe der beiden vorhergehenden kleineren Potenzen darstellen lassen: $g^n = g^{n-1} + g^{n-2}$.

Dieser Ausdruck erlaubt es, durch iteratives Einsetzen jede Potenz auf einen linearen Ausdruck in g zu reduzieren. Man erhält dann:

$$g^1 = 1g;\ g^2 = 1g + 1;\ g^3 = 2g + 1;\ g^4 = 3g + 2;\ g^5 = 5g + 3;$$
$$g^6 = 8g + 5;\ g^7 = 13g + 8;\ ....$$

$$g^0 = 1;\ g^{-1} = -1 + 1g;\ g^{-2} = 2 - 1g;\ g^{-3} = -3 + 2g;$$
$$g^{-4} = 5 - 3g;\ g^{-5} = -8 + 5g;\ g^{-6} = 13 - 8g;\ ...$$

Die Zahlen in diesen linearen Ausdrücken für die Potenzen sind gerade die Göttlichen oder Fibonacci-Zahlen. Aufgrund dieser Eigenschaft der Potenzenfolge $\mathbf{g}^n$ ist es möglich, einander ähnliche Größen, die sich ja gerade durch einen konstanten Faktor unterscheiden, als Summe oder Differenz von Vielfachen von **g** und den Fibonacci-Zahlen darzustellen. Die Potenzausdrücke beschreiben in Zahlenwerten also exakt das geometrische Vorgehen bei den Konstruktionen des Göttlichen Schnittes. Sie sind daher für eine Rasterplanung bestens geeignet. Die Folge $\mathbf{g}^n$ der Potenzen von **g** stellt im Gegensatz zur Folge der Fibonacci-Zahlen eine geometrische Folge dar.

Die beschriebene Rasteraufteilung fand nicht nur Anwendung bei der Aufteilung der Lagerfläche in Straßenblöcke *(insulae),* sondern sie wurde, wie im Buch ausführlich beschrieben ist, auch bei den Maßen der Hauptgebäude, der Kasernen oder der Badeanlagen benutzt. Die folgende Tabelle stellt zum Beweis für die allgemeine Anwendung des Verfahrens die Maße der bebauten Flächen von unterschiedlich großen Truppenlagern an Rhein und Donau zusammen.

Tabelle 1

Name	Abmessung (Einheit *)	Winkel (Grad °)	Belegung (Legionäre)
Aquis	610* x 610*	37/53	18000
Mainz	610* x 610*	35/55	18000
CUT	610* x 610*	26/64	
Vetera I	610* x 377*	12000	
Holsterhausen	610* x 377*	25/65	12000
Oberaden	8 x (144* x 233*)		12000
Neuss	377* x 233*	26/64	6000
Regensburg	377* x 233*		6000
Windisch	377* x 233*		6000

Augst	377* x 233*	37/53	6000
Bonn	377* x 377*		7000
CUT (Spät)	233* x 233*		
Rottweil	144* x 144*		1000
Heidenheim	178* x 110*		1000
Cannstatt	144* x 110*		
Welzheim	144* x 110*		
Saalburg I	144* x 89*		500
Neuss (Ala)	110* x 110*	26,5	500
Dormagen	110* x 110*	26,5	500
Neuenheim	110* x 110*		500
Köngen	110* x 110*		500
Ladenburg	110* x 110*		500
Saalburg II	55* x 55*	26/64	200
Neuss II	34* x 34*	26,5/63,5	
Godesberg	13* x 8*	36/54	
Swistal	89* x 55*	36/54	

Die Lagerbauten stammen aus der Zeit der augusteischen Lagerbauphase bis zur spätantiken Phase im ausgehenden vierten Jahrhundert.

Die Alenlager in Benningen, Heilbronn, Jagsthausen, Mainhard, Schwäbisch Gemünd und Buch hatten Abmessungen von 110* x 89*, Osterburken und Rißtissen solche von 110* x (2 x 34)* und Böbingen, Hausen, Neckarburken, Oberscheidental und Sulz Maße von 89* x 89*.

Erstaunlich ist nur auf den ersten Blick, daß die in der dritten Spalte angegebenen Winkel zwischen der Hauptlagerstraße *(Via Principalis)* und der Nord-Süd-Richtung bei vielen Lagern entweder rund 37° oder 26° betragen. Die Erklärung ist einfach, wenn man sich klar macht, daß der kleinere Winkel in einem Dreieck mit dem Seitenverhältnis 1 : 2 gerade atan (1/2) = 26,6°, der in einem rechtwinkligen pythagoreischen Dreieck mit Seitenlängen von 3, 4 und 5 Einheiten aber atan (3/4) = 36,9° beträgt.

Nach römischer Vorstellung war die Sonne das Zeichen des Sieges. Daher wurde bei der Festlegung der Lagerstraßen so vorgegangen, daß die Hypothenuse der Dreiecke genau auf die Sonne in ihrem mittäglichen Höchststand, also in die Südrichtung wies. Die Richtung der Katheten gab dann die Lagerachsen vor. Durch diese Festlegung beschwor man gleichsam den Sieg der Legionäre in den kommenden Schlachten.

Eine weitere **kultische Bedeutung** des GS ergab sich offenkundig aus der Möglichkeit zur **Quadratur des Kreises.** Dabei geht es darum, den Umfang eines Kreises $U = 2\pi \times R$ als gleich langen Umfang eines Quadrates $U = 4 \times A$ darzustellen. Dabei ist R der Kreisradius und A die Quadratseite. Da eine exakte Quadratur mathematisch mit Zirkel und Lineal nicht möglich ist, gibt es nur Näherungen. Diese besitzen jedoch beim GS eine sehr große Genauigkeit.

In Figur 13 habe ich bereits gezeigt, wie sich der Umfang des **Umkreises** eines Quadrates darstellen läßt. Die Verbindungslinie von einer Quadratecke zur gegenüberliegenden Seitenmitte besitzt die Länge $\sqrt{5} : 2$, damit beträgt der Umfang eines Quadrates mit dieser Seitenlänge dann $4 \times (\sqrt{5} : 2)$. Der Umkreis des Einheitsquadrates hat den Radius $R = \sqrt{2} : 2$ und den Umfang $U = 2\pi \times (\sqrt{2} : 2)$. Man nähert daher folgendermaßen: $2 \times \sqrt{5} = \pi \times \sqrt{2}$ oder $\pi = \sqrt{10}$. Die Genauigkeit dieser Näherung beträgt damit 0,66 %. Der Vorteil dieser Konstruktion liegt darin, daß man zur Darstellung die Göttlichen Zahlen benutzen kann. So ist bei der Umfangsquadrierung des caesarischen Lagers die neue Quadratseite als 288* + 34* = 322* gegeben, sofern man die oben genannte Genauigkeit zugrunde legt.

Die Aufteilung eines Quadrates gemäß Figur 30 II liefert zugleich die Umfangsquadrierung für den **Inkreis** des Quadrates. Wie die Figur 32 zeigt, schneidet der Inkreis die Teilungsgeraden in acht Punkten. Verlängert man die Verbindungen dieser Schnittpunkte, so ergibt sich ein neues inneres Quadrat, das mit stärkerer Strichbreite gezeichnet ist. Seine Seitenlänge ist eine Sekante S des Inkreises mit einem Winkel von 2ß, wobei $ß = \text{acos}(1/g) = 51{,}827°$ ist und S die Länge $S = 2R \times \sin ß$ hat. Damit beträgt der Quadratumfang $U = 4S$, der Kreisumfang dagegen $2\pi \times R$. Damit nähert man numerisch den Wert von Pi in der Form $\pi = 4 \sin(\text{acos}(1/g))$ mit einer Genauigkeit von 0,096 %.

Es sei hier bemerkt, daß $2 + (g : \sqrt{2}) = \pi$ und $4/g^2 + g = \pi$ auch sehr gute Näherungen für π sind, für die ich jedoch keine einfache Quadrierung oder Darstellung durch Göttliche Zahlen gefunden habe.

In Griechenland war schon lange vor unserer Zeitrechnung bekannt, daß man aus regelmäßigen Vielecken nur fünf dreidimensionale symmetrische Körper erzeugen kann. Es sind dies

der **Tetraeder** aus vier gleichseitigen Dreiecken,
der **Würfel** aus sechs Quadraten,
das **Oktaeder** aus acht gleichseitigen Dreiecken,
das **Dodekaeder** aus zwölf gleichseitigen Dreiecken und
das **Ikosaeder** aus zwölf gleichseitigen Fünfecken.

Diese Körper sind in Figur 33 I dargestellt. Die drei letzten sind mit dem Göttlichen Schnitt eng verbunden. In ein gegebenes Oktaeder kann ein Ikosaeder so einbeschrieben werden, daß dessen Ecken die Kanten des Oktaeders im Verhältnis **g** teilen. Die zwölf Ecken des Ikosaeders sind die Ecken dreier goldener Rechtecke, die paarweise aufeinander senkrecht stehen (Figur 33 II). Die Mitten der zwölf Fünfecksflächen eines Dodekaeders wiederum sind identisch mit den zwölf Ecken des Ikosaeders. Diese regulären Körper waren verschiedenen Göttern zugeordnet: der Oktaeder der Göttin *Venus*, der Ikosaeder dem *Mars* und der Dodekaeder mit seinen Fünfecken als „Quintessenz" dem obersten Gott *Iupiter*. Diese Zuordnung hängt zusammen mit der Tatsache, daß mit bloßem Auge fünf Planeten zu sehen sind, die sich nach antiker Vorstellung vor der Sphäre der Fixsterne auf eigenen Sphären bewegen sollten. Deren Anordnung relativ zueinander war durch die idealen regelmäßigen Körper festgelegt. Würfel und Tetraeder waren dem *Merkur* und *Saturn* zugeordnet.

Die Verknüpfung der Göttin *Venus*, ihres Ehepartners *Mars* und des Welterhalters *Iupiter* über die idealen Körper und den Göttlichen Schnitt läßt verständlich werden, warum gerade das Monument für Caesar nach dem Göttlichen Schnitt konstruiert wurde. Die Vergöttlichung Caesars wurde nämlich damit begründet, daß sich seine Herkunft auf die Göttin *Venus* zurückführen ließe. *Mars* war der Gott des Krieges, der Caesar den Sieg gebracht hatte. Alles Geschehen auf Erden dagegen wurde von *Iupiter* gelenkt. Die Gunst dieser Götter ließ sich also durch die Anlage des Tripellagers in angemessener Form auch auf Caesars Erben Octavian übertragen.

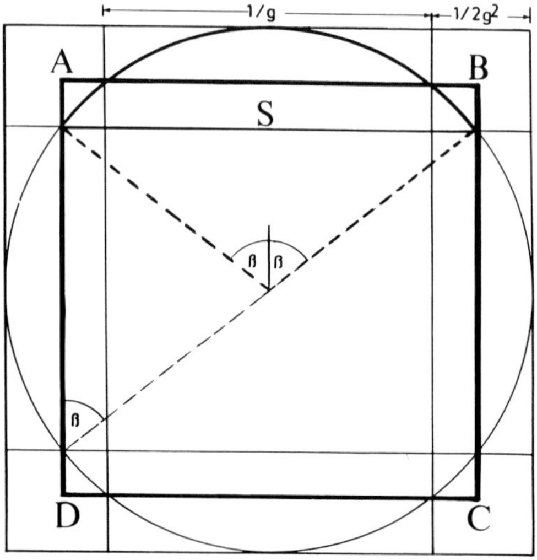

Figur 32
*Neben der Kreisquadratur aus Figur 13 für den **Umkreis** eines Quadrates existiert auch die geometrisch einfache Quadratur des **Inkreises**. Die Näherung besitzt große Genauigkeit.*

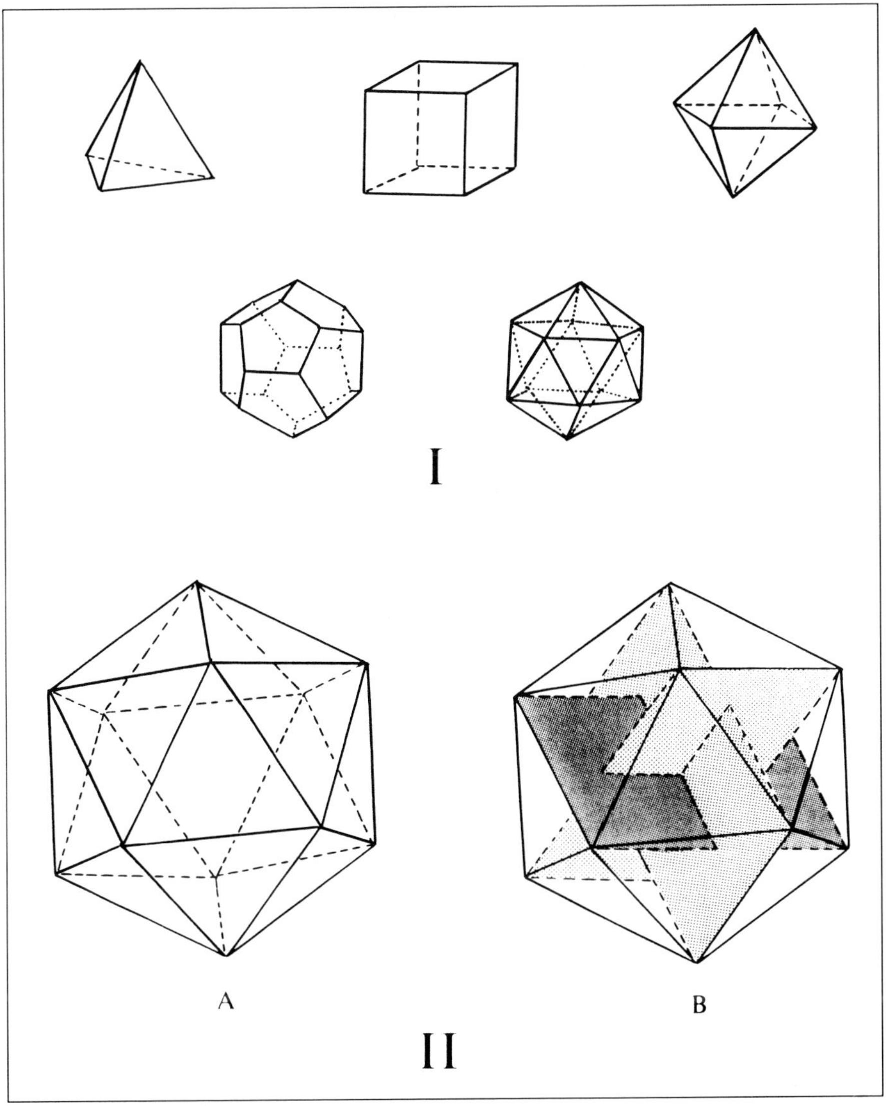

Figur 33
Fünf reguläre Körper lassen sich aus gleichseitigen Drei-, Vier- und Fünfecken erzeugen. Es sind dies Tetraeder, Würfel, Oktaeder, Dodekaeder und Ikosaeder. Sie waren den mit bloßem Auge sichtbaren Planeten zugeordnet. Diese wiederum verkörperten symbolisch römische Gottheiten. Die drei letztgenannten Körper sind durch den Göttlichen Schnitt miteinander verknüpft. Die Ecken von drei paarweise senkrecht aufeinander stehenden goldenen Rechtecken bilden ein Ikosaeder.

Orts- und Straßennamen

Als zu Beginn des fünften Jahrhunderts die Rheingrenze aufgegeben wurde, blieb in Aachen und im Gebiet zwischen Rhein und Maas eine weitgehend romanisierte Bevölkerung zurück. Die Amtssprache war sicher immernoch das Lateinische, wenngleich wir annehmen können, daß das einfache Volk daneben noch einen keltogermanischen Dialekt benutzte.

Das Machtvakuum, das die Römer hinterließen, wurde von den germanischen Franken gefüllt. Sie waren mehrfach über den Rhein vorgedrungen und wurden nach 360 n. Chr. als sogenannte Bundesgenossen *(foederati)* in Flandern angesiedelt, um das Land gegen nachrückende Germanen zu schützen. Diese Franken sogen durch Assimilation die ortsansässige Bevölkerung auf, als sie in das von den Römern aufgegebene Land eindrangen und die Ländereien des römischen Fiskus übernahmen. Auf diese Weise kam es auf der linken Rheinseite zu einer erneuten Germanisierung, die sich auch in Gestalt einer Veränderung der eigenen fränkischen Sprache widerspiegelte. Dieser Vorgang lief nach einer festen Gesetzmäßigkeit ab, die unter der Bezeichnung **Zweite oder hochdeutsche Lautverschiebung** bekannt ist. Dabei wurden bestimmte Konsonanten systematisch verändert: P wurde zu pf, t zu ts oder s, b zu p, g zu k, und k veränderte sich zu einem gutturalen ch oder auch nur zu h. Die Vokale wurden durch Diphtongierung in ihrem Lautwert ebenfalls teilweise verändert. So wurde o zu au oder umgekehrt, der i-Laut verwandelte sich in ei.

Durch stetigen Zuzug wuchs das Volk der Franken, und das Germanische in seiner lautverschobenen Form verdrängte zunehmend die lateinische Sprache. Zum großen Teil wurden die alten Flurbezeichnungen und auch viele Ortsnamen mit einer leicht veränderten Aussprache allerdings weiter benutzt. So entstand etwa aus *Tolbiacum* durch Lautverschiebung **Zülpich,** oder aus *Tiberiacum* der Name **Ziverich** oder **Siverich**.

Die charakteristische Veränderung der Sprache im Ubierland findet sich bei den Ortsnamen mit der Endung **-ich** wieder, die aus der lateinischen Endung ***-iacum*** entstand. Im nicht überwiegend fränkisch besiedelten Gebiet mit mehrheitlich friesischer Bevölkerung wurde diese Endung dagegen zu **-aken** abgewandelt. Ortsnamen, die auf **-ich** oder **-aken** enden, weisen daher auf Ansiedlungen zurück, in denen es eine Siedlungskontinuität seit römischer Zeit gegeben hat. Meist handelte es sich um Benefiziarierstationen *(mansiones* oder *mutationes),* wo Raststellen lagen oder wo die Pferde der reitenden Boten gewechselt wurden.

In der folgenden Tabelle sind die teilweise in Figur 24 mit Nummern bezeichneten Orte aufgeführt, deren Namen auf **-ich** enden oder die mit der

Endung **-weiler** (von *villula* = Landgut) auf römische Siedlungen hinweisen.

1 Baberich; 2 Bessenich; 3 Beutenaken; 4 Billig; 5 Bislich; 6 Blerich; 7 Borschemich; 8 Breinig; 9 Brenig; 10 Breisig; 11 Büderich; 12 Bürvenich; 13 Disternich; 14 Elsig; 15 Elvenich; 16 Elverich; 17 Endenich; 18 Eppenich; 19 Essig; 20 Firmenich; 21 Fischenich; 22 Floverich; 23 Füssenich; 24 Gemmenich; 25 Gevenich; 26 Geverich; 27 Ginderich; 28 Ginnich; 29 Gressenich; 30 Grümmerich; 31 Gürzenich; 32 Gymnich; 33 Hamich; 34 Hattlich; 35 Hemmich; 36 Herrig; 37 Himmerich; 38 Jülich; 39 Kärlich; 40 Keldenich; 41 Kelderich; 42 Kempenich; 43 Kendenich; 44 Kessenich; 45 Kesternich; 46 Kirberich; 47 Kirspenich; 48 Komerich; 49 Körrenzig; 50 Langenich; 51 Lechenich; 52 Lessenich; 53 Limbrich; 54 Linnich; 55 Linsenich; 56 Lobberich; 57 Longerich; 58 Lövenich 1; 59 Lövenich 2; 60 Lövenich 3; 61 Loverich; 62 Lüttich; 63 Mechernich; 64 Meiderich; 65 Mellik; 66 Mendig; 67 Merkenich; 68 Merkerich; 69 Merzenich 1; 70 Merzenich 2; 71 Meschenich; 72 Metternich; 73 Millich; 74 Morschenich; 75 Mützenich; 76 Nemig; 77 Nemenich; 78 Nickenich; 79 Nörvenich; 80 Perrich; 81 Richterich; 82 Rövenich; 83 Rurich; 84 Schlich; 85 Setterich; 86 Sinzig; 87 Sinzenich; 88 Sippenaken; 89 Sistig; 90 Siverich; 91 Slenaken; 92 Sötenich; 93 Stetternich; 94 Stich; 95 Turnich; 96 Ülpenich; 97 Vernich; 98 Völkerich; 99 Waurich; 100 Werrich; 101 Widdig; 102 Willich; 103 Wichterich; 104 Ziverich; 105 Zülpich; 105a Zyfflich.
106 Ahrweiler; 107 Antweiler; 108 Arnoldsweiler; 109 Auweiler; 110 Baesweiler; 111 Brauweiler; 112 Chorweiler; 113 Dansweiler; 114 Derichsweiler; 115 Dorweiler; 116 Eschweiler 1; 117 Eschweiler 2; 118 Eschweiler 3; 119 Etzweiler; 120 Garzweiler; 121 Gereonsweiler; 122 Hasselsweiler; 123 Hausweiler; 124 Holzweiler; 125 Kinzweiler; 126 Mariaweiler; 127 Nijsweiler; 128 Oidtweiler; 129 Wahlweiler; 130 Weiler; 131 Weiler in der Ebene; 132 Weilerswist; 133 Weisweiler; 134 Wijlre; 135 Vijlen.

Die Orte Jülich *(Iuliacum),* Ziverich und Siverich *(Tiberiacum)* sowie Breinig *(Britanniacum)* erinnern durch ihre Namen noch unmittelbar an Mitglieder des iulisch-claudischen Kaiserhauses. Gemmenich und Gymnich *(Geminiacum* von *Legio X Gemina)* und Ülpenich *(Ulpiniacum* von *Legio XXX Ulpia Victrix)* weisen direkt auf Veteranen der betreffenden Legionen als Hofbesitzer hin.

Eine Reihe von Gutshöfen leitet ihre Namen ebenfalls von den römischen Vorgängern ab. Es sind dies die in Figur 25 mit Zahlen bezeichneten Anlagen. In Klammern angegeben ist der lateinische Name, sofern er bekannt ist.

1	Horbach *(Corbiacum)*	= Körberhof
2	Pesch *(Piscina)*	= Fischteiche
3	Unbekannter Name, An den Butterweiden bei Vetschau	
4	Vetschau *(Vetus Campus)*	= Altes Feld
5	Richterich *(Recteriacum)*	
6	Rumpen	
7	Würselen *(Wormsalt)*	= Waldrodung an der Wurm
8	Berensberg	
9	Gut Kamp *(Ad Antiquum Campum)*	= Zum alten Feld
10	Unbekannter Name	
11	Soers *(Sursum)*	= Am Hang hinauf
12	Seffent *(Septem Fontes)*	= Sieben Quellen
13	Schurtzelt *(Cirosolum)*	= Land der Erntegöttin *Ceres*
14	Süsteren *(Subterrenum)*	= Unterhalb des Ackerlandes
15	Krummerück *(Grumeriacum)*	= Fruchtbarer Acker
16	Muffet *(Mapparetum)*	= Am Signalturm
17	Grümmerich *(Grumeriacum)*	= Fruchtbarer Acker
18	Schavemunt *(Scaevo Montis)*	= Günstig am Berg gelegen
19	Kirberich *(Corberiacum)*	= Körberhof
20	Rothe Erde	

Weiterhin leiten auch folgende Ortsbezeichnungen bei Aachen ihren Namen von einem lateinischen Ursprung her und verweisen so auf eine Siedlungskontinuität seit römischer Zeit:

Krichelen *(Ad Graculos)*	= Dohlenberg
Burtscheid *(Porcetum)*	= Sauwald
Kelmis *(Apud Cadmias)*	= Bei den Zinkgruben
Colinshof *(Colina)*	= Hof auf dem Hügel
Eigelshofen *(Aquila)*	= Adlerhof
Orsbach *(Urusbiacum)*	= Bei den Auerochsen
Ürsfeld *(Urus)*	= Auerochse
Epenaken (Eponiacum)	= Der Göttin *Epona* geweiht

(Derselbe Wortstamm liegt auch den Namen Epen, Epenich und Eupen zugrunde.)

Slenaken *(Soleniacum)*	= Dem Sonnengott *Sol* geweiht

Der Ursprung von **Suylisbach** für Johannisbach leitet sich von *suillus* = Wildschwein her. **Pau** *(Padus)* = Po und **Paunelle** *(Padunella)* = Kleiner Padus wurden schon im Text erwähnt.

Allerdings sind es nicht nur Flurbezeichnungen und alte Gutshöfe, deren Namen an eine längst vergangene Zeit erinnern. Auch in den Namen vieler Straßen des römischen Kerngebiets von Aachen klingt ein Echo aus jener Epoche nach. Als ich vor vielen Jahren nach Aachen zog, wunderte ich mich bereits über die merkwürdigen Namen vieler Straßen, wie **Kockerellstraße, Rosstraße** oder **Pontstraße.** Ich war besonders verblüfft, als ich lernte, daß dies nicht die Namen von irgendwelchen berühmten Männern oder Frauen waren, und die Erklärungen für den Ursprung der Straßennamen befriedigten mich eigentlich auch nicht. Inzwischen geben sich die Wurzeln der Namen zu erkennen und bestätigen damit die Befunde der Ausgrabungen und der Verläufe der ehemaligen Römerstraßen.

Vorwiegend haben sich in jenem Bereich des Lagers und der ehemaligen Lagervorstädte die alten Namen in abgewandelter Form erhalten, in denen weder durch die Pfalzbauten noch durch die Umgestaltung während der Industrialisierung Aachens im 19. Jahrhundert die Straßenführungen stark verändert wurden. Hier ließ sich ja auch das römische Straßenraster noch auffinden.

Zunächst sind es die alten Hauptwege, deren Namen sich auf lateinische Bezeichnungen zurückführen lassen.

Großkölnstraße	*Ad Colonias*	= Kölnerstraße
Trichtergasse	*Ad Mosam Traiectum*	= Maastrichterstraße
Marschierstraße	*Platea Porcetensis*	= Burtscheiderstraße

Straßen aus dem Lagerbereich sind:

Kockerellstraße	*Via Cucularis*	= Kuckucksgasse
Heppionsgasse (Elisabeth-)	*Via Caponis*	= Kapaunsgasse
Enggasse?	*Via Anguis*	= Schlangengasse
Eselsgasse (Buchkremer-)	*Via Asili*	= Bremsengasse
Uistergasse?	*Via Ostreae*	= Austerngasse
Auelsgasse?	*Via Ovilli*	= Schafsgasse
Kalengasse?	*Via Galinae*	= Hühnergasse

Ungergasse (Paulus-)	*Via Onagri*	= Eselsgasse
Kuhgasse (Kreuzherren-)	*Via Vaccae*	= Kuhgasse
Rennbahn	*Via Ranae*	= Froschgasse
Mitzergasse (Mostard-)	*Via Mitularis*	= Muschelgasse
Kalrusgasse (Am Büchel)	*Via Galearis*	= Wieselgasse

Alle diese Bezeichnungen deuten darauf hin, daß die Lagerstraßen mit den Namen von Tieren benannt wurden, die möglicherweise gleichzeitig die Symbole von militärischen Einheiten waren. Die meisten dieser Gassen mußten im vorigen Jahrhundert der Bebauung und Umgestaltung der Stadt im Zuge der Industrialisierung weichen. Von einigen ist nicht einmal mehr die Lage bekannt.
Auch folgende Straßennamen sind lateinischen Ursprungs:

Harduinstraße (Hartmann-)	*Via Cardinis*	= Hauptstraße
Kortscheilgasse (Beginen-)	*Via Curticulla*	= Sackgasse
Büchel	*Buccula*	= Schildbuckel
Die Gan (Jesuiten-)	*Via Ganeae*	= Kneipengasse
Sackgasse (Rochus-)	*Via Sagularis*	= Lager-Wallstraße
Die Schull ?	*Via Sagularis*	= Lager-Wallstraße
Die Rey (Reih-)	*Via Rivi*	= Bachstraße
Mermelstraße (Mauer-)	*Via Marmoris*	= Steinmetzgasse
Fein (Venn)	*Via Fani*	= Tempelweg
Die Roess (Rosstraße)	*Via Rupta*	= Unterbrochener Weg
Tempel(ter)graben	*Via Templi et Turris*	= Am Tempelturm
Achterstraße	*Via Acti*	= Viehtrift
Molengasse (Martin-)	*Via Molinae*	= Mühlengasse
Die Plein (Seilgraben)	*Planum*	= Ebener Platz

Der Name von Aachen lautet im Dialekt **Oche.** Durch Lautveränderung wurde zunächst aus Aquae die Form **„Akae“**, da qu wie k gesprochen wurde. Daraus bildete sich dann die lautverschobene Form **„Ache“.** Im weiterhin romanisch sprechenden Teil der fränkischen Herrschaft entstand aus **Aquis** die Form **„Äkis“** und dann **„Äks“**, geschrieben als Aix wie in Aix-la-Chapelle oder Aix-en-Provence. Der niederdeutsche Sprachbereich behielt dagegen die ältere Form **„Ake“** oder **„Aken“** von *Castra* ***Aquen****sia* bei. Die mittelalterliche Bezeichnung *Aquis grani* schließlich leitet sich von dem Kanzleikürzel *Aquis gran(d)i palatio* = **Zu Aachen im prächtigen Kaiserpalast** als Kennzeichnung für die dort in der Zeit der karolingischen Kaiserresidenz ausgestellten Urkunden her.

Ebenfalls von Axel Hausmann erschienen...

Axel Hausmann
Kreis, Quadrat und Oktogon
Struktur und Symbolik der Aachener Kaiserpfalz

Vor 1200 Jahren bezog Karl der Große in Aachen seine neue Residenz, welche nach einem genau festgelegten Plan erbaut wurde. Der Autor hat das antike, geometrische Verfahren wiederentdeckt, mit dem die Maße und Proportionen des Palastes festgelegt wurden. Mit seiner Hilfe ist es möglich, viele Details zu rekonstruieren und bisher offene Fragen wie die nach dem Grab des Kaisers zu beantworten.
Wichtig ist dem Autor neben der Architektur der Palastanlage vor allem die Beschreibung des politischen Rahmens, in dem sich die Errichtung abspielte.
Dieser Titel ist fundierte Diskussionsgrundlage um bisher offene Fragen und richtet sich leicht verständlich an alle historisch Interessierten.

142 S., 25 Skizzen u.Tabellen,
Broschur, 14,8 x 21 cm
ISBN 3-89124-220-4
DM 24,80/SFr 24,80/
ÖS 194,00

Meyer & Meyer Fachverlag
Von-Coels-Straße 390, D-52080 Aachen
Telefon 0241 / 55 60 33, Fax 0241 / 55 82 81

Unser Regionalprogramm

Bruno Bousack, Aachener Spaziergänge Bd. 4: Aachener Stadtführer
Bruno Bousack, Radfahren im Dreiländereck Bd. 1
Bruno Bousack, Radfahren im Dreiländereck Bd. 2
Bruno Bousack, Radfahren in der Region Heinsberg
Heinz Dräger, Kurzwandern im Dreiländereck Bd. 1
Heinz Dräger, Kurzwandern im Dreiländereck Bd. 2
Heinz Dräger, Kurzwandern in der Region Heinsberg
Fehl/Kaspari/Küffen, Mit Wasser und Dampf ...
Karl Guthausen, Sagen und Legenden aus Eifel und Ardennen Bd. 1
Karl Guthausen, Sagen und Legenden aus Eifel und Ardennen Bd. 2
Axel Hausmann, Kreis, Quadrat und Oktogon
Rosemarie Herrmann – Aachener Straßen
Manfred Hilgers, Die Eifel – Augenblicke: Landschaften, Leute, Lebensbilder
Karl F. Kittelberger, Das Aachener Printenbuch
Karl F. Kittelberger, Lebkuchen und Aachener Printen
Dieter Mätschke, Stolberger Wanderungen Bd. 1: Durch die Kupferstadt
Dieter Mätschke, Stolberger Wanderungen Bd. 2: Im Naturpark Nordeifel
Günter Marenberg, Die Rur
Rolf Purpar, Euregio Maas-Rhein
Rolf Purpar, Os Oche
Rolf Purpar, Reisebuch Niederrhein
Rolf Purpar, Reisebuch Nordeifel
Ramjoie/Sauer, Euregio à la carte
Hans-Karl Rouette, Aachener Textil-Geschichte(n)
Günther Schnuer, Der Automobilbau in Aachen
Sabine Schulz, Aachener Spaziergänge Bd. 1 und 2
Siemes/Philips, Rheinische Lieder
Franz Stettner, Aachener Spaziergänge Bd. 3: Der Aachener Tierpark
Christoph Wendt, Das Hohe Venn
Christoph Wendt, Reisebuch Ardennen
Christoph Wendt, Reisebuch Südeifel